"十四五"职业教育国家规划教材

职业教育国家在线精品课程配套教材

全国高等职业学校校长联席会议
首批专创融合"金课"配套教材

U0771873

创新创业基础
（第二版）

Chuangxin

Chuangye

Jichu

主　编　高丽华　王　蕊

副主编　高爱军　李利娜　韩　鹏　冯　佳
　　　　郭永平　苗学敏　张雯瑾　高　群

参　编　贺荣荣　张　敏

中国教育出版传媒集团

高等教育出版社·北京

内容提要

本书是"十四五"职业教育国家规划教材,职业教育国家在线精品课程、全国高等职业学校校长联席会议首批专创融合"金课"配套教材。

本书坚持以习近平新时代中国特色社会主义思想为指导,深入贯彻党的二十大、二十届三中全会和全国教育大会精神,全面贯彻党的教育方针,落实立德树人根本任务,坚持为党育人、为国育才,紧扣服务国家战略和新质生产力发展要求,聚焦新时代大学生成长成才需要。

本书编写依据《国务院办公厅关于深化高等学校创新创业教育改革的实施意见》《国务院办公厅关于进一步支持大学生创新创业的指导意见》等文件要求,突出职业教育类型特色,立足教育教学实际,遵循高职学生认知规律,坚持"工学结合,理实并重"的原则,在大量课题研究和多年教学实践的基础上,从教材的功能定位、知识体系、教学模式、资源配置,以及"专·思·创"融合、"课·赛·训"融通等方面进行全方位、立体化的规划与设计,旨在全面培养大学生的创新意识、创业精神和创新创业能力。本书基于大学生创新创业实践全过程,以"三篇十二模块加附录"为构架,突出教材的思想性、时代性、实践性、系统性和适应性。

本书配套的在线精品课程"创新创业基础"在智慧职教 MOOC 学院上线,可以满足线上线下多维教学需要。主题多元、内容丰富的数字资源以二维码方式呈现,能起到"辅学增广"之效。此外,本书依托先进的大语言模型技术,针对书中的知识技能点精准适配,只需扫码,即可畅享智能便捷的 AI 问答功能。

本书可作为不同层次职业院校开展创新创业教育通识课程的教材,也可作为各级各类创新创业大赛的指导用书,亦可供有志投身创新创业实践的社会人士参考。

本书配有教学课件、教案、习题答案等数字化资源,请登录"高等教育出版社产品信息检索系统"(https://xuanshu.hep.com.cn/)免费下载。

图书在版编目(CIP)数据

创新创业基础 / 高丽华,王蕊主编 . -- 2 版 .

北京:高等教育出版社,2025.6. -- ISBN 978-7-04
-064087-8

Ⅰ . G717.38

中国国家版本馆 CIP 数据核字第 20252M99N7 号

Chuangxin Chuangye Jichu

| 策划编辑 | 陈 磊 | 责任编辑 | 陈 磊 | 封面设计 | 赵 阳 | 版式设计 | 马 云 |
| 责任绘图 | 李沛蓉 | 责任校对 | 刁丽丽 | 责任印制 | 刘思涵 | | |

出版发行	高等教育出版社	网 址	http://www.hep.edu.cn
社 址	北京市西城区德外大街 4 号		http://www.hep.com.cn
邮政编码	100120	网上订购	http://www.hepmall.com.cn
印 刷	高教社(天津)印务有限公司		http://www.hepmall.com
开 本	787mm×1092mm 1/16		http://www.hepmall.cn
印 张	19	版 次	2021 年 11 月第 1 版
字 数	340 千字		2025 年 6 月第 2 版
购书热线	010-58581118	印 次	2025 年 8 月第 2 次印刷
咨询电话	400-810-0598	定 价	44.90 元

/ 第二版前言 /

党的二十届三中全会提出：教育、科技、人才是中国式现代化的基础性、战略性支撑。必须深入实施科教兴国战略、人才强国战略、创新驱动发展战略，统筹推进教育科技人才体制机制一体改革，健全新型举国体制，提升国家创新体系整体效能。

创新是社会进步的灵魂，创业是推动经济社会发展、改善民生的重要途径。创新创业不仅是培育和催生经济社会发展新动力的必然选择，是扩大就业、实现富民之道的根本举措，更是激发全社会创新潜能和创业活力的有效途径，是实现高水平科技自立自强，进入创新型国家前列，推动经济高质量发展的动力之源。当代青年大学生富有想象力和创造力，是创新创业的有生力量。高校是教育、科技、人才的关键联结点和集中交汇处，是新质人才培养的主力军、重大科技突破的策源地，是建设教育强国的引领者。为党和国家培养更多拔尖创新创业人才是时代赋予高校的重要使命。

高水平的创新创业教材建设是开展高质量创新创业教育的基础工程，是培育新时代创新创业人才的重要依托。本书坚持以习近平新时代中国特色社会主义思想为指导，深入贯彻党的二十大、二十届三中全会和全国教育大会精神，全面贯彻党的教育方针，紧扣新修订的《中华人民共和国职业教育法》以及党和国家深化创新创业教育工作的有关文件要求，立足职业教育类型特色，围绕服务国家战略和新质生产力发展，积极探索高水平创新创业人才培养体系。

本版教材具有以下几方面特点。

强化功能定位

本书坚持立德树人根本任务，注重课程思政引领功能，突出职业教育类型特色，遵循高职学生学习特点和认知规律，立足"必须＋够用""理论＋实践"的编写原则。通过阶段式任务的设置，使基础理论自然应用于实践操作，强化学生的实践应用能力。在素材的选取上，充分结合国内外最新创新创业理论成果和实践模式，紧密对接真实创新创业情境，总结企业在初创期面临的重难点，用理论指导实践、用实践丰富理论。本书精选国内高校创新创业实例，有助于引发学生共情,从身边的榜样汲取创新创业动力;同时,编写组邀请国内知名企业专家遴选、撰写在数智时代涌现的本土优秀企业案例,彰显用中国智慧解决全球性问题的大国担当。

重构课程体系

本书针对高职院校创新创业教育的知识、能力和素质要点进行系统梳理后,构建出科学实用的课程体系。

(1)"创新是创业的手段和基础",本书首先以"激发创新意识""开启创新思维""掌握创新技法""提升创新能力""保护创新成果"五大模块作为"识创新之钥"篇的主要内容,力求唤醒学生的创新意识、培养学生的创新思维并提升其创新能力,同时让创新成果保护意识植根于学生心中。

(2)"未雨绸缪,方能事半功倍",本书接下来以"寻求创业机会""打造创业团队""研判创业市场""制订创业计划""完成创业融资"五个模块构筑"寻创业之门"篇,旨在助力学生科学有效地开展创业前期规划与设计,为创业实践定标领航。

(3)"行动是一切成功的根本",本书最后以"设立创业企业""掌控经营命脉"两个模块搭建"行创业之路"篇,助推学生的创业项目落地开花,并为初创企业的健康发展输氧供血。

此外,本书突出强调"以生为本",通过设置"学习导引""自我认知""思想领航""学习目标""导师寄语""学前导读""润心好文""深思勤践"等特色栏目,以及贯穿其中的"任务提示""任务先行""应用案例""知识链接"等小模块,构建了完整的创新创业理论与实务体系,助力增强学生学习的主动性与参与性。本版教材"应用案例"模式均增设"启悟"环节。

优化教学设计

本书为突出"项目导向 + 任务驱动"的模块化教学设计,以"麦田蜜语蛋糕坊"的校园创业项目为引导,模拟创业实践真实流程,设置十二个关键环节,全方位呈现整个创新创业项目的运作与实施,并通过对实训的总结反思,促进学生创新创业知识的有效内化,全面提升创新创业能力。与本书配套的职业教育国家在线精品课程"创新创业基础",已在智慧职教 MOOC 学院多轮实践。本版创新性引入助学式智能体,借助线上线下混合式教学模式,能极大程度契合数智时代多维教学场景灵活切换的需求。

践行"三融合"理念

职业教育肩负着为国家培养高素质技能人才、能工巧匠、大国工匠的重要职责,融入思想政治教育的创新创业教育,可以坚定思想内涵,规范外显行为,促进高职学生学以致用,全面发展。本书在知识技能传授、案例选取、栏目及模块设置等方面润物无声地融入社会主义核心价值观、中华优秀传统文化、大国担当、劳模精神,以及国家战略和新质生产力等课程思政元素,旨在以理想信念教育为精神坐标,引导和教育学生增强"四个意识"、坚定"四个自信"、做到"两个维护",明确自身的时代担当,充分将个人理想与国家社会发展有机结合,从而塑造具有创新创业导向的积极价值观,以实际行动为强国建设和民族复兴贡献自己的力量。

党的二十大报告中对"教育、科技、人才"的统筹谋划和一体部署为新时代大力推进创新创业教育指明了方向。推动我国经济的高质量发展离不开创新创业,创新创业与国家经济政策改革密切相连。本书采用跨学科思维方式进行编写,将专业知识与创新创业教育有机融合,尤其是在"寻创业之门""行创业之路"篇,立足解决企业经营管理、营销决策等实际问题,设计了完整的分析思考模型,帮助读者掌握创业必备的专业知识与技能,从而更好地解决挑战性难题。此外,本书力主"课赛训"融通教学模式,以大学生创新创业实践中的常见问题为主线,采用访谈方式,通过剖析在校大学生的各类创新创业大赛获奖作品,提出相应的解决方案,以"小试身手"系列微课的形式直观呈现,更能提高学生的学习质效。

打造多元数智资源

本书从理论难点、创业实操、思政领航三个维度创作了"云端映像""小试身手""品文酌理""席间小测""健心课堂"等丰富的数字化教学资源,并与配套在线精品课程结合使用,能够解决传统教材互动性不强的痛点,更好地满足当代大学生的学习需求。本书配套的微课资源风格独特、质量上乘,设计中巧妙设置认知冲突,从而激发读者的探究欲望和思维火花,增强学习的可视性和愉悦性,降低学习疲劳感。此外,前沿 AI 技术的深度嵌入,彻底革新教材呈现形式与使用体验,大幅提升数智化水平,让本书在创新创业教育数字化转型中走在前列。

本书由高丽华、王蕊任主编,高爱军、李利娜、韩鹏、冯佳、郭永平、苗学敏、张雯瑾、高群任副主编。全书由高丽华设计编写方案,高丽华、王蕊对全书总纂定稿。具体编写分工如下:第一篇由高丽华、郭永平、韩鹏、张雯瑾负责编写,第二篇由王蕊、苗学敏、李利娜、高群负责编写,第三篇由冯佳、高爱军负责编写。贺荣荣及企业专家张敏负责案例收集与编撰。全体编者参与附录内容的设计与开发。

　　本书在编写过程中参考借鉴了国内外学者的最新研究成果,吸收了不少有益见解和精彩案例,修订和出版过程中得到高等教育出版社陈磊编辑的帮助与指导,在此一并表示衷心的感谢。

　　本次修订虽经团队反复研讨审读,但由于水平有限,疏漏与不妥之处在所难免,敬请有关专家和读者批评指正。

编　者

2025 年 4 月

第一版前言

/目录 /

第三篇　行创业之路——志坚行苦，玉汝于成

创新是人类进步的源泉，青年是创新的重要生力军。希望你们弘扬科学精神，积极投身科技创新，为促进中外科技交流、推动科技进步贡献青春力量。全社会都要关心青年的成长和发展，营造良好创新创业氛围，让广大青年在中国式现代化的广阔天地中更好展现才华。

——习近平

第一篇
识创新之钥

周虽旧邦，其命维新

>> "满眼生机转化钧，天工人巧日争新。"创新是人类特有的认识能力和实践能力，是人类主观能动性的高级表现，是推动民族进步和社会发展的不竭动力。一个民族要想走在时代前列，就一刻也不能没有创新思维，一刻也不能停止创新。

>> 本篇学习以培养大学生创新意识和创新能力为主旨。从激发创新意识起笔，在大学生对"创意""创新""创业"充分认知的基础上理解"打破思维定式才能带来创新"的深刻含义；通过"应用案例"将理论学习与实践应用相结合，加强大学生对创新技法的掌握，进而达到提升创新能力的目标；以"保护创新成果"为落脚点，旨在让"保护知识产权就是保护创新"的意识植根于大学生心中，从而提高其保护创新成果的本领与素养。

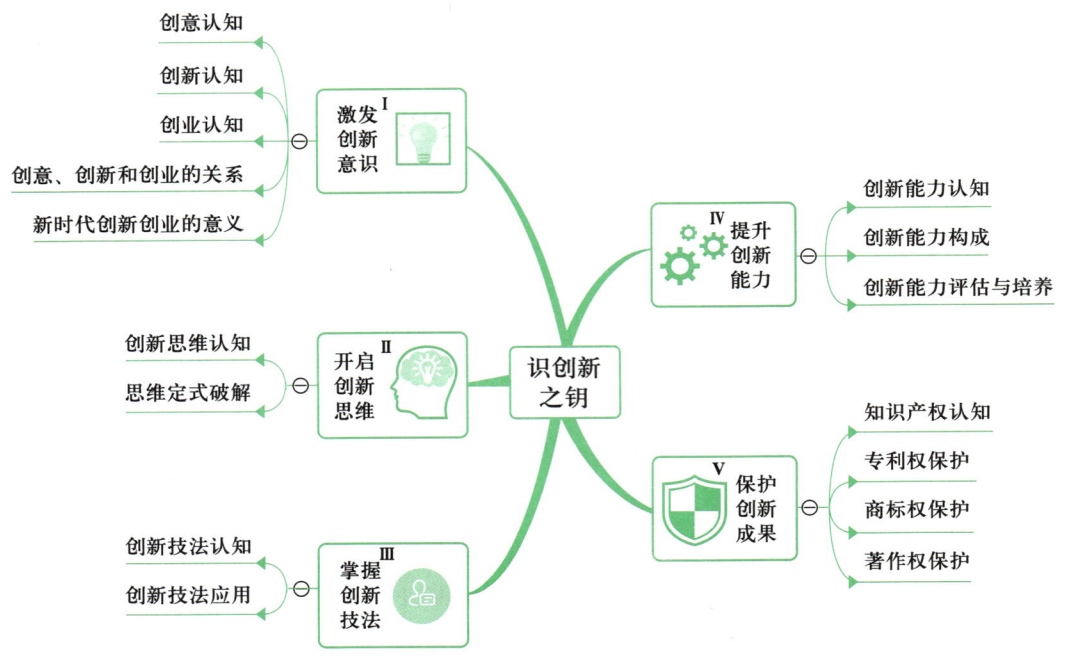

创意认知
创新认知
创业认知
创意、创新和创业的关系
新时代创新创业的意义
激发创新意识 I

创新思维认知
思维定式破解
开启创新思维 II

创新技法认知
创新技法应用
掌握创新技法 III

识创新之钥

提升创新能力 IV
创新能力认知
创新能力构成
创新能力评估与培养

保护创新成果 V
知识产权认知
专利权保护
商标权保护
著作权保护

>> 自我认知

创新能力测试 • • •

模块一 激发创新意识

▶ **思想领航**

　　创新是一个民族进步的灵魂，是一个国家兴旺发达的不竭动力，也是中华民族最深沉的民族禀赋。在激烈的国际竞争中，惟创新者进，惟创新者强，惟创新者胜。

——习近平

▶ **学习目标**

- 知识目标

　　学习创意、创新和创业相关知识；掌握创意理论、创新类型和原则，以及创业的要素构成。

- 能力目标

　　（1）能够厘清创意、创新和创业三者间的关系。

　　（2）能够洞悉创新创业在时代背景下的核心要旨。

　　（3）能够自主探究培养创新意识的路径方法。

- 素质目标

　　唤醒创新情感，弘扬奋斗精神，树立科技自立自强的坚定信心。

▶ **导师寄语**

　　创意驱动创新，创新带动创业，创新创业源于创意。创新意识犹如一把开启成功之门的密钥，能助力个人在职业的漫漫征途中脱颖而出，斩获独特优势；更是企业在波谲云诡的市场浪潮里稳立潮头、长盛不衰的核心要诀。唯有激发创新意识，方能使创意的火花持续迸发，为创新创业注入永不干涸的动力源泉，推动社会经济蓬勃发展。

　　通过本模块学习，希望同学们能加强对创意、创新和创业的认知，以及对新时代创新创业重要意义的理解，按下激活创新意识的总开关。

▶ 学前导读

解码中国空间站的"生命源泉"

每个人每天几乎都要做的事情就是吃饭、喝水和上厕所。在地球上,这些对我们而言十分简单,但对于身处太空的宇航员来说,却是不小的考验!与食物相比,水在运输到太空时要复杂得多,即使能够运送,数量也会受到很大限制,宇航员不仅需要饮水,还需洗脸和刷牙。即使是按照最低的用量,每人每天至少也要消耗 3 千克水。将 1 千克淡水送往太空,运输费用将额外增加数十万元。如果希望将其全部像食物一样运送上去,一天的费用将多达 200 多万元。

为了攻克这一难题,我国的航天技术专家研发了"尿液处理再利用技术"。2021 年,我国自主创新的环控生保(全程环境控制与生命保障)尿处理创新子系统(图1-1)随中国载人航天工程空间站"天和核心舱"成功发射入轨。2023 年,其备件又随天舟六号货运飞船运抵空间站,为我国长期载人飞行任务提供可靠的"生命源泉"。

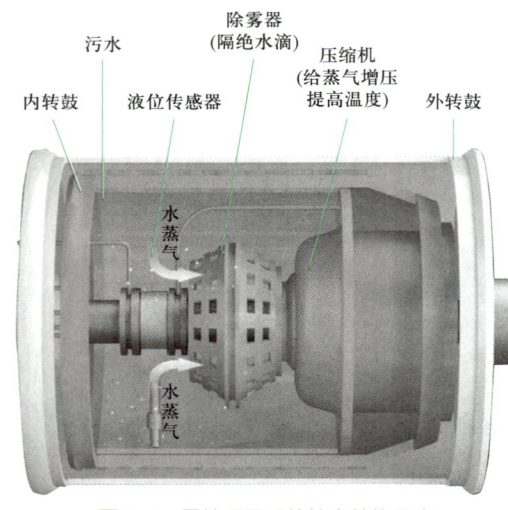

内转鼓　液位传感器　除雾器(隔绝水滴)　压缩机(给蒸气增压提高温度)　外转鼓　污水　水蒸气　水蒸气

图 1-1　尿处理子系统核心结构示意

实现从尿液到纯净水,空间站尿液处理创新技术是国际公认的技术难题。如何在有限的时间内从设计源头加快突破关键核心技术,实现该项技术全面自主可控是摆在我国科研项目创新团队面前的难题。

看到尿液,你很有可能会感觉意外。但其实,经过创新技术处理,从尿液中获得的再生水,再通过处理子系统是可以转化为航天员能直接饮用的纯净水的。但在空间站里完成这项工作,绝非易事。

创新团队先后突破气液两相流输送与分离、无润滑旋转动密封、尿液钙结晶与沉淀、蒸馏废气处理等十余项关键创新技术,成功实现从尿液中取水的目标,填补了多项国内外技术空白,从而使中国空间站凭借尿液处理技术,跻身世界具备研制尿处理装置能力且实现在轨工程应用的国家行列。

你可能仍然会疑惑,空间站这套技术装置的重量,难道不能换成同等重量的水带进来吗?不得不说,空间站尿液处理装置确实复杂,也不轻,却是一次性投入,运行之后细水长流,相当划算。

团队测算过,如果单纯依赖消耗式的非再生"路线",3 名航天员在轨生活 1 年的物资上行运输要求就会多出 6.4 吨,相当于每年要多发射 1 艘航天货运飞船,换算成运费相当于节省了超 20 亿元!

经过一系列复杂而精妙的处理过程,曾经的尿液神奇地变成了可以饮用的纯净水。这一伟大的创新不仅实现了资源的循环利用,减少了对从地球携带水资源的依赖,更为中国宇航员们在太空的长期驻留提供了坚实保障。

思辨与探究

(1)为什么要创新?创新意识从何而来?

(2)创新意识如何助力攻克技术难关并影响研发策略?

(3)创新的终点就是创业吗?

任务一　创　意　认　知

一、创意的内涵

全世界无产阶级和劳动人民的革命导师卡尔·马克思在《资本论》第一卷中有这样一段论述:"蜘蛛的活动与织工的活动相似,蜜蜂建筑蜂房的本领使人间的许多建筑师感到惭愧。但是,最蹩脚的建筑师从一开始就比最灵巧的蜜蜂高明的地方,是他在用蜂蜡建筑蜂房以前,已经在自己的头脑中把它建成了。劳动过程结束时得到的结果,在这个过程开始时就已经在劳动者的表象中存在着,即已经观念地存在着。"这种"观念地存在"即是设计者思维中的"创意"。

自从通才杂学的广告大师詹姆斯·韦伯·扬在《产生创意的方法》一书中首次提出"创意"概念以来,在设计界得到了普遍的认同和广泛的应用。最初,扬将创意定义为"把原来的许多旧有要素进行新的组合",这种界定在今天看来,显然已经不能够涵盖创意的内涵。

当下,有关创意的说法不下数十种,其中比较一致的观点是:创意是一种"有创造性的意念",创意是创造意识或创新意识的简称,是指对现实存在事物的理解以及认知所衍生出的一种新的抽象思维和行为潜能,可以理解为一种创造性的思维成果,是将观念物化为现实,从而进一步挖掘和激活资源组合方式进而提升资源价值的方法。

二、创意理论的类型

创意是如何产生的? 是与生俱来,还是后天练就? 是无心偶得,还是勤奋所赐? 关于创意的产生有许多理论认知和学术研究,以下我们重点学习其中最具代表性的五种创意理论。

(一) 迁移理论

迁移理论认为,创意是一种迁移。所谓迁移,就是用观察此事物的办法去观察彼事物,用不同的眼光去观察同一个现象,采取移动视角的办法来分析问题。通过视角的迁移,人们可以相对轻松地创造出众多交叉的、融合的、异化的、裂变的、新鲜的事物来。例如,故宫博物院将丰富的历史文化元素(如宫廷建筑、文物图案等)迁移到现代产品设计中开发出了故宫口红、故宫胶带、故宫猫等爆款文创产品。

任务提示
>> 本分项任务将引领同学们认识创意的内涵及创意理论的分类。

任务先行
>> 近年来,在很多媒体报道中,我们经常能看到"创意改变……""创意引领……"等表述,那么,何谓创意? 创意又从何而来呢? 通过本次学习,我们来寻找答案。

(二) 魔岛理论

魔岛理论同样是詹姆斯·韦伯·扬提出的,该理论形象地描述了灵感和创意的诞生过程:从表面上看,灵感和创意像"魔岛"(珊瑚礁)一样神奇,灵光一闪,从天而降,神秘不可捉摸,其实策划的创意和珊瑚礁一样,是在人类的潜意识中,经历无数次的孕育、努力和培养,才能最终获得。"众里寻他千百度,蓦然回首,那人却在灯火阑珊处!"如果人们想获得好的创意,就必须像水手那样出海去探索,可能这次空手而归,但也许下一次就会大有收获。换言之,魔岛理论认为创意源自后天的努力和积累,而非天生具有的。此外,"魔岛"理论强调创意的创造性和发明性,即创意是生成的、独创的,而不是模仿的,因而被"现代管理之父"彼得·德鲁克称为"聪明的创意"。

应用案例

微观世界的惊鸿一瞥

英国生物化学家亚历山大·弗莱明长期致力于细菌的研究。在研究过程中,他对细菌的生长、繁殖,以及各种影响细菌生存的因素有着深入的了解。在实验室培养葡萄球菌时,因为一次偶然的疏忽,培养皿被细菌污染了。这个事件本身可能在很多人眼中只是一次实验失误,但在弗莱明的潜意识里,他对细菌和各种微生物之间的相互作用有着敏锐的感知。他的潜意识一直在思考细菌的抑制和生长问题,他意识到青霉菌可能产生了一种能够抑制葡萄球菌生长的物质,这就是后来被命名为青霉素的抗生素。

启悟:看似突如其来的灵感,并非偶然,而是长期知识积累与深入思考的结果。唯有如此,特殊现象出现时,灵感才会瞬间被触发。

(三) 天才理论

与魔岛理论的立意角度正好相反,天才理论推崇天才,强调创意是靠天才而获得的。世界上的确存在着不少"天才之说",如孙武的《孙子兵法》是天才之谋,曹植的《七步诗》是天才之作,达·芬奇的《蒙娜丽莎》是天才之画,爱因斯坦的相对论是天才之论,还有其他众多的天才之想、天才之举、天才之功、天才之学、天才之用,举不胜举……在这些案例中,似乎"勤能补拙"的格言并不适用。天才理论认为,创意并不需要苦苦求索,天才的策划师,天生就有这方面的突出才能。

（四）变通理论

变通理论认为，创意有时候只是"概念的一扭"，只要换一种方式去理解，换一个角度去观察，换一个环境去应用，就可能产生一个新的创意。事物的用途能交换、转换和传递。改变人的观念与改变事物的用途一样，实际上也是一种能力的改变。以一样的眼光看待不一样的事物，或对一样的事物用不一样的眼光来看待，都是一种功能变通，都能产生新的创意，这就是创意的变通理论。例如，心理学应用于管理，产生了管理心理学，成为管理者的必修课；军事谋略应用于商战，使精明的商人懂得韬略；公关策略引入政界，成为竞选的利器，等等。

（五）元素组合理论

元素组合理论认为，在自然界，元素通过组合可以形成各种各样的新的物质，创意也可产生于元素组合，即策划人可以通过研究各种元素的组合而获取新的创意，这就是元素组合理论。需要指出的是，元素的组合不是简单的相加，而是在原有基础上的一种创造。能够产生创意的元素包罗万象，可以是实际的，也可以是抽象的；可以是现实存在的，也可以是虚构想象的。例如，在广告策划里，把"快乐童年回忆"（虚构想象与现实经历结合的元素）与"新型零食产品"（实际商品）组合，通过唤起消费者儿时美好回忆的方式来推广零食，创造出极具感染力与吸引力的广告创意。

应用案例

手机视界

2023年11月25日，由OPPO（全称OPPO广东移动通信有限公司）与深圳市插画协会联合主办的"2023乐划锁屏插画大赏"展览（图1-2）开幕。将OPPO手机原生内容媒体乐划锁屏的海量流量资源与插画艺术相结合：一方面为插画师提供了亿级曝光量的展示平台，另一方面满足了用户对审美和艺术的追求，同时也凸显了OPPO手机自身的时尚艺术基因，强

图1-2 "2023乐划锁屏插画大赏"展览

化了品牌在用户心中的形象。此次活动得到了科技圈与艺术圈的共同关注,成功实现"破圈",既推动了手机艺术的潮流发展,也使得OPPO手机在竞争激烈的智能手机市场中脱颖而出,活动以其独特的艺术与科技融合的品牌形象吸引了更多具有艺术鉴赏能力的手机用户。

启悟: 通过将不同领域元素巧妙组合,不仅能满足受众多元需求,凸显自身特质,还能引发跨领域关注,实现破圈发展,助力产品在竞争中崭露头角。

任务二 创 新 认 知

一、创新的内涵

顾名思义,创新即创造新的事物。在英文中 innovation(创新)起源于拉丁语,其原意有三层含义:一是更新;二是创造新的东西;三是改变。从本质上说,创新是创新思维蓝图的外化、物化和形式化。

我国《现代汉语词典》(第7版)中对"创新"的释义是"抛开旧的,创造新的。"在我国,创新被定义为:以现有的思维模式提出有别于常规或常人思路的见解为导向,利用现有的知识和物质,在特定的环境中,本着理想化需要或为满足社会需求,而改进或创造新的事物、方法、元素、路径、环境,并能获得一定有益效果的行为。

创新是人类特有的认识能力和实践能力,是人类主观能动性的高级表现,是推动民族进步和社会发展的不竭动力。创新在经济、商业技术、社会学及建筑学等领域的研究中举足轻重。党的二十大报告强调,"坚持创新在我国现代化建设全局中的核心地位。"

近代以来,人类文明进步所取得的丰硕成果,主要得益于科学发现、技术创新和工程技术的不断进步,得益于科学技术应用于生产实践中形成的先进生产力,得益于近代启蒙运动所带来的人们思想观念的巨大解放。可以说,人类社会从低级到高级、从简单到复杂、从原始到现代的进化历程,就是一个不断创新的过程。不同民族发展的速度有快有慢,发展的阶段有先有后,发展的水平有高有低,究其根本,民族创新能力是影响发展的主要因素之一。

任务提示

>> 本分项任务将引领同学们认识创新的内涵、类型和基本原则。

任务先行

>> 通过前面对创意相关知识的学习,我们认识到创新源于创意。现在,你一定想知道,何谓创新?我们从哪些方面可以创新?接下来,我们一起来认识创新。

应用案例

创新的魅力

某日化用品公司生产的牙膏,因质量优良、包装精美,深受广大消费者的喜爱,每年营业额蒸蒸日上。记录显示,公司成立的前十年,年营业增长率保持在20%左右,这令董事会雀跃万分。不过,经营进入第十一年到第十三年间,业绩则停滞下来,每个月的营业额维持在同样的数字。

董事会对这三年的业绩表现感到不满,便召开经理级高层会议,以商讨对策。在会议上,有名年轻的经理站起来,对董事会主席说:"我有个创新,若您要使用我的建议,必须另付我5万元!"

董事会主席听后生气地说:"我每个月都支付你薪水,另有业绩奖金。现在叫你来开会讨论,你还要另外要求5万元。是否有些过分?"

"主席先生,请别误会。若我的建议行不通,您可以将它丢弃,一分钱也不必支付。"年轻的经理解释说。

"好!"董事会主席接过那张纸后,阅毕,马上签了一张5万元支票给了那位年轻的经理。

那张纸上只写了一句话:将现有的牙膏开口扩大1毫米。董事会主席马上下达更换新包装的指令。一个小小的改变,使该公司第十四个年头的营业额增加了32%。

启悟:突破常规思维,以微小且精妙的改变,引发巨大变革,这就是创新的魅力所在。

二、创新的类型

创新按照表现形式,可划分为以下六种类型。

(一) 技术创新

技术创新,又称变革创新,是建立在科学理论创新的基础上,经实践检验成功的技术创新。

云端映像:
企业创新策略解读

应用案例

比亚迪:技术为王,创新为本

比亚迪(全称比亚迪股份有限公司)在新能源汽车电池技术与整车制造领域堪称行业翘楚。

磷酸铁锂"刀片电池"(图1-3)便是比亚迪技术创新的结晶。这种电池通过独特的结构设计,在提高电池安全性的同时,显著提升了能量密度,有效解决了传统电池续航里程焦虑与安全隐患的问题。

图1-3 磷酸铁锂"刀片电池"

在新能源汽车整车制造上,比亚迪从电动驱动系统到智能座舱技术,不断进行优化与创新。例如,其研发的高效电动四驱系统,能够实现精准的动力分配,提升车辆的操控性能与通过性。截至2024年,比亚迪新能源汽车已遍及全球88个国家和地区,400多个城市。在全球倡导绿色环保出行与应对气候变化的背景下,比亚迪为推动汽车产业的电动化转型贡献了巨大力量。

启悟:在各领域竞争中,技术创新是攻克瓶颈、拓展市场、引领行业变革的核心驱动力,唯有紧握创新利刃,才能于浪潮中领航前行。

(二)产品创新

产品创新是指创造某种新产品或对某一产品的功能进行创新,是站在客户的角度发现客户的潜在需求,寻求新的产品;或者发现老产品的问题,研究客户的投诉,找准客户的真正痛点,从而进行产品创新。

产品创新可分为全新产品创新和改进产品创新。全新产品创新是指产品用途及其原理有显著的变化。改进产品创新是指在技术原理没有重大变化的情况下,基于市场需要对现有产品所做的功能上的扩展和技术上的改进。全新产品创新的动力机制既有技术推进型,也有需求拉引型。改进产品创新的动力机制一般是需求拉引型。

应用案例

蒙牛:明星品牌的"高级玩法"

在食品消费市场上,牛奶始终是一种大众消费品,是被认定为"不可能做出花样来"的商品,而蒙牛集团推出的特仑苏牛奶打破了这种保守的思维定式,剑指高端定位,在众人的质疑声中获得了市场的认可。2005年年底推出的蒙牛差异化品牌特仑苏牛奶,经历短短的一年时间,其在上海一入市场的销售量就达到日均1万箱,而在其市场运作强势的北方地区,这个数字更高。2006年3月底,特仑苏OMP(造骨牛奶蛋白)奶高调上市,以增加品种的方式进一步巩固和细分市场。进入2007年,国内各大乳品品牌纷纷推出高端液态奶产品,而特仑苏依然保持强劲的增长势头,并以开拓者的身份引领着高端液态奶市场。2023年蒙牛集团财报显示,明星品牌特仑苏以10%的增长率,再次彰显出高端乳品细分领域的领导者地位,历经18年发展,特仑苏已成长为年销售额突破300亿元大关的现象级消费品。

特仑苏有哪些创新之处呢?

除了典雅、高贵的包装外观、整箱不拆零的终端销售方式外,在营养成分上特仑苏也优于普通产品,其奶蛋白含量超过3.3%,超出国家标准13.8%。为此,蒙牛集团在特仑苏纯牛奶包装盒上(图1-4)将"≥3.3克"做了放大处理,此举对普通纯牛奶产生了极大的杀伤力,吸引了大批关注营养和健康的消费者。

图1-4　特仑苏包装

启悟: 从功能、质量、包装到售后等,全方位且有针对性地突出产品创新亮点,能创造、引领消费市场,精准吸引目标客群,于竞争中脱颖而出。

(三) 模式创新

模式创新是指随着社会的发展,为了开辟新的市场、扩大市场份额而产生的创新模式。例如,互联网的出现使得企业营销模式发生了巨大的变化,特别是线上线下互动商业模式给企业带来了巨大的商机。

应用案例

元气森林：从"0"到"1"的市场突围

元气森林在当今饮料市场竞争白热化的态势下，精准锚定年轻消费群体，创新性地推出主打"0糖、0脂、0卡"健康理念的气泡水。它充分利用社交媒体平台的广泛传播力与高互动性，借助直播带货的直观销售模式，实现产品与消费者的高效对接。同时，积极与动漫、音乐节等深受年轻人喜爱的潮流文化携手，开展跨界营销活动，为产品注入多元活力与时尚魅力，从而在短时间内于饮料市场中异军突起，成功塑造独特品牌形象，赢得广大年轻消费者的青睐与巨大的市场份额。

启悟：在商业浪潮中，模式创新是打破困局、直抵受众、塑造品牌的有力武器，持续探索新模式利于开辟发展新航道。

（四）管理创新

管理创新是企业运用新的管理方法、管理手段、管理模式或要素组合使企业管理系统更有效地实现组织目标的活动。

应用案例

海尔：管理创新助力重塑企业竞争力

建立全球创新体系

海尔集团公司（以下简称海尔）注重在全球范围内整合资源，实现跨领域的创新合作。通过在不同国家和地区设立研发中心、与国际知名企业和科研机构建立战略合作伙伴关系等方式，海尔能够及时获取全球最新的技术和市场信息，将其融入产品研发和企业管理中。例如，海尔与美国通用电气、德国西门子等企业在技术研发、生产制造、市场拓展等方面开展合作，共同推出了一系列具有创新性和竞争力的家电产品，提升了海尔在全球市场的份额和品牌影响力。

推进数字化转型

海尔积极利用数字化技术提高企业内部管理效率和外部服务质量。一方面，海尔引入了先进的企业资源规划（ERP）系统、制造执行系统（MES）、客户关系管理（CRM）系统等，实现了从采购、生产、销售到售后服务的全流程数字化管理，提高了企业的运营效率和决策科学性。另一方面，海尔通过建立智能化工厂、推广工业互联网平台等方式，实现了生产设备的互联互通和生产过程的智能化控制，提高了产品质量和生产效率。例如,海尔的卡奥斯(COSMOPlat)工业互联网平台,不仅为海尔自身的生产制造提供了支持,还为中小企业提供了数字化转型解决方案,推动了行业的发展。

培养员工创新精神

海尔通过搭建创新平台、提供创新资源支持等方式,激发员工的创新潜能。海尔设立了专门的创新奖励基金,对员工提出的优秀创新建议和项目给予物质奖励和精神激励;同时,海尔还建立了内部创业机制,鼓励员工将创新想法转化为实际的创业项目,并为其提供资金、技术、市场等方面的支持。例如,海尔的"雷神"游戏本项目,就是由海尔的三名员工发起的内部创业项目,通过利用海尔的研发资源和供应链优势,成功推出了具有市场竞争力的游戏本产品,成了海尔在电脑领域的新增长点。

启悟: 管理创新是企业在复杂市场环境中,汇聚资源、提升效率、催生新增长点的核心引擎,驱动企业在多变局势下不断蜕变,构建难以复制的竞争壁垒。

(五) 服务创新

服务创新是针对企业内部的流程、规范和规章制度等进行的变革。服务创新相对其他创新类型而言,其风险是最低的。

应用案例

华为:打造售后服务天花板

华为(全称华为技术有限公司)深知,作为高端品牌,售后服务的重要性,所以持续创新升级服务体系。有温度的服务,已经成为优秀品牌的标配,在华为客户服务创新方面,有两个鲜明创新:一是温情,二是智能。

温情服务创新体现在服务环境和服务人员身上。极简现代的装修设计,考究的皮质沙发,舒适的环境氛围是基础。有一个细节大家可以感受下,一般在茶餐厅、咖啡厅等使用的吧椅高约750毫米,但华为客户服务中心(图1-5)的高度统一降到650毫米,这100毫米的差异看似微小,但它有效降低了重心,不易摔倒,让用户用起来更方便、坐起来更舒适。服务人员均具备1～3年的门店服务经验,并经过华为商务接待专家的严格面试,严格遵循"四个一"(一声问候、一杯水、一个微笑、一句道别)的服务标准。

图 1-5　华为客户服务中心一隅

智能服务创新在售后服务上可见一斑。华为售后服务不再是传统上维修工程师跑来跑去的"人找货"，而是"机器人＋智能备货柜"实现了"货找人"，维修工程师可以专注于维修。需要何种配件，即可在手持终端上"下单"，之后由机器人自动取料、送料和返料。这套智能设备的采用，将门店备件管理效率提升约 58%，而且将用户平均维修时长从 58 分钟减少到 45 分钟，大幅提高了效率和体验，华为客户服务用科技化、智能化，让用户感知数码售后服务的天花板。

启悟：服务创新是贴近客户需求、提升客户体验，进而树立高端品牌形象、稳固市场地位的关键支撑，是企业在激烈竞争中脱颖而出，赢得客户信赖与市场认可的核心利器。

（六）制度创新

制度创新，即企业／组织创设全新且更具激励性的制度与规范体系。这一体系一方面推动社会持续发展与变革，另一方面为所有创新活动奠定基础。各类创新活动依靠制度创新的长期积淀获取持续动力，创新成果借助制度创新得以固化，并通过制度化形式发挥长效作用，此即为制度创新的核心意义。

应用案例

海南自贸港：制度创新直击仲裁"痛点"

2024 年 7 月 15 日，我国首例临时仲裁案件在海南自贸港（全称海南自由贸易港）开庭审理，可谓是临时仲裁制度落地的一次重要实践。海南建设成具有国际竞争力和影响力的自由贸易港是党中央的重要战略部署，为了配合自贸港的建设，率先以海南自由贸易港法规形式对我国现行仲裁法具体规定进行适度变通和创新，引入国际通行的临时仲裁制度，丰富了商事纠纷解决的工具箱。

近年来，海南制度集成创新工作取得明显成效，这些制度创新不断激发着海南自贸港的发展活力，特别在提升国际竞争力方面发挥了积极作用，截至 2025 年 2 月，海南已累计推出 19 批 158 项制度集成创新案例。

随着海南自由贸易港建设全面推进，涉外商事纠纷呈现增长态势，2024 年 7 月 1 日，《海南自由贸易港国际商事仲裁发展若干规定》正式施行，规定在海南自贸港注册的企业之间，海南自贸港注册的企业与外国或者港澳台企业之间，以及外国或者港澳台企业之间的商事纠纷，都可以在海南自贸港进行临时仲裁，这一制度创新有助于便捷高效地化解国际商事纠纷，为海外投资者提供优质高效的法律服务。

启悟：企业与组织的制度创新，堪称破除发展障碍、释放发展潜能的核心密钥。凭借这一关键驱动力，企业／组织得以全方位提升自身综合实力，进而在激烈的市场竞争中脱颖而出，牢牢取得竞争优势。

三、创新的基本原则

创新的基本原则就是开展创新活动所依据的法则和判断创新构思所凭借的标准。

小试身手：
企业如何选择
创新策略

（一）遵守科学原理原则

创新必须遵守科学技术原理，不得有违科学发展规律，任何违背科学技术原理的创新都不可能获得成功。比如，许多才思卓越的人耗费心思，力图发明一种既不消耗任何能量，又可源源不断对外做功的"永动机"。但无论他们的构思如何巧妙，结果都逃不出失败的命运，其原因在于他们的创新违背了能量守恒定律。为了使创新活动取得成功，在进行创新构思时，必须做到：对发明创新设想进行技术方法可行性和功能方案合理性检查，任何事物都不能离开现有的条件制约。

（二）市场评价原则

为什么有的新产品登上商店柜台却渐渐销声匿迹了呢？

创新设想要获得最后的成果，必须经受走向市场的严峻考验。大发明家爱迪生说："我不打算发明任何卖不出去的东西，因为不能卖出去的东西都没有达到成功的顶点。能销售出去的东西就证明了它的实用性，而实用性就是成功。"

（三）相对较优原则

创新不可盲目追求最优、最佳、最美、最先进等"最"字光环，创新的产物不可能十全十美。在创新过程中，利用创造原理和方法获得许多创新设想，它们各有千秋，这时，就需要人们按相对较优的原则，对设想进行判断选择。

（1）从创新技术先进性上进行比较。可从创新设想或成果的技术先进性上进行各自之间的分析比较，将新设想同解决同样问题的已有技术手段进行比较，看谁相对领先和超前。

（2）从创新经济合理性上进行比较。对各种设想的可能经济情况要进行比较，看谁更加合理和节省。

（3）从创新整体效果性上进行比较。技术和经济应该相互支持、相互促进，它们的协调统一成事物的整体效果性，任何创新的设想和成果，其使用价值和创新水平主要是通过它的整体效果体现出来，因此，对它们的整体效果要进行比较，看谁更全面和优秀。

（四）构思独特原则

创新需要独特，贵在独特。在创新活动中，关于创新对象的构思是否独特，可以从以下几个方面来考察：创新构思的新颖性、创新构思的开创性和创新构思的特色性。

以上是在创新活动中要注意并切实遵循的创新原理和创新原则，它体现了创新的规律和性质，按创新原理和原则去创新并非束缚你的思维，而是把创新活动纳入安全可靠、快速运行的大道上来，是提升创新能力的基本要素。

任务提示
>> 本分项任务将引领同学们认识创业的内涵及要素构成。

任务先行
>> 人人都在讲创业，人人都希望创业，但创业到底是什么，创业有没有什么流程范式可遵循？接下来，我们一起解码创业。

任务三 创业认知

一、创业的内涵

《辞海》中对"创业"一词的定义是"创立基业"，指人类的创举活动，或带有开拓、创新精神并具有积极意义的社会活动。《现代汉语词典》（第7版）中对"创业"的解释为"创造或开创新的事业"。创业由"创"和"业"组成，所谓"创"就是创造，即创建、创立、创新之意；而"业"具有学业、事业、家业、企业等含义。

在现代社会中，创业是指创业者对自己拥有的资源或者通过努力能够拥有的资源进行优化整合,从而创造出更大经济或者社会价值的过程。创业是不拘泥于当前资源约束,寻求和利用适当的机会进行价值创造的行为过程。需要指出的是:创业不仅仅指开创属于自己的事业,能在工作岗位独当一面、开拓进取,也是一种创业,我们称之为"内创业"。

二、创业要素构成

按照富兰克林·欧林工程学院教授与百森学院普莱兹 – 百森项目主任杰弗里·蒂蒙斯的创业过程模型(图 1-6),创业应具备创业机会、创业资源和创业团队三个关键要素。创始人或工作团队必须在推进业务的过程中,在模糊和不确定的动态的创业环境中,具有创造性地捕捉商机、整合资源和构建战略、解决问题的能力。

品文酌理:
世界公认的"创业教育之父"

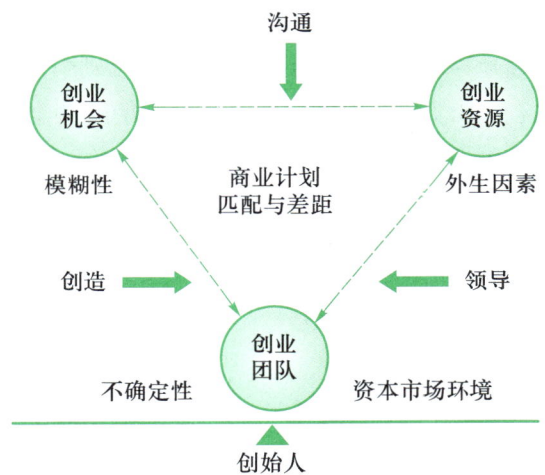

图 1-6　蒂蒙斯的创业过程模型

创业机会是创业过程的核心驱动力,创业者或创业团队是创业过程的主导者,创业资源是创业成功的必要保证。

(一) 创业机会

创业过程始于创业机会,而不是资金、战略、网络渠道、团队或商业计划。开始创业时,机会比资金、团队的才干和能力及合适的资源更重要。在创业过程中,资源与创业机会间经历着一个"适应—差距—适应"的动态过程。

(二) 创业资源

创业资源是创业过程中所需要的各种生产要素和支撑条件,创业机会的存在本质上是部分创业者能够发现特定资源的价值,对于创业者来说,如果获取不到创业所需的各类资源,即使拥有再好的创业机会、再优秀的创业团队,也是毫无意义。

在创业过程中,创业者要反复估量权衡创业资源,充分地利用创业资源,进行各种要素有效组合,形成新的产品或服务,才能创造出新的价值,创业资源主要包括人才资源、技术资源、政策资源和财务资源等多种资源形式。

(三) 创业团队

创业团队是创业过程的关键要素,创业团队在把握创业机会的基础上要不断去配置和平衡创业资源,并推进创业过程。创业团队由才能互补、责任共担、愿为共同的创业目标而奋斗的人组成,创业团队包含目标、成员、定位、职权和计划五大要素。

总之,创业过程是创业机会、创业资源和创业团队三个要素匹配和平衡的结果,是一个连续不断地寻求平衡的行为组合。在创业活动中,创业机会是创业过程的起点和核心,创业团队是创业过程得以有效执行的主要动力,创业资源是创业成功的必要保证,在三个要素中绝对的平衡是不存在的,追求一种动态的平衡,创业者在创业过程中就像一名杂技表演者:一边要在平衡线上跳上跳下,保持平衡;一边还要在动荡的处境中进行各式各样的表演。

知识链接

我国大学生创业的一般过程

按照创业活动中事项发生的时间顺序,我们可以将我国大学生创业过程分为以下四个阶段,如图 1–7 所示。

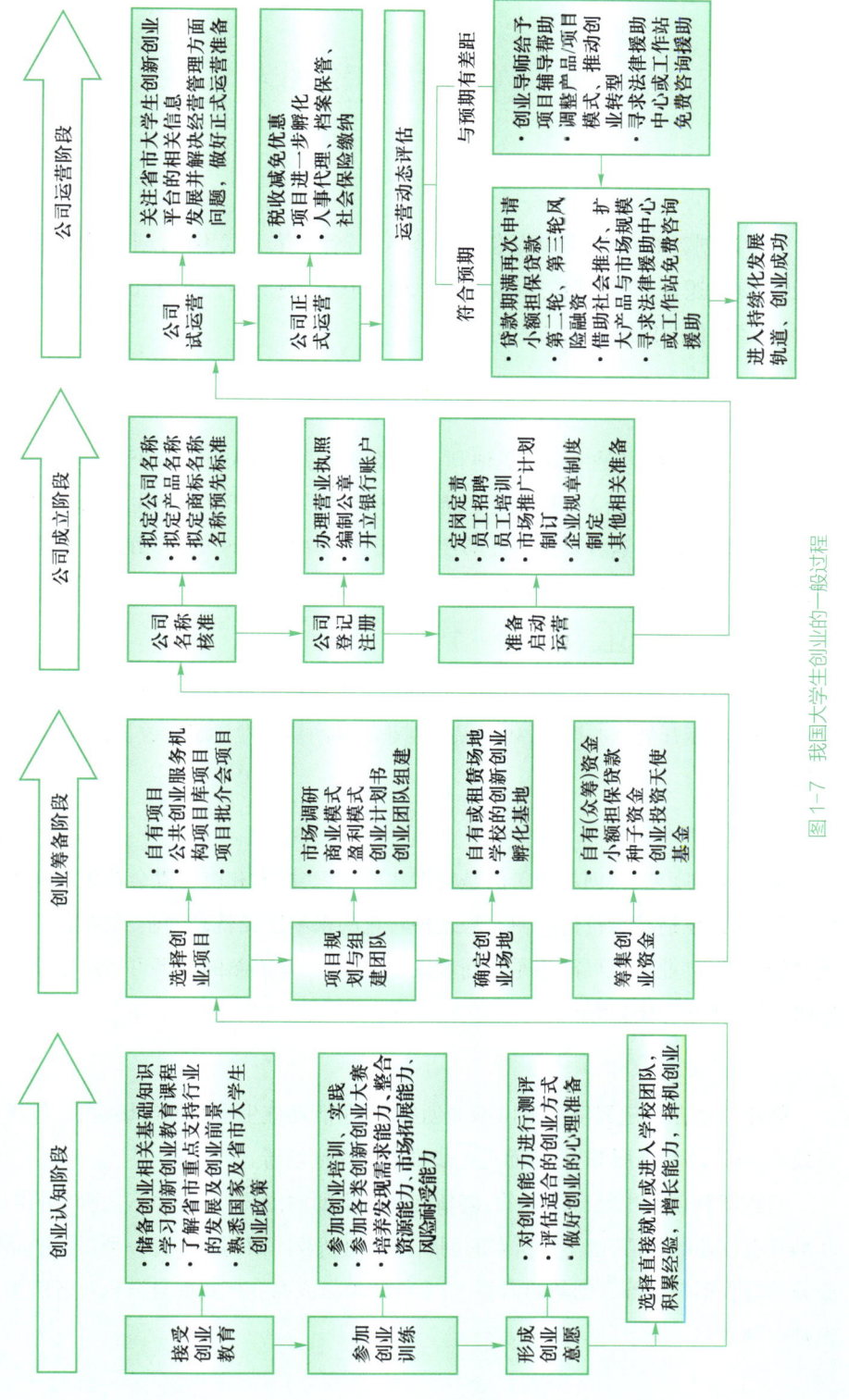

图1-7　我国大学生创业的一般过程

创业认知阶段

接受创业教育 →
- 储备创业相关基础知识
- 学习创新创业教育课程
- 了解省市重点支持行业的发展前景及省市创业前景
- 熟悉国家及省市大学生创业政策

参加创业训练 →
- 参加创业培训、实践
- 参加各类创新创业大赛
- 培养发现需求能力、整合资源能力、市场拓展能力、风险承受能力

形成创业意愿 →
- 对创业能力进行测评
- 评估适合的创业方式
- 做好创业的心理准备

- 选择直接就业或进入学校团队，积累经验，增长能力，择机创业

创业筹备阶段

选择创业项目 →
- 自有项目
- 公共创业服务机构项目库项目
- 项目批介会项目

项目规划与组建团队 →
- 市场调研
- 商业模式
- 盈利模式
- 创业计划书
- 创业团队组建

确定创业场地 →
- 自有或租赁场地
- 学校的创新创业孵化基地

筹集创业资金 →
- 自有（众筹）资金
- 小额担保贷款
- 种子资金
- 创业投资天使基金

公司成立阶段

公司名称核准 →
- 拟定公司名称
- 拟定产品名称
- 拟定商标名称
- 名称预先标准

公司登记注册 →
- 办理营业执照
- 编制公司章
- 开立银行账户

准备启动运营 →
- 定岗定责
- 员工招聘
- 员工培训
- 市场推广计划制订
- 企业规章制度制定
- 其他相关准备

公司运营阶段

公司试运营 →
- 关注省市大学生创新创业平台的相关信息
- 发展并解决经营管理方面问题，做好正式运营准备

公司正式运营 →
- 税收减免优惠
- 项目进一步孵化
- 人事代理、档案保管、社会保险缴纳

运营动态评估

与预期有差距 →
- 创业导师给予项目辅导帮助
- 调整产品/项目模式，推动创业转型
- 寻求法律援助中心或工作站免费咨询援助

符合预期 →
- 贷款期满再次申请小额担保贷款，第二轮、第三轮风险融资
- 借助社会推介、扩大产品与市场规模
- 寻求法律援助中心或工作站免费咨询援助

→ 进入持续化发展轨道，创业成功

19

任务提示

>> 本分项任务将引领我们厘清创意、创新和创业三者间的关系。

任务先行

>> 通过前面关于创意、创新和创业相关知识的学习，同学们隐约能感受到它们间的一些关联。本分项任务将进一步为大家系统地梳理三者间的区别和联系。

任务四　创意、创新和创业的关系

一、创意与创新的关系

创意是创新的基础，创新是创意的飞跃，二者思维方式不同，创意是形象思维，创新则是逻辑思维、理性思维、具象思维，创意是突发的、不稳定的，创新则是概念化、逻辑化的创造方案，是稳定的。

二、创新与创业的关系

"创新"一词最早是由美籍奥地利著名经济学家约瑟夫·熊彼特于 1912 年在其所著《经济发展理论》一书中提出，他认为"创新"是生产要素和生产条件的一种从未有过的组合，这种新组合能够使原来的成本曲线不断更新，由此会产生超额利润。创新的本质内涵就体现了它与创业活动的一致性和相关性。

（一）创新是创业的本质与源泉

创业者在创业过程中需要不断运用创新思维和创新意识，产生富有创意的想法和方案，不断开创新的模式，才能保持创业活动的持续性发展和成长，并最终获得创业的成功。

（二）创新的价值在于创业

从某种程度来看，创新的价值是将潜在的知识、技术和市场机会转化为现实生产力，从而创造社会价值。而实现这种转化的根本途径就是创业，创新者不一定是创业者，创业者也可能不是创新者或发明家，但是创新的成果可通过创业者推向市场，转化为社会价值。

（三）创业推动并深化创新

创业活动在一定程度上可以推动创新，创业活动催生出新的市场需求，包括新技术、新产品和新服务等，从而进一步推动和深化创新。

但创新和创业也是有区别的，创新有着丰富的内涵与外延，并不是所有的创新都具有创业的价值，也不是所有的创新都指向创业。而创业作为一种提供产品服务的过程不一定都有创新的内容，很多传统项目或商业模式反复被创业者所用也是一种常态。

总而言之,创意、创新和创业三者之间是相互联系又相互区别的关系(图1-8),创意是创新的基础、创业的灵魂与原动力,创新是创业的基础和前提,而创业是创新的体现和延伸、创意的践行载体。

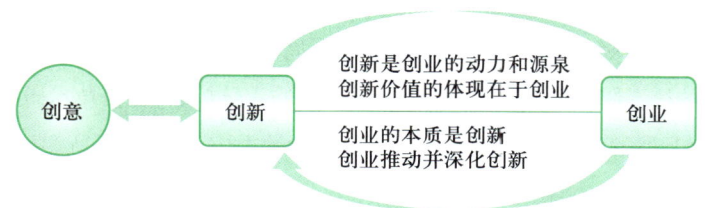

图1-8　创意、创新和创业之间的关系

任务五　新时代创新创业的意义

一、时代呼唤创新创业身姿

党的二十大报告提出,"从现在起,中国共产党的中心任务就是团结带领全国各族人民全面建成社会主义现代化强国、实现第二个百年奋斗目标,以中国式现代化全面推进中华民族伟大复兴。"创新创业是基于创新基础上的创业活动,开展创新创业对于党和国家发展、民族进步具有十分重要的时代价值和现实意义。

(一)创新创业赋能经济结构转型与高质量发展

1. 推动产业升级

在新时代,传统产业面临诸多挑战,创新创业能够引入新技术、新理念,促使传统产业向高端化、智能化、绿色化转型。例如,制造业通过引入工业互联网、人工智能等技术实现智能制造,提高生产效率和产品质量,使产业附加值大幅提升。

2. 催生新兴产业

创新创业是新兴产业的孵化器。大数据、区块链、新能源等领域的创新企业如星星之火,逐渐形成燎原之势。这些新兴产业成为新的经济增长点,优化了经济结构,为经济的可持续发展注入新动能。

3. 提高经济活力与竞争力

创新型企业和创业者凭借灵活的市场机制和创新的商业模式,能够快速响应市场变化。他们敢于探索新的商业机会,在全球竞争中脱颖而出,进而提升国家

任务提示

>> 本分项任务将引领同学们认识创新创业的重大时代意义及其对个人职业发展规划的重大影响。

任务先行

>> "时代呼唤创新,时代呼吁创业",创新创业已成为这个时代的代名词,你一定想知道:创新创业对于我国有何特殊意义?创新创业教育与个人职业发展规划又有何关系?接下来我们一起来探究吧!

或地区的整体经济竞争力。

(二)创新创业促进高质量充分就业与社会稳定

1. 创造就业机会

党的二十大报告强调,"完善促进创业带动就业的保障制度,支持和规范发展新就业形态。"随着创新创业活动的蓬勃开展,大量的就业岗位被创造出来。从创业初期的核心团队组建,到企业成长过程中的人员扩张,涵盖技术研发、市场营销、运营管理等多个环节,吸纳了不同层次的劳动力,有效缓解了就业压力。

2. 促进社会公平与流动

创新创业为社会各阶层提供了平等的机会。不论出身背景,只要有创意、有能力,都有可能通过创业实现社会阶层的跨越。这有助于打破阶层固化,促进社会公平,增强社会的稳定性和凝聚力。

(三)创新创业服务科技创新与国家战略需要

1. 提升国家创新能力

创新创业是科技创新的重要载体。众多创新企业在技术研发上持续投入,加速科技成果的转化和应用。我国在航空航天、5G通信、人工智能、量子计算、生物技术等领域的创新创业成果,彰显了国家的科技实力,推动国家在全球科技竞争中占据有利地位。

2. 助力国家战略实施

在国家实施创新驱动发展战略、建设科技强国等战略背景下,创新创业活动与之紧密结合。例如,在新能源汽车领域的创新,符合国家绿色发展战略和能源安全战略,为实现碳达峰、碳中和目标提供了有力支持。

(四)创新创业推动社会文化进步

1. 激发创新文化氛围

创新创业的蓬勃发展,营造了鼓励创新、宽容失败的社会文化环境。这种文化氛围激发了全民的创新意识,使创新成为一种社会风尚,推动社会文化朝着积极向上、富有创造力的方向发展。

2. 促进人才培养与发展

创新创业活动为人才提供了广阔的实践平台。创业者在实践中不断学习和成长,培养了跨学科的知识结构和综合能力。同时,也吸引了更多人才投身于创新领域,形成人才汇聚的良好局面,促进人才的全面发展。

聚焦新时代大学生群体,相对较高的专业知识水平及综合素质使其具有潜在的创新能力,通过创业实践,不仅能把大学生的创新构想转化为社会现实,从而实现其创新创业梦想,而且通过其创新创业梦想的实现,使得大学生自身的价值得到社会的认可,从而满足其自我实现的需要;同时,当代大学生的创新创业成果,必然会为整个社会的发展作出巨大贡献。

应用案例

"双创"在雪域高原生根发芽

"80后"德庆玉珍创办拉萨海雕视角教育咨询公司,针对在拉萨寄宿上学的初高中农牧区女生,由于成长背景、家庭因素、年龄小等原因造成的一些心理问题,建立西藏自治区民间第一个专注于女孩和女性教育的项目——"青墨斋",成长为一股推动社会发展的正向力量。

西藏大学次央带领七名大学生成立拉孜县锡钦乡羊毛制品专业合作社,纯手工制作的颜色鲜艳、琳琅满目的氆氇、藏装、邦典、背包等,不仅承载着次央的创新创业梦想,而且带动近100户贫困户脱贫致富。

藏族大学生江白在班戈县成立了卓攀健康产业有限责任公司,想把传统的藏医药传承下去。他带领团队与西藏藏医学院合作,经过数年研发,汲取多种藏药和优质色措碱(一种天然的美白洁净因子),研制出的卓攀藏秘草本牙膏大获成功的同时,极大提高了当地藏民的收入。他们的目标是将卓攀这个品牌打造成藏医药衍生产品日化类,集研发、生产、销售为一体的西藏龙头企业。

启悟:大学生创业者在利用专业知识解决实际问题、推动地方产业发展的过程中,不仅能创造可观的经济与社会价值,更能在实践锻炼中不断提升自我,实现从理论知识学习者到专业领域开拓者的转变,进而有力地促进自身快速成长与多元发展。

二、创新创业绘就生涯蓝图

(一) 职业发展规划

职业发展规划是指个人结合自身情况,以及眼前的机遇和制约因素,为自己确立职业目标,选择职业道路,确定发展计划、教育计划等,并为自己实现职业生涯目标而确立行动方向、行动时间和行动方案。职业发展规划就是对职业生涯乃至人生进行持续的系统的计划的过程,其主要目的在于:一是选择适合自己的职业;二是求得职业发展。

有些学生总希望毕业后得到一份既轻松又体面，既适应自己个性特长又有较高收入的工作。但在现实生活中，这些想法一时很难实现，于是他们便陷入苦闷与迷惘之中，自信心受挫。每个职业都会有其不同的特质，所以也相应地适合不同特质的人，真正的择业要先看你本身符合哪种职业的特质。所以，要认知自己的职业性向才能避免走弯路、走错路，职业性向认知是一个人所具有的有利于其在某一职业方面成功的素质组合，是与职业方向相对应的个性特征，换言之，是指由个性决定的职业选择偏好。

知识链接

约翰·霍兰德职业性向理论

美国约翰斯·霍普金斯大学心理学教授约翰·霍兰德通过研究发现，不同人拥有不同的人格特征，不同的人格特征又适合从事不同的职业，霍兰德将其分为六种职业性向（类型）：实践性向——实际型（R，Realistic）；研究性向——研究型（I，Investigative）；社会性向——社会型（S，Social）；常规性向——传统型（C，Conventional）；企业性向——企业型（E，Enterprising）；艺术性向——艺术型（A，Artistic）。每一种职业性向适合于特定的若干职业。通过一系列测试，可以确定一个人的职业性向。职业者确定了自己的职业性向后，便可以从对应的若干职业中选择适合自己的职业，利于进行职业生涯规划。

霍兰德以六边形（图1-9）标示出六大类型的三种关系。

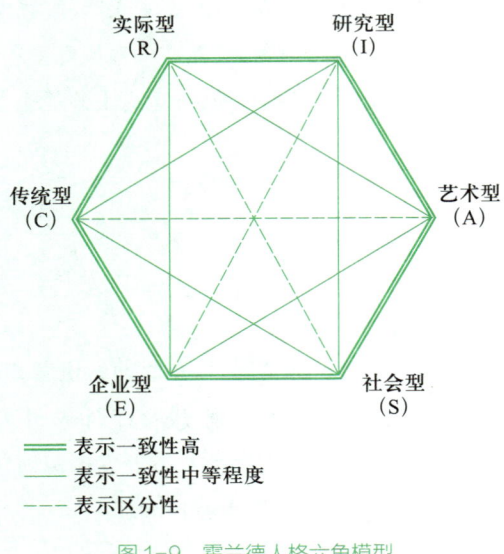

图 1-9　霍兰德人格六角模型

（1）相邻关系。如 RI、IR、IA、AI、AS、SA、SE、ES、EC、CE、CR 及 RC。属于这种关系的两种类型的个体之间共同点较多，实际型 R、研究型 I 的人就都不太偏人际交往，这两种职业环境中也都较少有机会与人过多接触。

（2）相隔关系。如 RA、RE、IC、IS、AR、AE、SI、SC、EA、ER、CS 及 CI。属于这种关系的两种类型个体之间的共同点较相邻关系要少。

（3）相对关系。在六边形上处于对角位置的类型之间即为相对关系，如 RS、IE、AC、SR、EI 及 CA 即是，相对关系的人格类型共同点少，因此，一个人同时对处于相对关系的两种职业环境都兴趣很浓的情况较为少见。

人们通常倾向选择与自我兴趣类型匹配的职业环境，如具有现实型兴趣的人希望在现实型的职业环境中工作，可以最大地发挥个人的潜能。但职业选择中，个体并非一定要选择与自己兴趣完全对应的职业环境：一则因为个体本身常是多种兴趣类型的综合体，单一类型显著突出的情况并不多，因此评价个体的兴趣类型时也时常以其在六大类型中得分居前三位的类型组合而成，组合时根据分数高低依次排列字母，构成其兴趣组型，如 RCA、AIS 等；二则因为影响职业选择的因素是多方面的，不完全依据兴趣性，还要参照社会的职业需求及获得职业的现实可能性。因此，职业选择时会不断妥协，寻觅相邻职业环境甚至相隔职业环境，在这种环境中，个体需要逐渐适应工作环境。但如果个体寻找的是相对的职业环境，意味着所进入的是与自我兴趣完全不同的职业环境，则我们工作起来可能难以适应，或者难以在工作时觉得快乐，相反，甚至可能会每天工作得很痛苦。

（二）职业发展规划与创新创业的关系

职业发展规划是个人职业人生的宏观规划和整体设计，创新创业是职业生涯的一个阶段，创业是职业发展的一种形式，创业本身就是一种高质量就业，是职业发展规划中成就职业梦想的重要路径。

1. 创新创业在职业发展规划中起到积极作用

创新创业是一种人生态度，是根植于人们内心的一种不满足于现状、敢于创新并承担风险的精神，是一种在考虑资源约束的情况下把握创造价值的认知。创新驱动发展，创业实现价值。从广义的角度去看创业，可以理解为是一个人根据自己的性格、兴趣、所学专业、能力等选择适合自己的事业（可以是创办企业，也可以是创办非营利的事业，还可以是就业），并把握机会，为这个事业的成功整合资源、付诸努力,最终实现自己人生目标的过程。因此,创新创业能力中所包括的捕捉机会、整合资源等意识,以及领导、沟通等能力具有普遍性与适应性,在个人职业生涯规划与发展中起着不可或缺的作用。

2. 职业发展规划是创业成功的必要条件

职业发展规划更多的是对人生职业的一种设计和整体筹划,创业则是实现职业发展规划的重要方式和渠道,同时也是更好地激发个人职业生涯规划得以实现的积极手段。

3. 创新创业是职业发展规划的一种路径

大学生在毕业后,可以选择就业也可以选择创业。利用所学专业知识找一份工作,并在工作中进行创新,在创新中求发展,一步一步向更高级的岗位迈进,从某种意义上讲,这也是一种创业(内创业);而自主创立一份事业,也是一种就业的方式,属于高水平的就业。创新是一种职业素养、创业是一种职业生涯,创业同就业一样,属于职业发展规划的不同路径。

就业是民生之本,创业是富民之基,创新是创业之源。创新创业是新时代赋予大学生的使命,也是对大学生的内在要求。当代大学生只有通过不断地提升自身的创新创业能力与素质,才能在激烈的人才竞争中脱颖而出,获得更大的职业发展空间,书写人生精彩华章。

▶ 润心好文

中国一流创新技术之 5G:数字中国建设的开路先锋

截至 2024 年,新一代通信标准 5G(第五代移动通信技术)的专利申请数量,中国占比达到 40.8%,位居全球第一,5G 表现出的巨大潜力让世界各大通信强国都在蓄力争夺主动权,于中国而言,5G 不仅仅是下一轮信息科技革命的主角,还是其巩固科技创新地位的敲门砖。

何谓 5G

5G 是最新一代蜂窝移动通信技术,是面向未来移动通信需求而发展的新一代移动通信系统。具有超高的频谱利用率和能效,在传输速率和资源利用率等方面较 4G 移动通信提高至少一个量级,无线覆盖性能、传输时延、系统安全和用户体验也将得到显著的提高。

4G 与 5G 主要性能指标对比

5G 移动通信与其他无线移动通信技术密切结合,构成了新一代无所不在的移动信息网络,满足相比 4G 移动互联网流量增加 1 000 倍的发展需求。5G移动通信系统的应用领域也将进一步扩展，具有网络自感知、自调整等智能化能力，以应对未来移动信息社会难以预计的快速变化。

我国在5G标准制定上的话语权

在过去的3G、4G时代，中国虽然在一些标准如中国移动（600941）的TD-SCDMA通信制式上获得主导权，但在编码调制上并未占据重要地位。在2016年，具备超低通信时延的华为主推Polar Code方案被确认为5G控制信道eMBB（增强移动宽带）场景编码最终方案，这是中国企业首次进入基础通信框架协议领域，为中国在5G标准中的"制定者"道路提供了基础，华为公司为中国在信道编码这一技术领域赢得了一定话语权。

5G应用场景发展方向

与4G相比，5G的网络传输平均速度提升10倍，峰值速度甚至可以达到更快，同时具有超高可靠低时延、海量机器类终端通信等特点。

5G应用在智能制造和智慧医疗两个方向表现突出。例如，中国商飞（全称中国商用飞机有限责任公司）借助"5G+AR"辅助装配和远程维护，利用"5G+高清视频"进行零部件检测；洋山港（全称上海洋山深水港）用5G网络远程操控码头的龙门吊；上海交通大学医学院附属瑞金医院用5G网络推进远程会诊、远程手术；等等。

从全国来看，近年来，涌现出上万个5G应用创新案例，覆盖22个国民经济重要行业。其中，采矿业由于作业环境恶劣，且出于工作人员安全考虑，对5G有刚需；钢铁、水泥等行业出于人力短缺和提升效率的考虑，且近两年效益较好，对尝试5G有较强动力；而医疗行业因为更贴近老百姓，应用进展同样较快，主要需求是惠民和提升会诊效率。

以建设专网为基础，通过协同云计算、边缘计算、大数据分析等技术，5G在垂直行业提供各类创新应用。138个钢铁企业、194个电力企业、175个矿山、89个港口实现5G应用商用落地。

此外，"5G+工业互联网"在建项目超过1 800个；5G空中课堂、5G虚拟实验室、5G智慧校园等应用初具规模；超过600家三甲医院开展了"5G+"急诊急救、远程诊断、健康管理等应用；同时，增强现实导游、4K/8K直播等5G应用在信息消费领域快速发展。

▶ 深思勤践

一、案例分析

以创新打造企业核心竞争力

在过去的 30 多年间,大多数中国民营企业总是摆脱不了"各领风骚三五年"的宿命,我们也听到和看到太多关于中国民营企业崛起、衰落、倒闭的悲伤故事。华为虽然和许多民营企业一样从做"贸易"起步,但是华为并没有像其他企业那样,继续一味沿着"贸易"的路线发展,而是踏踏实实地搞起了自主研发。

华为对外公布的数据显示:2024 年,华为研发费用支出为 1 797 亿元,占全年收入的 20.8%。近十年累计投入的研发费用更是超过 12 490 亿元。截至 2024 年年底,华为全球员工总数约 20.9 万人,其中研发人员约有 11.3 万人,占员工总数的 54% 以上。为了保持技术领先优势,华为在招揽人才时提供的薪资也常常比很多外资企业还要高出许多。

"不搞创新,就是等死""不创新才是最大的风险",华为创始人任正非的这些话道出了华为骨子里的创新精神。回顾华为的发展历程,任正非说:"我们体会到,没有创新,要在高科技行业中生存下去几乎是不可能的。在这个领域,没有喘气的机会,哪怕只落后一点点,就意味着逐渐死亡。"正是这种强烈的紧迫感驱使着华为持续创新。

华为用 30 多年时间,从名不见经传的民营科技企业,发展成为如今的世界500 强企业和全球最大的通信设备制造商,创造了中国乃至世界企业发展史上的奇迹,而成功之钥便是创新。

分析与思考

(1) 请大家分析华为取得成功的秘诀是什么?

(2) 大家怎么理解"不创新才是最大的风险"这句话的含义?

二、模拟实践

麦田蜜语蛋糕坊的产品创意设计

实训目的

运用创意元素组合理论对麦田蜜语蛋糕坊的产品进行创意设计,把握创意的难点和要点。

实训内容与方式

项目背景：

金浩言，男，现年 21 岁，某职业技术学院连锁经营与管理专业大三在校生，在校期间一直在某甜品店打工，多次被评为优秀员工，现任该蛋糕坊店长。李凡雁，女，现年 20 岁，某职业技术学院中西面点工艺专业大三毕业生，课余时间喜欢自己制作甜品，且深受家人及同学的好评，已取得西点师资格证书。谢智宇，男，现年 20 岁，某职业技术学院市场营销专业大三在校生，口才较好，性格热情，有丰富的销售兼职经验，且销售成绩良好。沈梦君，女，现年 20 岁，某职业技术学院大数据与会计专业大三在校生，在校期间表现优异，有大型企业会计实习经历，已取得会计从业资格证。

四位同学来自同一所"双高"高职院校，在校期间均表现优异，现正面临择业的问题，四位同学在聚会时吐槽："还是金浩言好，还没毕业，已经干到了店长的职位，根本不用担心一毕业就失业的问题。"金浩言笑着回答："店长有什么用，还不是给别人打工？"谢智宇听后，兴奋地说："我们为什么不自己创业呢？我们自己创办一家蛋糕坊，自己给自己当老板！"其余三人听后，均怀疑地说："我们能行吗？"谢智宇说："你们看，凡雁有技术，浩言有管理经验，我会销售、能跑市场，梦君又能做我们的财务大管家。现在甜品店那么受欢迎，但我们学校位置偏僻，平时我们想吃些甜点，不是要跑到市中心去买，就是要叫外卖，又慢又贵，卫生没保障，味道还一般。我们把蛋糕坊就开在学校里面，这样同窗闺蜜都有一个休闲的好去处。我们还可以发展外卖业务，周边大学城的学生那么多，销量肯定不愁。"

听了谢智宇的分析，四人一拍即合，决定在学校内，创立一家蛋糕坊，取名麦田蜜语蛋糕坊，"麦田"意为安全健康原生态，让学生们吃得放心；"蜜语"为"甜蜜私语"的意思，即为大家提供一个能够敞开心扉畅谈的场所。于是，麦田蜜语蛋糕坊的创业想法应运而生。

根据本书设立的创业项目——麦田蜜语蛋糕坊，按照"产品＋其他元素"的组合方式（表 1-1），产生新的产品创意。

表 1-1 "蛋糕 + 其他元素"组合

组合	咖啡	文化	造型	文案	技术	书吧	茶	红酒	其他
蛋糕									
面包									

实训成果

按照表 1-1 中的元素组合,设计一两种元素组合创意并完成记录。

模块二　开启创新思维

▶ **思想领航**

要创新需要一定的灵感,这灵感不是天生的,而是来自长期的积累与全身心的投入。没有积累就不会有创新。

——王业宁

▶ **学习目标**

- 知识目标

  认识创新思维及其分类,了解思维定式。

- 能力目标

  (1)掌握破解思维定式的方法。

  (2)提升创新思维的灵活运用能力。

- 素质目标

  善于观察、勤于思考,养成能够催生创新思维的良好习惯。

▶ **导师寄语**

人类社会的发展史就是一部创新的历史。创新思维作为创新实践和创造力发挥的前提,是人类进步真正的先导和原动力。某种程度上,创新思维的有无和多寡也决定着我们每个人的前途与命运:富有创新思维将增强我们的勇气与谋略,将有助于我们的职业发展定位和目标设计,将决定我们能否收获事业上的广阔天地。

通过本模块学习,希望同学们能够全方位提升创新思维能力,冲破思维定式的禁锢,顺利开启创新思维的大门。

▶ 学前导读

惊艳世界的 2022 年北京冬奥会开幕式

图 2-1　2022 年北京冬奥会精彩瞬间

2022 年北京冬奥会开幕式(图 2-1)在国内外引起了广泛关注,其中开幕式的设计理念更是备受瞩目。作为一场融合传统与现代、展现中国文化魅力的盛大仪式,开幕式的设计理念体现了我国对于冬奥会的独特诠释,给各国参赛选手及众多的观众留下了震撼且深刻的感受。二十四节气倒计时、五环破冰而出、雪花组成主火炬台等呈现方式,无不演绎着中国人的浪漫。

北京冬奥会立足我国的现实特点,将现代科学技术与我国优秀传统文化元素融合在一起,充分践行创新理念,向世界呈现了一场令人赞叹不绝的富有中国特色的开幕式。在开幕式的舞台上,观众们可以看到传统的中国元素如舞龙舞狮、京剧、传统音乐等,同时也融入了现代的科技元素,如激光秀、虚拟现实等。

首先,科技创新应用是开幕式的一大亮点。场地 1.1 万平方米的 LED 高清显示屏构成,呈现出晶莹剔透的冰面效果。这种高科技的屏幕不仅面积大,而且科技含量高,能够传递出"冰面"的千变万化,展示出视觉与人和装置的交互,人工智能、AR、裸眼 3D 等多种技术,实现了全 LED 影像,画质达到了 16K(15 360×8 640 像素)。冰立方"雕刻"成冰雪五环的视效更是通过光影和数字影像的手段展现,给观众带来震撼的视觉体验。

其次,文化融合创新也是开幕式的一大特色。开幕式设计理念根植于中华优秀传统文化,展现了中国人的诗意。例如,开幕式以中国传统历法的时光轮转作为倒计时开场,结合二十四节气,展现了中华文化的深厚底蕴。

最后视觉效果的创新不容忽视。开幕式上的"一滴水墨"滴到地面,幻化成"黄河之水天上来",铺满全场,赢得了观众的阵阵惊叹。冰雪五环的破冰而出更是将现场气氛推向高潮,通过光影和数字影像的手段展现了碎冰的效果。这些视觉上的创新不仅吸引了观众的眼球,也展示了中国在视觉艺术和技术上的创新实力。

正是创新理念和创新思维在开幕式中的生动实践,为本届奥林匹克运动会注入了更多活力。尽管北京冬奥会已经结束,但这一场精彩非凡、世界瞩目的奥运盛会成为奥林匹克史册上浓墨重彩的一笔,也更进一步地诠释了中国特色、中国智慧和中国形象。

思辨与探究

(1) 2022 年北京冬奥会开幕式的哪些创新点让你印象深刻?

(2) 设计中运用了哪些创新思维方式? 打破了哪些约定俗成?

(3) 创新思维的源头在何处? 魅力何在?

任务一　创新思维认知

一、创新思维的内涵

创新思维是指以新颖独创的方法解决问题的思维过程,通过这种思维能突破常规思维的界限,以超常规甚至反常规的方法、视角去思考问题,提出与众不同的解决方案,从而产生新颖的、独到的、有社会意义的思维成果,是多种思维方式的综合运用,包括逻辑思维和非逻辑思维、抽象思维和形象思维、发散思维和收敛思维等。习近平总书记在党的二十大报告中强调要"不断提高战略思维、历史思维、辩证思维、系统思维、创新思维、法治思维、底线思维能力",其中,"创新思维"成为习近平总书记近几年在不同场合讲话中提及的高频词汇。

创新思维不是一般性思维,它不是单纯依靠现有的知识和经验进行抽象和概括,而是在现有的知识和经验的基础上进行想象、推理和再创造,对前人尚未解决的问题进行探究,找出新答案的思维活动。创新思维具有普遍性、灵活性、实践性和价值性等特征。

任务提示

>> 本分项任务将引领同学们认识创新思维的内涵及主要类型。

任务先行

>> 有人说"没有创新思维就看不见机遇",还有人说"创新思维决定人生的高度"。那么,什么是创新思维?创新思维又有何用?在本分项任务中,让我们一起来揭开谜底。

应用案例

传音的"爆品"哲学:本地化创新

第三方科技市场分析机构 Canalys 数据显示,2024 年第三季度非洲智能手机市场出货量达 1 840 万台,其中,传音(全称深圳传音控股股份有限公司)约 930 万台,占 50% 的市场份额,足见其在非洲的影响力。

"全球化思维,本地化创新"是传音的战略总结。传音研发出适用于深肤色用户的自拍人像模式。根据对非洲本地用户的客观特征及审美偏好分析,找到影像优化的创新机会点,如对非洲用户皮肤肤色、肤质美化以及五官特征的智能美型,使照片看起来更清晰自然,符合当地用户的审美习惯,使深肤色人群也能拍出好看的照片。

启悟:创新思维的本质在于打破常规,精准聚焦用户的独特需求,基于深入的市场调研挖掘创新机会点,实现产品的差异化突破。

二、创新思维的类型

(一) 发散思维与收敛思维

1. 发散思维

发散思维是一种极具创造力的思维活动。它使人们在思维过程中,不受任何条条框框的限制,充分发挥探索性和想象力,以某一问题为中心,探求多种答案的思维过程和方法。发散思维在创新思维中至关重要,某种程度上讲,没有发散思维就没有创新。

2. 收敛思维

收敛思维与发散思维的特点正好相反,它以某个思考对象为中心,尽可能地运用已有的经验或知识,将各种信息通过比较、筛选、组合、论证,从而得出在现有条件下解决问题的最佳方案。

从思维方向上来讲,发散思维的方向是由一点向四面八方进行扩散,收敛思维则是由四面八方向中心集中。没有发散思维的广泛收集、多方搜索,收敛思维就没有了加工对象,就无从进行;反过来,没有收敛思维的认真整理、精心加工,发散思维的结果再多,也不能形成有意义的创新结果。

应用案例

环保包装材料研发:发散思维与收敛思维的协同之旅

某企业拟开发新型环保包装材料。

在发散思维阶段,团队成员从各个角度思考。有人提出利用可降解的植物纤维,如竹子、甘蔗渣等,因为其来源广泛且环保;有人想到借鉴昆虫外壳的结构,开发高强度且轻薄的材料;还有人提议结合废旧塑料的回收再利用技术,赋予其新的性能。从材料来源、结构设计、回收利用等多方面提出众多创意和可能性。

而收敛思维阶段,团队针对这些想法进行评估筛选。考虑到成本因素,一些昂贵的原材料提取技术被放弃;基于生产工艺的复杂性,一些难以实现大规模生产的结构设计也被排除。经过综合考量,最终确定以当地丰富的甘蔗渣为主要原料,结合简易的加工工艺,开发一种既环保又能在现有生产条件下大规模生产的包装材料。通过发散思维拓展思路,收敛思维聚焦方向,成功推进项目研发。

启悟:发散思维是开启多元创意大门的钥匙,让我们突破常规局限,广泛挖掘各种可能;而收敛思维则是精准筛选的滤网,权衡利弊,去除不切实际的方案。二者相辅相成,唯有灵活运用这两种思维,才能在面临复杂问题与创新挑战时,精准定位最优路径,实现创新目标并推动项目顺利开展。

(二) 联想思维与形象思维

1. 联想思维

联想思维是我们经常用到的思维方法,是一种由一事物的表象、词语、动作或特征联想到其他事物的表象、词语、动作或特征的思维活动。根据认识和改造客观世界的需要,人们通过组合想象,可以使已有的一些事物形成新的联系,可以构成见所未见、闻所未闻的事物形象。联想思维法在人们各方面的创新活动中发挥着巨大的作用。

应用案例

水立方:联想思维奏响一曲奥运华章

国家游泳中心——水立方(图 2-2)的设计灵感来源于泡沫,进而联想到“一个方盒子”,容纳了许多“水泡泡”和“水分子”的形象。在设计过程中,水立方的设计团队充分考虑到节能、环保和水资源保护等因素,使其成为一座符合绿色建筑标准的体育场馆。

图 2-2　国家游泳中心——水立方

水立方的创意设计融合了中国传统审美与现代建筑理念,它的外立面由 3 000 多个气枕构成,每个气枕都是独立的单元,可以自由调节内部气体压力,以适应不同的天气条件。这种独特的结构不仅赋予了建筑极高的观赏性,也体现了节能环保的绿色理念。夜晚,当灯光亮起,水立方犹如一颗蓝色宝石镶嵌在北京的夜空中,美轮美奂。

启悟:联想思维如跨越领域的桥梁,打破固有思维,串联多元元素,从各方为产品设计、项目规划等应用场景汲取灵感,催生创意方案。

2. 形象思维

形象思维是指人们在认识世界的过程中,对事物表象进行取舍时形成的,是指用直观形象的表象解决问题的思维方法。形象思维以直观具象为切入点,从独特外形、高效性能等方面着手,将抽象功能需求具象化,为各领域创新产品设计与功能实现开拓全新思路,助力突破常规研发瓶颈。

应用案例

水下直升机:形象思维助力深海创新遨游

由我国完全自主知识产权的水下直升机(图2-3)成功研制,填补海底移动探测与作业领域空白,处于国际领先地位。水下直升机概念是由我们中国人自己提出,是我国完全具有自主知识产权的无人自主潜航器。

图2-3 全球首款水下直升机

据相关人员介绍,"水下直升机"外形酷像飞碟,以电能为主,具备极强的机动性。除此之外,扁平状的碟形设计还有一个优势,那就是能够使机体水平方向的接触面积减少,最终极大地减少运动阻力,并且还能够增加垂直方向的稳定性,是一种海底新概念自主无人潜水器,具有自由起降、定点悬停、全周转向和贴底航行等常规自主式潜水器难以实现的功能,可长期驻留海底进行海底移动观测、海底资源勘探、海底区域巡航与探测、海底管线监测与维护、海底救援与打捞等工作,水下直升机采用碟形设计,机动性能强,可实现360°全周转向,提出被动式递超短基线定位导航方法,水下直升机动态定位精度高,属于全球首创。

启悟:形象思维以直观具象为切入点,从独特外形、高效性能等方面着手,将抽象功能需求具象化,为各领域创新产品设计与功能实现开拓全新思路,助力突破常规研发瓶颈。

（三）逆向思维

逆向思维,也称求异思维,它是对司空见惯的似乎已成定论的事物或观点反过来思考的一种思维方式。当大家都朝着一个固定的思维方向思考问题时,而你却独自朝相反的方向思索,这样的思维方式就叫逆向思维。

人们习惯于沿着事物发展的正方向去思考问题并寻求解决办法。其实,对于某些问题,尤其是一些特殊问题,从结论往回推,倒过来思考,从求解回到已知条件,反过来想或许会使问题简单化。

应用案例

洗衣机脱水缸:逆向而行解难题

洗衣机的脱水缸,它的转轴是软的,用手轻轻一推,脱水缸就东倒西歪。可是脱水缸在高速旋转时,却非常平稳,脱水效果很好。当初设计时,为了解决脱水缸的颤抖和由此产生的噪声问题,工程技术人员想了许多办法,先加粗转轴,无效,后加硬转轴,仍然无效。最后,他们来了个逆向思维,弃硬就软,用软轴代替硬轴,成功地解决了颤抖和噪声两大问题。

启悟: 当常规思路在解决问题的过程中碰壁时,不妨反其道而行之,从相反角度探索解决方案,往往能开辟新路径。

（四）灵感思维

灵感思维是指人们在科学研究、科学创造、产品研发或问题解决过程中突然涌现、瞬息即逝,使问题得到解决的思维过程。灵感思维具有偶然性、突发性、创造性等特点。灵感是新东西,即过去从未有过的新思想、新念头、新主意、新方案及新答案。灵感思维是三维的,它产生于大脑对接收到的信息的再加工,储存在大脑中沉睡的潜意识被激发,即凭直觉领悟事物的本质。需要指出的是,灵感思维需要长期积淀,因其依赖丰富知识经验积累、问题意识培养、多元思维能力锻炼及潜意识信息储备,方能在特定契机下激发创新灵感的闪现。

品文酌理:
如何在生活中
培养灵感思维

应用案例

百度汽车大脑:给汽车装上聪明的大脑

人工智能(Artificial Intelligence, AI),就其本质而言,是对人的思维的信息过程的模拟。当计算机出现后,人类开始真正有了一个可以模拟人类思维的工具。基于计算机和人工智能技术孕育而生的百度汽车大脑可谓是一项聪明绝顶的创新产品,它模拟人脑思维的模式,拥有200亿个参数,通过模拟人脑的无数神经元的工作原理进行再造、存储及"思考",是无人驾驶的核心技术,包括高精度地图、定位、感知、智能决策与控制四大模块,能够自动识别交通指示牌和行车信息,具备雷达、相机、全球卫星导航等电子设施,并安装同步传感器,依托国际领先的交通场景物体识别技术和环境感知技术,实现高精度车辆探测识别、跟踪、距离和速度估计、路面分割、车道线检测,为自动驾驶的智能决策提供依据。我们只需向导航系统输入目的地,汽车即可自动行驶至目的地。

启悟: 灵感思维扎根于对不同领域前沿技术的深度钻研与跨界融合,借由打破学科壁垒,将抽象灵感具象为改变生活的实用产品与解决方案。

(五)逻辑思维

逻辑思维是指将思维内容联结、组织在一起的方式或形式,是人的理性认识阶段,指人们在认识事物的过程中借助概念、判断、推理等思维类型反映事物本质与规律的认识过程。它是作为对认识者的思维结构及起作用的规律的分析而产生和发展起来的。只有经过逻辑思维,人们对事物的认识才能达到对具体对象本质规律的把握,进而认识客观世界。逻辑思维具有规范、严密、确定和可重复的特点。

应用案例

北斗农机自动驾驶系统:逻辑思维驱动下的智慧农耕

在北斗农机自动驾驶系统研发的起始阶段,研发团队通过对农业生产现状展开全面调研,精准定位到传统农机依赖人工驾驶、作业精度不足等关键问题,明确以提升作业效率与精度、解放人力为核心目标,以此为逻辑思维的起点。随后在技术攻关时,依据逻辑严密规划。针对定位需求,选定北斗卫星导航系统,凭借其多星信号接收实现厘米级精准定位;对于路径规划,引入地理信息系统与智能算法,综合农田数据规划最优路线;在控制环节,深度整合农机各系统,将导航指令转化为精准控制信号。在研发过程中,以大量实地测试收集数据,用逻辑分析数据找问题,不断优化算法与系统参数,如根据不同土壤与天气优化定位稳定性。

启悟: 在研发创新过程中,从全面调研问题、明确目标出发,依循严密推理规划技术选型与执行路径,借助数据收集、分析持续优化,沿此逻辑推进,能实现高效成果转化。

（六）类比思维

类比思维是根据两个具有相同或相似特征的事物间的对比，从某一事物的某些已知特征去推测另一事物的相应特征的思维活动。从两个或两类对象具有某些相似或相同的属性事实出发，推测出其中一个对象可能是有另一个或另一类对象已经具有的其他属性的思维方法。类比思维法是古今中外许多知名人士最常运用的一种解决问题的方法，由这种方法所得出的结论，虽然不一定非常精确可靠，但富有创造性，往往能将人们带入完全陌生的全新领域，并给予许多启发，在新旧信息间找相似和相异的地方，即异中求同或同中求异，通过类比思维，在类比中联想，从而升华思维，既有模仿又有创新。

应用案例

鲁班造锯：类比启智

鲁班和他的徒弟们接受了一项建造皇家宫殿的任务，采伐大量木材的任务迫在眉睫，鲁班心里万般焦急。有一天，他到山上去采伐木料，在爬上一个小陡坡的时候，脚下踩的石头突然松动了，他急忙伸手抓住路旁的一丛茅草。"哎呀！"他惊叫一声，再看手被茅草划破了，渗出血来。

鲁班陷入了沉思，他扯起一把茅草，细细端详，结果发现小草叶子边缘长着许多锋利的小齿。

他心念一闪：要是我也用带有许多小锯齿的工具来采伐树木，那肯定比用斧头砍要省力得多。

于是，他就请铁匠师傅打制了几十根边缘上有锋利小锯齿的铁片，拿到山上去试验，果然好使。

鲁班给这种新发明的工具起了个名字，叫作"锯"（图2-4）。后来，他又给锯安上了一个"工"字形的把手，用起来更方便了。有了锯，砍伐木头的进度大大加快，宏伟的宫殿也得以如期竣工。

启悟：从相似事物的关联中获取灵感，将已知的原理或结构迁移到新事物上，能帮助我们突破思维局限，从而实现创新。

图2-4　鲁班造锯

知识链接

互联网思维：当代创新思维的破茧密码

互联网思维，是在"大智移云"时代背景下，对商业各环节重新审视的思考方式。它借助人工智能的数据分析、智能决策等能力，洞察市场与用户需求，优化产品服务，重塑企业运营，推动商业生态智能化创新。互联网思维具体包括以下九大核心思维。

用户思维

用户思维是互联网思维的第一核心，是指在企业价值链中各个环节都要"以用户为中心"来考虑问题。

简约思维

简约即是美，大道至简，越简单的东西越容易传播。那些看似简约的设计，其实都是经过设计者的不断打磨，从极其复杂的设计中提炼出核心元素，才逐渐成形的。那些看似简单的东西，往往都经历过最复杂的选择和变更过程，正所谓"简约而不简单"。

极致思维

极致思维，就是把产品的质量做到极致，把服务的质量提高到制高点，提升用户体验，超越用户预期。站在用户角度提供细致入微的个性化服务。

迭代思维

迭代思维就是一种轮换思维，即不断用变量的旧值追推新值的过程。这就需要企业及时乃至实时关注消费者需求，把握消费者需求变化，使产品不断更新迭代。

流量思维

流量思维就是让自己的信息快速得到传播并被人们广泛了解，从而产生影响力。只要是使用工具和手段促进信息传播广度，进而带来商机或价值的行为都可以称为流量思维。

社会化思维

社会化思维是关于传播链和关键链的思维方式。我们所面对的客户其实是以网状结构存在的，每个客户都是一个节点。任何信息都会在这个网中流通。

大数据思维

大数据思维包括容错思维、全样思维和相关思维，是从被抽取样品单位的分析、研究结果来估计和推断全部样品特征，是产品实验、市场调查普遍采用的一种经济有效的工作和研究方法。

平台思维

平台思维就是开放、共享、共赢的思维。"平台至上"，没有平台思维就没有所谓的互联网营销思维，平台是根基，平台思维是建立流量池、建立流量思维必不可少的思维。

跨界思维

随着互联网和新科技的发展，很多产业的边界变得愈加模糊。所谓跨界思维就是通过互联网让各大企业的触角无孔不入，而那些敢于跨界创新的企业大都掌握了能轻易跨过各大行业(如零售、广告、电信、交通、媒体等领域)的用户和资源。

任务二　思维定式破解

一、思维定式的定义

思维定式，也称惯性思维，是指根据已有的知识、经验，在头脑中形成的一种固定的思维模式，也就是思维习惯。消极的思维定式使人们在遇到问题时，会自然地沿着固有的思维模式进行思考。思维受到已有"框框"的限制，缺乏求异性与发散性，难以打开思路，难以产生出创造性的思维结果。

当然，思维定式也有其积极的一面，它能使人们在客观事物、客观环境相对不变的情况下，对人和事物的认知更迅速、更有效。但本书重点指出思维定式的消极影响并提出破解的策略。

二、思维定式的类型

(一)书本型思维定式

在思考问题时不顾实际情况，不加思考地盲目信任书本知识，一切从书本出发，当书本知识与客观事实之间出现差异时，往往受到书本知识的束缚，抓住书本知识不放，书本知识成为思想障碍，这种以书本为纲的思维模式就是书本型思维定式。

(二)权威型思维定式

在思维领域，不少人习惯引证权威的观点，以权威的是非为标准，一旦发现与权威相违背的观点，就认为是错误的，这就是权威型思维定式。事实上，权威也是

任务提示

>> 本分项任务将引领同学们了解思维定式及其破解方法。

任务先行

>> 法国生物学家贝尔纳说过："妨碍人们创造的最大障碍，并不是未知的东西，而是已知的东西。"而禁锢我们创新思维的枷锁正是思维定式。思维定式何以形成，又该如何破解？让我们带着这些疑问完成本次学习任务。

会犯错误的,如大发明家爱迪生曾经极力反对交流电的推广,而许多著名科学家都曾预言飞机是不能上天的。

(三)从众型思维定式

别人怎么做,我也怎么做;别人怎么想,我也怎么想。这种随大流的思维模式,就是从众型思维定式。如骑着自行车来到十字路口,正好赶上红灯,本应停下来,但是看到大家都骑着车往前冲,自己也毫不迟疑地跟进,缺少独立性和理性思考,难以产生出创造性思维。

(四)经验型思维定式

通过长时间的实践活动所取得积累的经验,是值得重视和借鉴的,可是经验有时候只是人们在实践活动中取得的感性认识,并未充分反映出事物发展的本质和规律。受经验型思维定式的束缚,人们就会墨守成规,失去创新能力。

应用案例

走出思维定式

一天,一位公安局局长在路边同一位老人谈话,这时跑过来一个小孩,急促地对公安局局长说:"你爸爸和我爸爸吵起来了!"老人问:"这孩子是你什么人?"公安局局长说:"是我儿子。"请你回答:这两个吵架的人和公安局局长是什么关系?

这一问题,在100名被试中只有两人答对!后来对一个三口之家问这个问题,父母没答对,孩子却很快给出了正确答案:"局长是个女的,吵架的一个是孩子的爸爸;另一个是孩子的外公。"

启悟:经验型思维定式常受过往认知局限,我们需打破对固有身份、角色等经验标签的刻板印象,以开放、多元视角审视问题,才能突破思维枷锁,看清复杂情境的本质。

(五)自我中心型思维定式

自我中心型思维定式是指人在日常的思维活动中想问题、做事情完全从自己的利益与好恶出发,主观武断,不顾他人的存在和感受,如果被自我中心型思维惯性所困,那么就很容易造成人与人之间沟通的困难,从而造成不能勇于承认自己错误的结果。

三、思维定式产生的根源

（一）思考习惯

当我们认知人或事物时，总是习惯根据自己以往的经验、知识、认识来思考问题，思考方式固定，因为这样固定的思考习惯更加省力，更加容易，无须长时间摸索，故而容易形成思维定式。

（二）行为习惯

一个人由于受思维等因素影响，在较长期或长期行为活动中，逐渐形成的一种比较稳定、固定的行为模式，致使其在解决问题时极大概率按照既定的行为模式处理，从而形成思维定式，妨碍创新。

四、思维定式的破解方法

思维定式是创新的主要障碍。要进行创新创造活动，必须破解思维定式的束缚，即突破原有的思维框架，转换思维视角。

云端映像：
思维定式破解

（一）变"顺着想"为"倒着想"

在"顺着想"不能很好地解决问题时，"倒着想"是一种新的选择。我们都知道"司马光砸缸"的故事。孩童落水危在旦夕，要救出落入水缸的小孩，常规方法是把人拉出水面。而把一个小孩拉出水缸，对大人来说不成问题，但对于少年司马光来说并非易事，弄不好自己还可能被对方拖下水。司马光考虑的不是常人想的"人离水能活"这一条准则，而是倒过来"水离人，人也能活"这种思维方法，结果砸破水缸救出小孩。

（二）从事物的对立面出发去想

可以直接跳到事物中矛盾一方的对立面去想。因为对立的双方既是对立又是统一的，改变这一方不行，改变另一方则可能有助于问题的解决。

应用案例

冰火锅的"创新诀"

冰火锅（图2-5）的创新之处在于：在火锅中加入冰块。这一创新思路正是从食物对立面出发。冰块是提前用几十味消暑中药熬制的汤料冷却而成，不仅消除了夏季吃火锅的后顾之忧，还为菜品增添了爽口之感，避免了上火的可能。这种

图2-5　冰火锅

独特的食用体验,成为吸引顾客的一大亮点。

冰火锅的吃法是:将事先准备好的冰块加入煮沸的火锅底料中和着菜品涮着吃。一边吃,冰块一边融化,由于油和冰沸点不同,当食客将菜在煮沸的锅里涮着吃时,锅里还有大块晶莹的冰块。火锅中的冰降低了整体温度,使火锅吃起来不觉得烫嘴。

启悟: 不受传统束缚,打破常规,逆向审视、大胆突破,有利于我们打造出差异化产品,开拓新市场。

(三) 转换思维来获得新视角

转换思维实际是一种多视角思维,如果我们认为某一问题的思考方式对自己不利,就应该转换一个思路,从另一个角度考虑问题,把不能办到的事情转化为可以办到的事情,把复杂问题转化为简单问题,把自己生疏的问题转化成熟悉的问题,使得问题迎刃而解。

应用案例

制造行业数字化转型

我国传统制造技术已难以满足时代发展需求,不利于加快推进新型工业化,培育壮大先进制造业集群,以及推动制造业高端化、智能化、绿色化发展。我们需持续推进传统产业改造升级,巩固优势产业领先地位,培育壮大战略性新兴产业并前瞻布局未来产业,构建产业结构合理的现代化产业体系,以此提高我国制造业在全球产业分工中的地位与竞争力,确保在大国博弈中占据主动。

当前,数字技术创新活跃,通过转换思维,我们能看到数字化转型正促使制造业生产方式、业务模式、企业形态发生深刻变革。在推进新型工业化进程中,加快制造业数字化转型成为实现制造业高质量发展的关键所在。

启悟: 思维转换能让我们不再围于难题本身,当面临技术瓶颈、发展遇阻这类挑战时,能够跳脱原有局限,以全新视野重新审视生产、运营与布局等环节。

▶ 润心好文

创 新 时 代

时代奔涌向前,新一轮大发展大变革大调整席卷全球,世界处于百年未有之大变局中。如今,这一世纪大变局又在新一轮科技革命与产业变革的强力驱动下加速演进,使得我国发展的内部条件和外部环境发生深刻复杂的变化。我国已进入高质量发展阶段,发展具有多方面优势和条件,同时发展不平衡不充分问题仍然突出。因此,要深刻认识我国社会主要矛盾发展变化带来的新特征新要求,增强机遇意识和风险意识,尤其要"努力在危机中育新机、于变局中开新局"。

"育新机"和"开新局"的根本,在于要有创新思维指导下的创新实践。我们已经进入一个创新引领巨大变革的新经济时代,只有顺应科技创新、观念创新、经营创新和管理创新的潮流和趋势,国家、企业和组织才能立于不败之地。特别是,不能忽视新科技浪潮整体性、结构化要素对于"百年未有之大变局"局势深度生成、深化进程中的巨大催化作用,以人工智能、机器人技术、虚拟现实、5G、大数据、云计算、量子科技以及生命科学等前沿科技构成的全方位创新实践,推动着工业文明向后工业文明、信息文明阶段快速转变。

一个创新主导的世界里,我们要始终保持与时俱进的创新状态。一方面,要努力追赶科技浪潮,比如硬核的芯片技术,一定要在"卡脖子"技术问题上实现突破,要真正用"中国智造"引领中国新的经济未来。另一方面,则是更深刻的思维突破问题。我们需要回答时代之问:今天,我们需要怎样的创新思维? 换句话说,如果我们不在创新的思维上突破桎梏,那就很容易走老路,从"0"到"1"的源头创新依然难以形成。

具有科学的创新思维,要把握好"积极扬弃"这个前提。从现实的语境看,所有的创新实践,都不可能是"空中楼阁",而应该是在一定工作基础上的继承和发展。应该看到存量与增量的互动关系:所保持或坚持的存量部分是增量的起点,为增量创造条件和基础;增量的不断积累又会转化为新的存量,并反过来促进原有存量的增长、形成新一轮增量。存量和增量的互动是我国渐进改革的一大特点,它也应该成为指导各项事业的总原则。

基于这种创新思维方法论,我们应该意识到,无论当前我们是处在一个什么样的历史方位上,无论当前我们面对的是怎样的国际国内大变局，无论是"关键时期""特殊时刻"抑或是"前所未有的大挑战时期"，我们都应当首先全面、客观、科学地分析过去的工作，积极"扬弃"，实现合理传承。

当然，不搞"推倒重来"，但也绝不意味着要机械地重复走老路，而是要在合理继承的基础上"前进"和"超越"；而是要因时代的发展变化，因人们的社会活动方式和生活方式的新变

化，针对工作中出现的"空白点"和"盲区"，创造性思维，积极探索出新机制、新途径、新方式。比如，中央多次重申，加快形成以国内大循环为主体、国内国际双循环相互促进的新发展格局。我们今天倡导的"双循环"新发展格局，绝非对多年改革开放道路的背弃，恰恰相反，而是基于对当前国际国内大环境、大格局变化下的科学调整，是中国经济发展道路的理性选择。

▶ 深思勤践

一、案例分析

"把制造做到极致"的自主创新之路

珠海格力电器股份有限公司(以下简称格力电器)成立于 1991 年，是中国乃至全球最大的集研发、生产、销售、服务于一体的专业化空调企业。公司在空调产品的研发水平上始终处于行业领先地位，全球首创国际领先的超低温热泵中央空调，填补了国内空白，打破了美日等制冷巨头的技术垄断，在国际制冷界赢得了广泛的知名度和影响力。

随着格力电器的持续发展，其营收规模呈现逐年增长态势。2024 年上半年，格力电器实现营收 997.83 亿元，同比增长 0.55%；归母净利润 141.36 亿元，同比增长 11.54%。分产品来看，空调业务收入 779.61 亿元，同比增长 11.38%，占营收78.14%；生活电器业务收入同比增长 10.68%，达到 24 亿元；工业制品收入同比增长 13%，达到 62 亿元；智能装备收入同比增长 4.95%，达到 2.6 亿元。从区域看，国内主营业务收入增长 9%，达到 751.2 亿元；海外主营业务收入增长 15.64%，达到 148.25 亿元，产品行销 190 多个国家和地区。

作为传统制造业企业,格力电器经历了从模仿到引进,再到自主研发核心技术三个阶段,并在自主创新工程体系的应用中,逐步完成从"规模驱动业绩增长"到"创新驱动持续发展"的蜕变。凭借一系列具有自主知识产权的创新技术和专利,格力电器从一家年产值不到2 000万元的小厂成长为世界500强企业。其自主创新的路径和模式值得其他企业借鉴,也为中国制造实现高质量发展提供了参考样板。

在实施鼓励创新机制方面,为了奖励在技术发明、技术攻关和管理革新等创新活动中作出突出贡献的集体和个人,充分发挥广大员工的积极性和创造性,加强企业产品研发实力,提高产品竞争能力及创新力,结合公司的实际情况,制定了《格力电器科技进步奖奖励办法》。该机制充分调动了广大技术人员和管理人员创新的积极性,每年立项近千个,并涌现出许多优秀的创新项目,为公司开发了大量的新产品、新技术和新工艺。

制冷技术研究院的魏恒毕业于清华大学自动化系,格力对研发"不设上限,按需分配"的投入和"允许试错,宽容失败"的支持,让他感觉吃了"定心丸"。他说:"企业是实现制造强国梦的希望,青年是企业的希望。在格力这个大平台,我们的责任重大。一定要延续格力品质,做出优秀研发成果,为企业及至国家实现高质量发展贡献自己的力量。"

正如格力电器董事长董明珠所说:"我们牢记自己的使命,坚守自己的信仰,把制造做到极致,相信我们的制造、创造会让人的生活更加美好。"敢于走前人没走过的路,把创新发展的主动权掌握在自己手里,才有全球竞争的底气和能量,创新决胜未来。

分析与思考

(1) 格力的成功之道是什么?

(2) 格力在调动员工创新思维方面有哪些机制措施值得借鉴?

二、模拟实践

麦田蜜语蛋糕坊的营销方式创新

实训目的

学会应用互联网思维对麦田蜜语蛋糕坊的营销方式进行创新。

实训内容与方式

请同学们参照互联网思维的九大核心思维角度,为创业项目——麦田蜜语蛋糕坊提出营销方式的创新。

实训成果

请同学们按照表 2-1 内容,设计每种互联网思维下的营销方式创新点并完成记录。

表 2-1　营销方式创新点记录表

互联网思维	营销方式创新点
用户思维	
简约思维	
极致思维	
迭代思维	
流量思维	
社会化思维	
大数据思维	
平台思维	
跨界思维	

模块三 掌握创新技法

▶ 思想领航

对于创新来说,方法就是新的世界,最重要的不是知识,而是思路。

——郎加明

▶ 学习目标

- 知识目标

(1)熟悉常见的创新技法分类。

(2)知道四种常用创新技法的特点及适用范围。

(3)熟记四种常用创新技法的步骤。

- 能力目标

(1)结合所学专业,运用创新技法解决实际问题。

(2)能运用定量和定性相结合的方法,对创新技法的应用效果进行全面评估。

- 素质目标

加强创新技法的专项训练,养成以不同角度思考问题的习惯,提升运用创新技法的创新实践水平。

▶ 导师寄语

无论做什么工作,方法得当事半功倍,方法失当则事倍功半。创新也需要技巧和方法,好的创新技法可以启发人的创造性思维,能够提高人们的创造力和创造成果实现率,减少创新成本、加快创新进程。

通过本模块学习,希望同学们能够熟练掌握常用的创新技法,让创新活动如虎添翼。

▶ 学前导读

中国首个"电子碳单"

1 度电(1 千瓦时)是什么概念?或许我们没有什么特别的感性认知,买 1 度电差不多要花 0.5 元钱,都不够买包辣条……那么 1 度电能为我们做什么呢?可以让一台 25 瓦的台灯工作 40 小时,可以让普通的手机充电 100 多次,可以让一辆电动汽车跑 5 千米左右,可以让一台 66 瓦的冰箱运行 15 小时,可以让一台 1 匹(0.735 千瓦)的空调运行 1.5 小时,可以让一个 4 瓦的路由器运行 10 天,可以烧开 8 千克的水……

那么,如果浙江人每人每天节约 1 度电,将意味着什么?浙江差不多有 5 700 万常住人口,如果每人每天节约 1 度电约等于减排二氧化硫 1 697 吨、氮氧化物 849 吨、二氧化碳 56 570 吨、碳粉尘 15 273 吨。

图 3-1 下姜村

2019 年,在联合国全球契约领导人峰会上,徐川子获得了"联合国全球契约中国网络可持续发展先锋人物"称号。她在大会上分享的一张"电子碳单",让联合国全球契约总干事赞叹不已。这张"碳单"来自习近平总书记在浙江工作时的基层联系点——下姜村(图 3-1)。那里,有一座叫作"麦浪"的民宿。通过电力大数据,游客扫"单"入住后,就能知道自己在住店期间的能耗和排名。能耗少的,可以"赢积分,抵房费"。有了"碳单",就可以开展数据挖掘和商业合作,比如让低碳入住的客人享受电费红包、同城景点优惠、客房升级等服务,甚至帮助大家建立了自己的"碳资产",同时能为浙江 500 多家酒店降低能耗将近 10%。

上述所提到的全国首个"电子碳单"是徐川子团队依托自主开发的"智慧绿色民宿"系统推出的节能减排项目,通过"碳单"排名,引导民宿业主显著降低碳排放。

徐川子的服务不只在看得见的电表前,更体现在创新服务上,她还带队研发出电力大数据"关爱独居老人"App,通过用电变化及时向社区预警老人情况。后来,这个 App 在杭州多个街道推广,覆盖了 1 700 余户老人家庭。受朋友圈晒跑步路线的启发,她的团队还研发了"E 路小黄蜂"App,它不仅具有"寻址"功能,还有"故障集中排查"功能,最终获得了国网公司青年创新创意大赛"最具推广价值工器具奖"第一名,并且在浙江很多区域推广使用。

从一名扎实肯干的电力青年成长为电力大数据发展引领者,徐川子先后获评全国劳动模范、全国五一劳动奖章、全国青年岗位能手标兵,并成为党的二十大代表。

"志不强智不达"。青年一代有理想、有本领、有担当,国家就有前途,民族就有希望。作为高端技能型人才的我们要牢记"空谈误国,实干兴邦",志存高远,脚踏实地,埋头苦干,守正创新,在奋进新时代的征程中成就一番事业。

思辨与探究

(1)徐川子是怎样实现自己的绿色梦想的?

(2)徐川子运用了什么创新技法激发出了"电子碳单"创意?

任务一 创新技法认知

一、创新技法的内涵

创新技法,就是创造学家根据创新思维的发展规律总结出来的一些原理、技巧和办法。创造学家收集大量成功的创造和创新实例后,研究其获得成功的思路和过程,经过归纳、分析、总结,找出规律和方法以供人们学习、借鉴和仿效。

创新技法从本质上说就是要突破原有的思维习惯,克服思维定式对我们思想的束缚,运用创新方式帮助我们进行创造性思考,提出解决问题的新方法和新思路。

二、创新技法的分类

(一)中国的"三分法"

20 世纪 80 年代,东北工学院(现东北大学)和国家科委(现科学技术部)人才资源研究所创造力开发课题组提出将创新技法分为三类:提出问题的方法;解决问题的方法;程式化的方法。

(二)日本创造学家高桥诚的分类

20 世纪 70 年代末、80 年代初,时任日本创造开发研究所所长的高桥诚,为了给本国企业和科研机构提供系统的创新指导,对创新技法进行了如下分类。

1. 扩散发现技法

该技法主要是指先寻求问题所在,再提出设想的方法。常用的有自由联想法、强制联想法、类比联想法等。

2. 综合集中技法

该技法主要是指利用集中思维方式对各种问题和设想进行分析、整理、归纳后,再根据一定的要求(标准)判断取舍、进行发明创造的方法。常用的有一般综合技法、卡片式综合技法、技术开发技法、销售技法、预测技法、计划技法等。

3. 创造意识培养技法

该技法是指为解决各种问题而培养创造意识的方法。常用的有集中精神技法、协商技法、心理剧技法、思维变革技法等。

(三)日本电气通信协会的分类

20 世纪 80 年代中期,日本电气通信协会在其编写的《实用创造性开发技法》

任务提示

>> 本分项任务将引领同学们认识创新技法及分类。

任务先行

>> "自主创新,方法先行",创新技法是自主创新的根本之源。为了能更好地把握创新技法应用的精髓,我们先要对其相关知识进行深入了解。

一书中,总结了 300 多种创新技法,并将最常用的 29 种技法分为以下六类。

1. 自由联想法

自由联想法是一种不受任何限制的联想,往往能产生许多出奇的设想。头脑风暴法就是典型的自由联想法。如荷兰生物学家安东尼·范·列文虎克在发明了显微镜后,扩大了其观察细小物质的视野,此后他开始通过自由联想,在雨水、血液、酒、黄油、头发、肌肉和牙垢等许多物质的观察中,发现都存在一些细小的生物,由此发现了微生物的世界。

2. 强制联想法

强制联想法又称焦点法,由美国学者赫瓦德提出,是指运用强制性连接方式以产生创造性构想的方法。其执行方式是先选择要改善的焦点事物,多方罗列与焦点无关的事物,然后强行将事物与焦点对象结合,最后选择最佳方案。

3. 设问法

设问法是一种把有关问题以提问方式列举出来并制成表格,然后把某一事物或特定对象代入,与表中的各项加以核对,以启发创造性设想或找出发明创造主题的创造技法。下个任务将介绍的奥斯本检核表法就是设问法的典型代表。

4. 分析法

分析法就是把整体分解为部分,把复杂的事物分解为简单要素,分别加以研究的一种思维方法。客观事物的整体功能是由相互联结的各个部分有机构成的。有时为了改变它的整体功能,需要从部分着手去考虑问题,把被考察的部分与其他部分暂时割裂开,从整体中抽出来,这就是分析法的基本特点。分析法主要包括特性列举法、缺点列举法、形态分析法等。

5. 类比法

类比就是以熟悉的事物解释不熟悉的事物,强调相似性,隐藏差异性,识别有用的抽象概念。具体包括提喻法、等价变换法和仿生类比法等。

应用案例

科技铸"耳"

仿生类比法是通过对自然界的动植物的结构和性能进行分析和类比以启发创造新方法。

生活在海岸的水母如果成批地游向大海,就预示着风暴即将来临。因为水母能够听到空气和波浪摩擦产生的次声波,这种风暴来临的序曲人耳是无法感知的。仿生学家根据水母耳朵共振腔的构造设计了水母耳风暴预测仪（图3-2），相当精确地模拟了水母感受次声波的器官。把这种仪器安装在舰船的前甲板上，当接收到风暴的次声波时，可令旋转360°的喇叭自行停止旋转，它所指的方向，就是风暴前进的方向，指示器上的读数即可告知风暴的强度。这种预测仪能提前15个小时对风暴做出预报，对航海和渔业的安全都有重要意义。

图3-2 水母耳风暴预测仪

启悟：自古以来，自然界就是人类各种科学技术思想、工程原理及重大发明的智慧之源。自然界的动植物以其精妙绝伦的结构和性能，为人类孕育出新事物和新方法提供了学习样板。

6. 其他方法

其他创新技法还包括网络法[①]和反馈法[②]等。

任务二 创新技法应用

一、思维导图

（一）思维导图的内涵

思维导图（Mind Maps），也叫心智地图，是一种将发散性思考具体化、图形化的方法，是表达发散性思维的有效图形思维工具。简单来说，就是一种借助图形、文字和线性连接的创造性思维工具。此法注重图文结合，强调放射性思考，帮助人们由点及面、举一反三，能大幅增强记忆力、组织力与创造力，能让人们的思维

① 网络法，即一种通过构建知识、信息或要素之间的网络关系来激发创新思维、寻找创新解决方案的创新技法。

② 反馈法，即一种通过收集、分析和利用各种反馈信息，来调整和优化创新过程及结果的创新技法。

任务提示

>> 本分项任务将引领同学们重点学习四种被普遍运用的创新技法。

任务先行

>> 有了前面关于创新技法基础知识的铺垫，我们将在本分项任务中，对常见的四种实用创新技法加以学习和训练。感知要领，掌握要点，解决难题。

活动更为轻松有趣,是一种时下被广泛应用的思维模式。

(二)思维导图的构成

思维导图运用图文并重的技巧,把各级主题的关系用相互隶属与相关的层级图表现出来,把主题关键词与图像、颜色等建立记忆链接(图3-3)。思维导图充分运用左右脑的机能,利用记忆、阅读、思维的规律,协助人们在科学与艺术、逻辑与想象之间平衡发展,从而开启人类大脑的无限潜能。

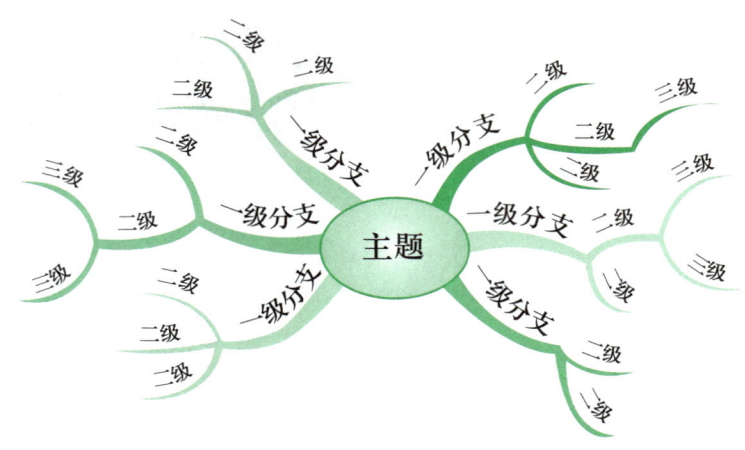

图 3-3　思维导图示意

思维导图的构成要素包括以下几个方面。

(1) 中心图。用来表达主题。

(2) 分支。一要用曲线并且保证线与线相连;二要从右上角一点钟方向开始。

(3) 关键词。一要写在分支上;二要少于七个字。

(4) 图像。在关键词旁边用一些自己能看懂的图像作为提示。

(5) 颜色。思维导图应该是彩色的。

(三)思维导图的作用

思维导图的作用主要体现在以下三个方面。

(1) 能够帮助我们有效提高记忆,是一种重要的提高学习方法的工具。

(2) 可以很好地开发我们的思维潜力、提高大脑的创新力。

(3) 具有很好的分析、归纳、总结作用。

小试身手:
绘制思维导图

（四）思维导图与思维地图的关系

思维导图和思维地图[①]都是思维开发的工具，都具有可视化特点，强调色彩的使用，鼓励用图形的方式来表达想法，以便激活大脑，进行思维创新。但二者也存在以下区别。

1. 来源背景不同

思维导图是英国头脑基金会总裁东尼·博赞于 1968 年创建的，是一种将发散思维可视化的思维工具。思维地图(也叫八大思维图示法)则是由美国教育学博士大卫·海勒于 1988 年创建的，是一种帮助学习的语言工具，主要用于建构知识。

2. 图表特征不同

思维导图只有一种树状形式，关键词位于图中间，强调图片和色彩的使用，注重思维的层次性以拓展思维空间。

思维地图的形式多样，大类别有八种形式(圆形图、气泡图、双气泡图、树形图、流程图、复流程图、括号图和桥形图)，以文字为主。强调建立不同的逻辑关系。

综上，二者的关系如图 3-4 所示。

小试身手：
应用思维地图

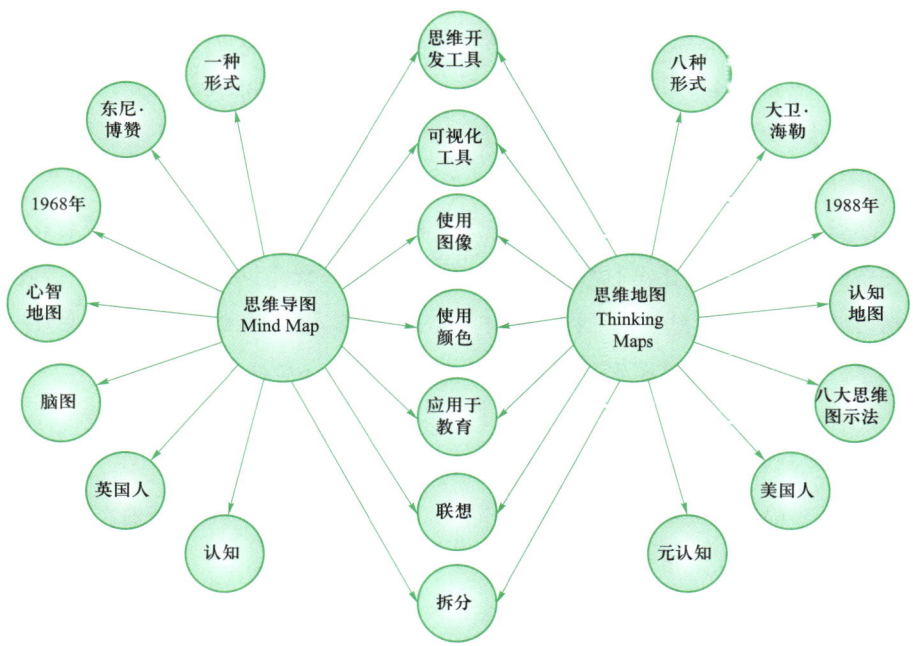

图 3-4　思维导图与思维地图的关系

---

① 思维地图（Thinking Maps），通过图形、线条和文字等元素，将抽象的思维过程和知识结构以直观的方式呈现出来。它基于认知心理学、神经科学和教育理论等多学科知识，帮助人们组织、梳理和表达各种想法、概念及它们之间的关系。

知识链接

思维导图无处不在

作为一款发散思维的脑图工具,思维导图一经问世便迅速扩散,联想、波音、IBM 等众多世界 500 强企业都在使用思维导图来开展工作。可以说,思维导图的应用领域非常广阔。

学习

对于学生来讲,用思维导图可以做学习笔记梳理框架结构、整理思路并达到强化记忆的作用。同时它也是使学生把自己的思想与书中表达的思想联系起来的重要方式。

工作

作为职场人士,使用思维导图不仅可以帮助我们提高工作效率,还可以利用其纵观全局的优势进行反思。在职场上,我们可以运用思维导图来进行时间管理、商务演讲、商务谈判、项目管理、安排会议、解决问题和开发创意等。

计划

利用思维导图做的计划与普通的计划相比,其能够建立多级任务,还能添加批注、在任务间建立联系,既能体现逻辑思维,又不会出现混乱。例如,很多人习惯用思维导图制订时间计划,从而不易造成时间的冲突和浪费(图 3-5)。

选择

当我们一直在纠结某个问题而无法正确作出选择时,思维导图可以帮助我们更全面地进行考虑,让我们的大脑进入高效率的单一模式,从而对问题逐个击破。我们通常会从目标愿景、受限条件、时间安排、存在风险、风险防范等角度去逐一思考,这样容易提升思考效率,作出正确的决定(图 3-6)。

展示

当我们需要向别人解释自己的想法时,思维导图可以帮助我们迅速理清思路,使展示的过程更具组织性,更容易记忆。同时思维导图具有很强的直观性,而且中心明确、重点突出(图 3-7)。

思维导图的优越性,更多体现在它极大地提高了我们的思考效率。因此将会在越来越多的行业和领域中得到深度应用。

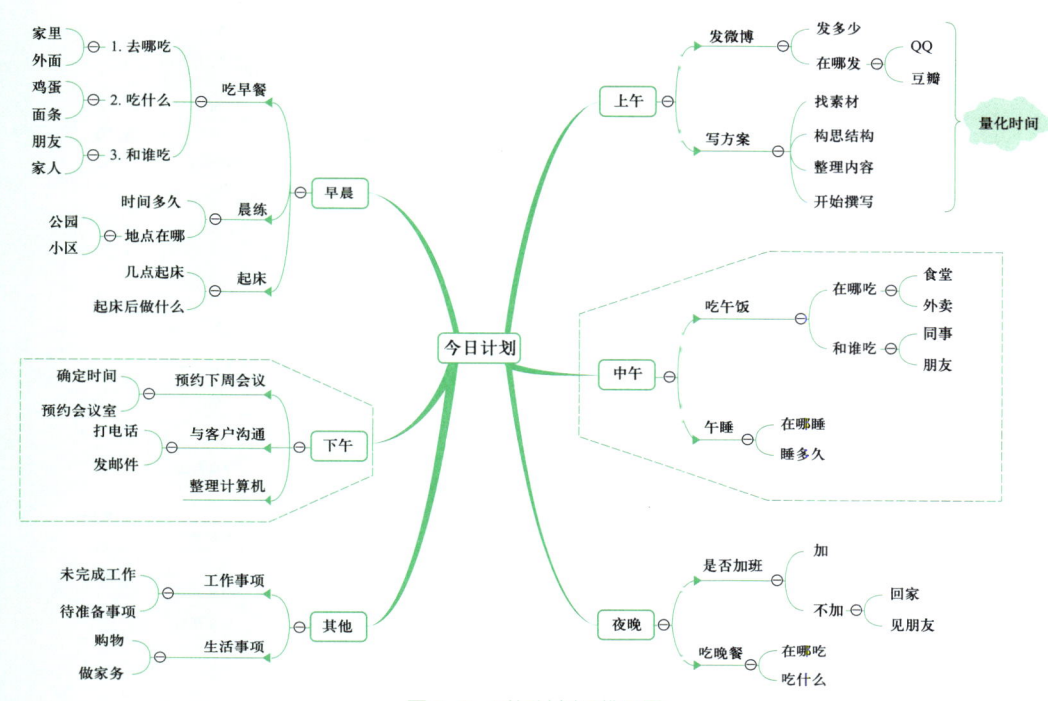

图 3-5　时间计划思维导图

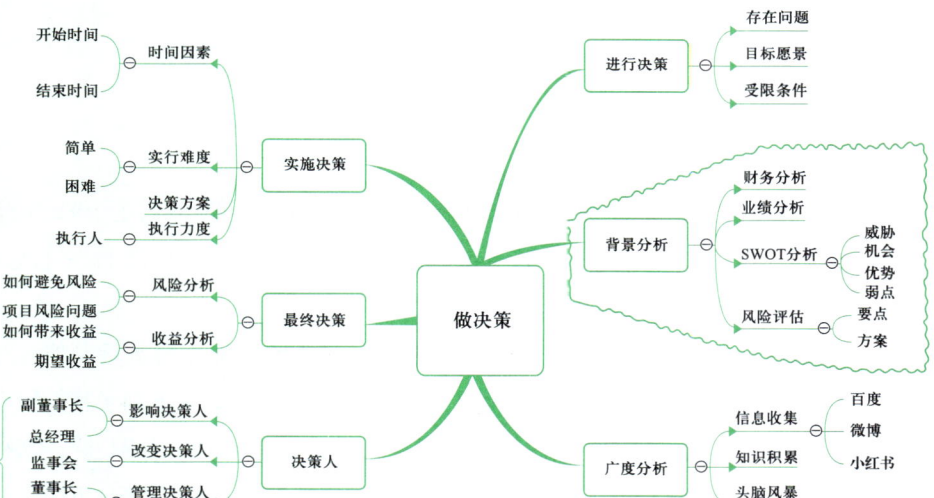

图 3-6　决策思维导图

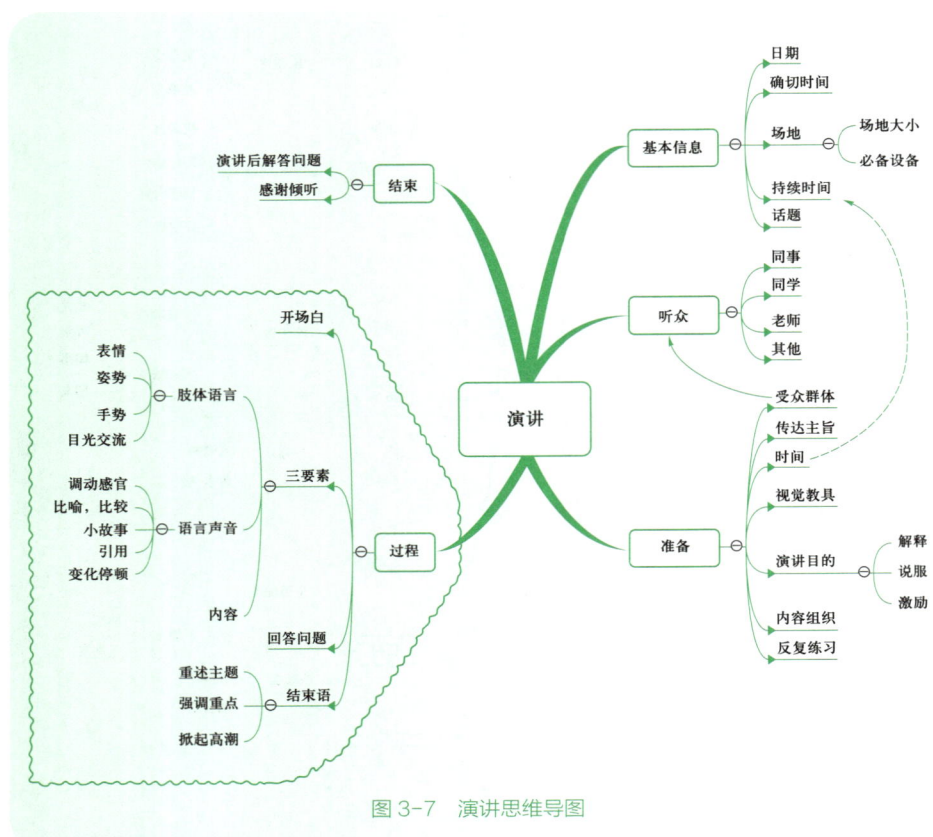

图 3-7 演讲思维导图

云端映像:
六顶思考帽

二、六顶思考帽

(一) 六顶思考帽的内涵

六顶思考帽(Six Thinking Hats)是英国学者爱德华·德·波诺于 1986 年开发的一种思维训练模式,或者说是一个全面思考问题的模型。它提供了"平行思维"的工具,从而避免将时间浪费在互相争执上。

在传统的思维模式中,我们既要考察信息,又要形成观点,还要评判他人的观点,这样就容易造成逻辑与情感、创造与信息的纠缠不清,非常不利于我们解决问题。平行思维则是将我们的思维从不同侧面和角度进行分解,分别进行考虑,而不是同时考虑很多因素。六顶思考帽就是运用平行思维的典范,在分析问题过程中强调的是"能够成为什么",而非"本身是什么",是寻求一条向前发展的路,而不是争论"谁对谁错"。因此,运用波诺的六顶思考帽,将会使混乱的思考变得更清晰,使团体中无意义的争论变成集思广益的创造,使每个人变得富有创造性。

(二)六项思考帽的作用

(1) 增加建设性产出。

(2) 充分研究每一种情况和问题,创造超常规的解决方案。

(3) 使用"平行"思考技能,取代对抗型和垂直型思考方法。

(4) 提高团队的协作能力,为集体性决策提供操作工具。

(三)六项思考帽的思考角度

六项思考帽,即使用六种不同颜色的帽子代表六种不同的思维模式。这些模式任何人都有能力使用。

(1) 白帽——客观分析。其以事实、数据化信息或资料为焦点,象征客观和中立。

(2) 红帽——感性沟通。其以直觉、感受、预感为焦点,象征感性和情感。

(3) 黑帽——严肃挑剔。其以探讨真实性、合理性和可行性为焦点,从否定、怀疑的角度合乎逻辑地进行批判,象征否定和质疑。

(4) 黄帽——阳光思考。其以看到事物的积极方面为焦点,表达乐观建设性的观点,象征价值和肯定。

(5) 绿帽——活跃创新。其以创造性地解决问题为焦点,象征改变和创新。

(6) 蓝帽——理性控制。其以管理整个思考过程和思考帽的使用顺序为焦点,规划和管理整个思考过程,并负责得出结论,象征整体和控制。

(四)六项思考帽的使用

六项思考帽可以帮助我们设计一个思考提纲,按照一定的次序进行思考(图 3-8)。它能让大多数人感到头脑更加清晰,思维更加敏捷。

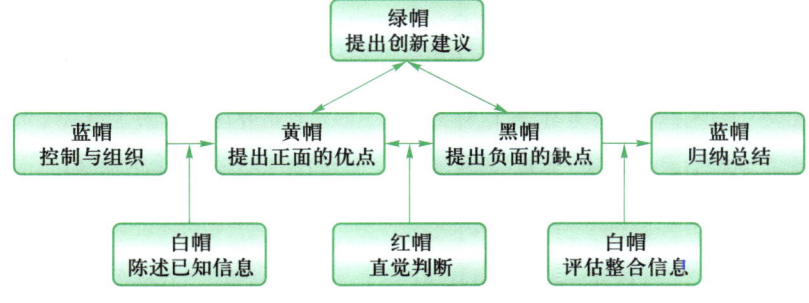

图 3-8　六项思考帽使用流程

六项思考帽的使用具体包括三个阶段和六个步骤。

1. 提出初步解决方案阶段

步骤一：白帽出场——准确清晰地描述问题。所有问题的讨论，都要关注问题背景及问题本身，这是起点。

步骤二：绿帽出场——讨论问题的解决方案。这个阶段，要站在务实的、解决问题的立场上献计献策。

2. 评价方案阶段

步骤三：黄帽出场——评议方案的优点。任何一个措施都能找到值得借鉴的地方，通过找优点，有利于我们集思广益。

步骤四：黑帽出场——讨论方案的缺点和潜在风险。黑帽的角色不只是"泼冷水"那么简单，它要理性地分析"最坏情况"。

3. 改进与方案再设计阶段

步骤五：红帽出场——通过直觉判断方案的可行性。方案出来了，首先要靠直觉来分析哪些可行，哪些存在问题。直觉是宝贵的财富，直觉背后要去分析，加以阐释。

步骤六：蓝帽出场——总结讨论成果。讨论要有始有终，蓝帽要从秩序的角度，对会议做收尾，并公示共识。

应用案例

ABP 公司度过危机

1996 年，欧洲最大的牛肉生产公司 ABP 公司由于疯牛病（牛海绵状脑病）引起的恐慌一夜之间丧失了 80% 的收入。借助六顶思考帽，公司 12 人组成的团队用 60 分钟想出了 30 个降低成本的方法和 35 个营销创意，将它们用黄色帽子和黑色帽子归类，筛选掉无用的方案后还剩下 25 个创意。靠着这 25 个创意，ABP 公司度过 6 周没有收入的艰苦卓绝的日子。

启悟：无论是群体决策还是个人决策，无论是企业管理还是日常生活，六顶思考帽法都能帮助我们全面、客观、理性地审视问题，并作出高质量的决策。

三、头脑风暴法

(一) 头脑风暴法的内涵

头脑风暴法（Brainstorming，BS）又称智力激励法，该技法是由美国创造学家亚历克斯·奥斯本于 1939 年首次提出,并于 1953 年正式发表的一种激发性思维的方法。它是指利用特定的会议形式,使与会者产生联想和创造性想象,进而激发灵感,以获得大量的创新性设想的创新技法。此法一方面通过给与会者的大脑施加较多的信息刺激,促使其大脑把已有知识和所得信息围绕要解决的问题重新安排,形成多种新的组合,从而产生大量的新设想;另一方面能够营造一种鼓励与会者大胆思维和提出新设想的氛围,提高与会者的创新积极性。

这种方法一般适用于解决比较简单、需严格确定的问题,或需要大量构思和创意的问题。

(二)头脑风暴法五项使用基本原则

1. 自由畅谈原则

从不同角度、不同层次、不同方位,大胆地展开想象,不必顾虑自己的想法是否可笑或不合常理,尽可能地标新立异、与众不同,提出自己独创性的想法。

2. 延迟评判原则

当场不对任何设想作出评价。既不能肯定某个设想,又不能否定某个设想,也不能对某个设想发表评论性的意见。一切评价和判断都要延迟到会议结束以后才能进行。此举旨在鼓励与会者的积极思考并集中精力开发设想,避免把应该在后阶段做的工作提前进行,影响创造性设想的大量产生。

3. 禁止批评原则

绝对禁止批评是头脑风暴法应该遵循的一个重要原则。参加头脑风暴会议的每个人都不得对别人的设想提出批评意见,因为批评对创造性思维会产生抑制作用。有些人习惯于用一些自谦之词,这种自我批评性质的说法同样会破坏会场气氛,影响自由畅想。

4. 以量求质原则

头脑风暴会议的目标是获得尽可能多的设想,追求数量是它的首要任务。参加会议的每个人都要抓紧时间多思考、多提设想。至于设想的质量问题,自可留到会后的设想处理阶段去解决。在某种意义上,设想的质量和数量密切相关,产生的设想越多,其中的创造性设想就可能越多。

5. 借鉴改善原则

鼓励巧妙地利用和改善他人的设想。每个与会者都要从他人的设想中得到启示,或补充他人的设想,或将他人的若干设想综合起来提出新的设想。

（三）头脑风暴法操作程序

步骤一：确定议题。头脑风暴法是一次思想交流的会议，选准并明确议题是整个活动的关键所在。

步骤二：确定参加会议的人数及人选。一般参加会议的人数在 5～10 人为最佳，可以根据实际情况确定参加人数。根据议题全角度、全方位地确定参会人员范围，使其更具有代表性和层次性。

步骤三：成立专家小组。对每个人的意见进行评定和跟踪。对参加会议人员的意见进行质疑和询问，并集中大家的见解，形成系统化决策意见。

步骤四：选好主持人。主持人应善于调动会议气氛，善于控制时间。主持人不但要思维敏捷，而且需要熟悉头脑风暴的程序以及具备处理会议中出现的各种问题的能力，还能激发大家对议题的兴趣，懂得多种询问的方法与技巧，让大家有种争分夺秒的感觉。主持人要善于创造自由发言的氛围，在会议上防止出现评论别人的发言的行为，不允许大家私下交流，引导式地让大家进入一种自由的讨论状态。畅谈时间由主持人灵活掌握，一般不超过 1 小时。

步骤五：筛选整理。在第一次形成风暴意见之后，经过分类整理成系统化意见，如果已经获得解决问题的满意答案，此次头脑风暴会议便完成了预期目的。如果还有无法解决的问题，可再次征求与会人员的意见，再次丰富和深化风暴后的建议，也可以召开下一轮头脑风暴会议，直至最后形成执行方案。

应用案例

直升机扇雪

北方的雨雪天气，常常会导致电线上积满冰雪，大跨度的电线被积雪压断，严重影响通信。某国电信公司的经理应用头脑风暴法，尝试解决这一难题。参加会议的各专业技术人员热烈地讨论起来。有人提出设计一种专用的电线清雪机；有人想到用电热来化解冰雪；也有人建议用振荡技术来清除积雪；还有人提出能否带上几把大扫帚，乘坐直升机去扫电线上的积雪。对于这种"坐飞机扫雪"的设想，大家心里尽管觉得滑稽可笑，但在会上也无人提出批评。相反，有一位工程师听到坐飞机扫雪的想法后，突然受到启发，他想，出动直升机沿积雪严重的电线飞行，依靠高速旋转的螺旋桨即可将电线上的积雪迅速扇落。他马上提出"用直升机扇雪"的新设想，顿时又引起其他与会者的联想，围绕这个主意，又迅速衍生出七八条新想法。不到一小时，与会的 10 名技术人员共提出 90 多条新设想。会后，公司组织专家对设想进行分类论证。专家们认为采用电热或电磁振荡等方法设计专用清雪机，成本高周期长。而"直升机扇雪"的设想，既简单又省钱，之后通过现场试验，发现真能奏效，一个久悬未决的难题，终于在头脑风暴会中得到了巧妙解决。

启悟： 头脑风暴法的应用需广纳多元思路，以突破常规局限；促进团队跨域协作沟通来整合集体智慧，深入剖析问题、挖掘关键；依循实践，验证不断完善。唯此，方能高效产出创新解决方案，以应对挑战。

四、奥斯本检核表法

（一）奥斯本检核表法的内涵

云端映像：
奥斯本检核
表法

检核表法（Checklist Technique），又叫设问检查型技法，是一种针对某种特定要求制定的检核表，主要用于新产品的研制开发。奥斯本检核表法以该技法的发明者奥斯本命名，是通过引导主体在创造过程中对照九个检核项目（表3-1）进行思考，以便启迪思路，开拓思维想象的空间，促进人们产生新设想、新方案的方法。

表 3-1　奥斯本检核表法

检核项目	含义
能否他用	现有的事物有无其他用途；保持不变能否扩大用途；稍加改变有无其他用途
能否借用	能否引入其他的创造性设想；能否模仿别的东西；能否从其他领域、产品、方案中引入新的元素、材料、造型、原理、工艺、思路
能否改变	现有事物能否做些改变（如颜色、声音、味道、式样、花色、品种、意义、制造方法），改变后效果如何
能否扩大	现有事物能否扩大适用范围；能否增加使用功能；能否添加零部件；能否延长它的使用寿命；能否增加其长度、厚度、强度、频率、速度、数量
能否缩小	现有事物能否体积变小、长度变短、重量变轻、厚度变薄以及拆分或省略某些部分；能否浓缩化、省力化、方便化、短路化
能否替代	现有事物能否用其他材料、元件、结构、力、设备、方法、声音、符号等替代
能否调整	现有事物能否变换排列顺序、位置、时间、速度、计划、型号；内部元件可否交换
能否颠倒	现有事物能否从内外、上下、左右、前后、横竖、主次、正负、因果等相反的角度颠倒过来用
能否组合	现有事物能否进行从原理、材料、部件、形状、功能、目的等方面进行组合

63

奥斯本检核表法是一种产生创意的方法。在众多的创造技法中，由于其突出的效果，被誉为"创造技法之母"。

应用案例

尖端科技"上新"：雅迪破解电池长续航"密码"

两轮电动车的未来在哪里？这个问题的答案就在 2022 年 8 月 18 日雅迪（全称雅迪科技集团有限公司）无锡总部举办的能源科技大会上。这场主题为"超强来电，超长续航"的能源科技大会，为我们展示了雅迪近年来在两轮电动车动力电池方面的研发成果，现场对 TTFAR 石墨烯 3 代 PLUS 电池和 TTFAR 碳纤维 2.0 锂电池进行了碾压、冰冻、容量等极限测试，并在权威媒体及嘉宾的见证下发布了 TTFAR 石墨烯 4 代电池（图 3-9）。

图 3-9　雅迪 TTFAR 石墨烯 4 代电池

面对用户逐渐严苛的要求，雅迪从根本出发，了解用户需求，致力于解决用户痛点，组建了一个百人级别的研发团队，花了 7 年时间研发与优化石墨烯等前沿材料在电池领域的应用，并将其转化为商用产品。

极寒、碾压

雅迪在多家权威媒体的见证下对 TTFAR 石墨烯第三代 PLUS 电池、TTFAR 碳纤维 2.0 电池进行了多项极限测试。在大会现场，有多个电池被冰封在巨大的方形冰块中，而冰块的中央则是一块 TTFAR 石墨烯第四代电池，据雅迪介绍，这些冰块都是从 -20℃ 的冷库中取出，并且已经冷冻了一段时间。传统的铅酸电池在温度低于 5℃ 时就会出现性能下降，而在温度低于 0℃ 以后性能下降就会变得十分明显，甚至会出现无法充电的情况，给我国北方地区的用户在冬天使用两轮电动车造成了不少麻烦。而在 -20℃ 下冰封过的 TTFAR 石墨烯电池第四代的表现却异常惊人，砸开冰块后取出电池，没有经过任何处理就直接接上电线点亮了现场"超 4 500 万只"的灯牌，证明电池依然可以正常使用。

一直以来，锂电池凭借其高电池容量、高循环次数等优点备受高端两轮电动车的喜爱，但是众多优点的背后也有着一些缺点，比如安全性不足。为了最大程度保障驾驶员的安全,雅迪一直着力于提高锂电池的安全性,在引入碳纤维材料后,成功打造出具备更高能量效率和更高结构强度的碳纤维锂电池。大会上,雅迪通过用 20 吨重的大巴碾压锂电池,然后将电池直接放入在一旁等待的雅迪电动车电池仓,经过一段短暂的操作后电动车成功启动并行驶了一段距离,展示了 TTFAR 碳纤维 2.0 锂电池在安全性等方面的实力。

"双碳"科技加持

石墨烯、碳纤维,这两种以碳元素为基础打造的前沿材料,拥有出色的物理性质与化学性质,一直以来都是能源领域十分重视的新材料。雅迪在 7 年前就开启相关研究,通过在铅酸电池的电解液、导电网络等结构中加入石墨烯、抗冻液等材料,成功令铅酸电池摆脱了原有的寿命短、容量低、不耐寒等缺点,使 TTFAR 石墨烯第三代 Plus 电池寿命是普通铅酸电池 3 倍寿命,同时容量也比同体积铅酸电池高 30%,配合雅迪的 TTFAR 动力系统满足了用户对超长续航距离的要求。雅迪在石墨烯领域的探索与创新也得到了"石墨烯之父"——诺贝尔物理学奖获得者安德烈·海姆教授的权威肯定。对石墨烯材料在动力电池领域的成功应用,让雅迪再次成为行业及媒体的关注焦点。

启悟:当遭遇难题时,借助奥斯本检核表法,对各类资源进行深度挖掘与创新性运用,能够有力突破传统思维的束缚,催生出极具变革性的产品及解决方案。该方法在全方位探寻创新契机、综合权衡多元价值层面,展现出无可替代的显著优势。

(二)奥斯本检核表法的步骤

步骤一:发散——按检核表的九个检核项目逐一检核。

步骤二:罗列——列出全部可能的思路及方案。

步骤三:选择——选择出有价值的实施方案。

步骤四:验证——最后来验证设计方案是否可行。

(三)奥斯本检核表法优点

1. 远离思维惰性

奥斯本检核表法提出九个维度(检核项目)以刺激大脑思考,走出思维舒适区,引导我们深入思考、转换思路,远离思维惰性。

2. 突破思维定式

思维定式虽然使人能够应用已掌握的方法迅速解决问题,但在情境发生变化时,它则会成为我们运用新方法的障碍。消极的思维定式是束缚创造性思维的枷锁。奥斯本检核表法通过从九个角度设置的有关问题,能有效帮助人们突破思维定式,激发人们的想象力。

3. 建立思维自信

思维自信是相信自己有能力作出改变,拥有思维自信使人拥有较强的自我效能感,相信自己拥有创造力和勇于挑战挫折和失败的勇气。奥斯本检核表法提供的问题清单,有效帮助人们消除因不会提问而不愿提问的心理障碍,帮助人们建立提问、思考、想象和思维的自信。

4. 适用领域广泛

检核表可以应用于各个领域,它为人们解决创造、创新问题提供了很多解决问题的思路。

(四) 奥斯本检核表法使用注意事项

1. 不遗漏

运用检核表法时,要联系实际逐条进行检核,以免遗漏。

2. 多次检核

通过多次检核,有利于更好地选择出所需创新和发明的方面。

3. 多创想

在检核每项内容时,要尽可能地发挥自己的想象力,产生更多的创造性设想。

知识链接

中华传统创新技法:点亮当代中国创新征程的智慧星火

中华民族和中国人民以非凡创造力著称,在历史长河中创造了灿烂文明,积累了众多如温故知新、举一反三、至法无法、逆向思维、综合思维等极具创新意蕴的技法。这些传统智慧,至今仍为当代中国的创新征程注入强大动力。

温故知新在水利工程领域体现得淋漓尽致

都江堰作为古代水利奇迹,李冰父子借鉴前人治水经验,结合当地地形与水流特点,设计出鱼嘴、飞沙堰和宝瓶口,实现分洪、灌溉与排沙多重功能,让成都平原成为"天府之国"。这一工程历经千年仍在发挥作用,为现代水利建设与管理提供了宝贵借鉴。

举一反三推动文化艺术不断创新

传统书法艺术中,书法家在掌握基本笔法后,通过临摹不同风格作品融会贯通,创造出独特风格。从王羲之到颜真卿,书法家们在传承中创新,对现代艺术教育、设计创作等领域影响深远,鼓励人们在学习基础上大胆突破。

至法无法是传统手工艺的独特境界

以木雕工艺为例,工匠虽遵循一定技法流程,但面对不同木材和创作主题,能灵活应变,将木材特性与雕刻内容完美融合,使每件作品独一无二。这启悟现代制造业在标准化生产中要注重个性化定制与技艺传承。

逆向思维成就许多重大突破

火药的发明源于古代炼丹术士的逆向探索,从追求长生转向物质变化研究,改变了战争形态,推动军事技术进步。在现代科技研发中,逆向思考也能开辟新研究路径,找到新解决方案。

综合思维凝聚多领域创新力量

《永乐大典》的编纂汇集了各领域知识成果,如古代天文观测与历法制定便结合多方面因素,体现综合考量的智慧。这为现代跨学科研究和大型项目实施提供借鉴,强调多学科协作的重要性。

在当代创新型国家建设中,我们应深度挖掘传统创新技法价值,将其与现代科技和社会需求紧密结合。鼓励科研人员温故知新、教育工作者培养学生举一反三的能力、企业追求至法无法境界、科技工作者运用逆向思维、项目团队秉持综合思维……传承和发扬这些传统智慧,中华民族定能在新时代创造更多辉煌。

▶ 深思勤践

一、案例分析

办公效率下降问题怎么破?

某公司办公室近期办公效率下降明显,经查,单位配发的计算机存在严重的老化、卡顿等问题成为主因,于是公司召集了六名同事一起讨论解决方案。背景信息如下。

（1）设备老化。随着安装的软件增多，占用的内存越来越大，公司大部分设备已无法满足实际工作要求。

（2）经费不足。按公司规定，设备使用年限不低于3年，并且目前因经费紧张，只能对1/3的设备进行更新。

分析与思考

模拟讨论现场，利用六顶思考帽的创新技法，描述每顶思考帽的出场顺序和观点，最终提出解决问题的办法。

二、模拟实践

麦田蜜语蛋糕坊的产品创新

实训目的

学会利用奥斯本检核表法对创业项目——麦田蜜语蛋糕坊的产品进行创新性改良。

实训内容与方式

依据奥斯本检核表法的分析模型，对蛋糕坊产品进行改良，并提出新产品研发方案。要求至少找到六个创新点。

实训成果

完成表3-2填写，找到创新点，并将创新点细化形成《改良设计分析报告》。

表3-2 运用奥斯本检核表法对蛋糕坊产品的改良设计

序号	检核项目	创新思路	创新产品
1	能否他用		
2	能否借用		
3	能否改变		
4	能否扩大		
5	能否缩小		
6	能否替代		
7	能否调整		
8	能否颠倒		
9	能否组合		

模块四　提升创新能力

　　一个人想做点事业，非得走自己的路。要开创新路子，最关键的是你会不会自己提出问题，能正确地提出问题就是迈开了创新的第一步。

——李政道

▶ 学习目标

- 知识目标

（1）认识十种创新能力。

（2）熟知创新能力素质评估的三大指标。

- 能力目标

（1）熟练运用多种科学有效的评估工具与方法，对自身创新能力进行多维度、全方位的精准评估。

（2）基于自我评估结果，制订具有针对性、可操作性和时效性的个人创新能力提升计划。

- 素质目标

　　通过对创新能力内涵的探究，围绕创新能力进行深层次思考，并找到提升自身创新能力素质的方向。

▶ 导师寄语

　　世界著名管理专家詹姆斯·莫尔斯说："可持续竞争的唯一优势来自超过竞争对手的创新能力。"在数智时代，创新能力不再是可有可无的点缀，而是成为企业破浪远航、个人脱颖而出、社会持续进步的核心引擎。

　　通过本模块学习，希望同学们在掌握科学评估创新能力的方法后，遵循个性化、系统性、实践性、协作性的原则，多维度提升自身的创新能力。

▶ **学前导读**

创新铸就铁路传奇

詹天佑,1861 年出生在一个茶商家庭。儿时的詹天佑就对机械十分感兴趣,常和邻里孩子一起用泥土仿做各种机器模型。1872 年,詹天佑到香港报考清政府筹办的幼童出洋预习班。怀着学习西方技艺的理想,前往国外就读。于 1878 年以优异的成绩毕业于纽哈芬希尔豪斯中学,同年五月考入耶鲁大学土木工程系,专攻铁路工程专业。在大学的四年中,詹天佑刻苦学习,以突出成绩在毕业考试中名列第一。1881 年,在 120 名回国的中国留学生中,获得学位的只有两人,詹天佑即为其中之一。

1888 年,詹天佑几经周折,进入中国铁路公司,担任工程师,这是他献身中国铁路事业的开始。1905 年,清政府决定兴建由中国人自行设计和施工的第一条铁路——京张铁路干线(以下简称京张铁路)。英俄等国都想插手,在中国人民的强烈反对下,他们的企图没能得逞。在这关键时刻,詹天佑毫不犹豫地接下了这个艰巨的任务,全权负责京张铁路的修筑。詹天佑顶着压力,坚持不任用一个外国工程师,并表示:中国地大物博,而于一路之工务必借重外人,我以为耻! 中国已经醒过来了,中国人要用自己的工程师和自己的钱来建筑铁路。

1905 年 8 月,京张铁路正式开工。詹天佑带着测量队,身背仪器,日夜奔波在崎岖的山岭上。在八达岭、青龙桥一带,山峦重叠,陡壁悬崖,要开四条隧道,其中最长的达 1 000 多米。詹天佑经过精确测量计算,决定采取分段施工法,这样既保证了施工质量,又加快了工程进度。

为了克服陡坡行车的困难,保证火车安全爬上八达岭,詹天佑独具匠心,创造性地运用折返线原理,在山多坡陡的青龙桥地段设计了一段"人"字形线路(图 4-1),从而减少了隧道的开挖,降低了坡度。列车开到那里,配合两台大马力机车,一拉一推,保证列车安全上坡。

图 4-1 青龙桥"人"字形线路示意图

京张铁路在 1909 年 9 月全线通车。原计划 6 年完成,结果只用了 4 年就提前完工,工程费用只及外国人估价的 1/5。一些欧美工程师乘车参观后啧啧称道,赞誉詹天佑了不起。

思辨与探究

(1)你认为詹天佑的创新能力是天生的吗?

(2)从本模块"思想领航"中你得到了哪些启示?

任务一　创新能力认知

一、创新能力的内涵

创新能力是技术和各种实践活动领域中不断提供具有经济价值、社会价值、生态价值的新思想、新理论、新方法和新发明的能力。

综观近年来的研究成果，虽然国内学者对创新能力的理解各不相同，但他们对创新能力内涵的阐述基本上可以划分为以下三种观点。

（1）创新能力是个体运用一切已知信息，包括已有的知识和经验等，产生某种独特、新颖、有社会或个人价值的产品的能力。它具体包括创新意识、创新思维和创新技能三部分，核心是创新思维。

（2）创新能力表现为两个相互关联的部分，一部分是对已有知识的获取、改组和运用；另一部分是对新思想、新技术和新产品的研究与发明。

（3）从创新能力应具备的知识结构着手，认为创新能力应具备的知识结构包括基础知识、专业知识、工具性知识或方法论知识以及综合性知识四类。

上述三种观点，尽管表述方法有所不同，但基本上能将创新能力的内涵解释清楚。

创新能力是动物本能，也是人类各种能力的其中一种能力的诠释或代称，如果将人类的各种能力分级的话，那么创新能力是各种能力中的最高级别。创新能力，是由创新和能力两个名词共同构成，按更习惯的说法，也称为创新力。创新能力按主体分，最常提及的有国家创新能力、区域创新能力、企业创新能力等，并且存在多个衡量创新能力的创新指数的排名。

二、培养创新能力的意义

创新能力是民族进步的灵魂、经济竞争的核心。当今社会的竞争，与其说是人才的竞争，不如说是人的创造力的竞争。

如果这个世界没有创新能力，便不会有今日人类的文明，我们可能还过着钻木取火的原始生活；如果爱因斯坦、爱迪生等科学家们没有创新能力，他们又何以推动社会进步。可以说，如果一个人不具备创新能力就无法成为人才；如果一个民族没有创新人才，那么它便是一个落后的民族。

任务提示

>> 本分项任务将引领同学们加强对创新能力的认知。

任务先行

>> 通过前期有关创新理论及技法的学习，下一步我们要着力提升我们的创新能力。什么是创新能力？我们为什么要提升创新能力？培养和提升我们的创新能力的掣肘有哪些？完成本分项任务，使问题迎刃而解。

小试身手：
测测你的创新思维能力

培养创新能力的意义主要体现在以下三个方面。

（一）加强创新能力培养是建设创新型国家的必然选择

当前全方位升级的国际竞争，核心是人才竞争。能否培养出大批具有创新能力的人才将在一定程度上影响国家的综合实力。"人才资源是第一资源"的认知早已深入人心，我国也正在采取各种措施，大力推动由人口大国向人力资源强国迈进。在日益激烈的经济科技全球化竞争中，必须坚定不移地走科教兴国和人才强国之路，集中力量培养和造就数以万计的符合现代化建设需要的创新型专门人才和大量优秀拔尖人才，方能在日益激烈的国际竞争中实现中华民族的伟大复兴。

（二）加强创新能力培养是提升个人综合素质的重要内容

创新能力的形成和发展与人的生理、心理、思维、智力、意志和人格等诸多方面都密切相关，并且是这些方面相辅相成、综合作用的结果，因此说，创新能力是一种人格、认知及社会层面的综合体。它以深厚的文化底蕴为基础，以高度凝练、系统的知识体系为承载，以充分体现个性特征的思维能力和精神境界为表征，在很大程度上体现为个体的综合素质和综合能力。培养创新能力，有助于激发个人潜能，形成创新品质，可以改变一个人的修养、思想甚至命运，使其在竞争日益激烈的社会中安身立命。

（三）加强创新能力培养是科技进步的必然要求

人类社会的实践活动是一个永恒的运动过程，必然随着生产力的发展而变化，然而当科学技术发展不能满足现状时，就可能促使科学技术向更深更广的领域延伸，从而产生创造性思维，并突破当前科学技术发展的框架，而达到一个新的高度。无止境的发展要求推动生活在其中的人类不断开拓科技研究新领域，进一步扩宽人类原有的认知水平和层次，从而使人类的知识获得新的飞跃。而科学技术的不断发展与进步，现代和未来文明的财富积累，都需要人们澎湃的创新能力。

三、制约创新能力的因素

1. 缺乏创新意识和创新欲望

许多大学生进入大学后给自己将来的人生奋斗目标定位不够准确，往往仅满足于毕业后能找份好工作即可，这在一定程度上影响了大学生创新意识和创新欲望的激发。

2. 缺乏创新兴趣

不少大学生的兴趣往往随着时间、环境、心情的变化而变化，目前对创新感兴趣的学生仍然有限,且普遍缺乏创新所需要的深度和广度,这对大学生创新能力的培养是很不利的。

3. 存在思维惯常定式

随着大学生自身知识的不断增加和阅历的日益丰富,存在于其头脑中的认知框架将逐步模式化、固定化,进而弱化创新意识,影响创新能力的发展。

4. 对科学的崇尚意识与参与行为之间存在较大反差

不可否认,部分大学生是具有创新动机的。他们对创新有一定的认识,也体现出了比较积极主动的精神状态;但他们在行动上却迟迟不能落实,主观能动性发挥不够,投身实践的勇气和能力欠缺。这部分大学生在创新方面所表现出的这种知行反差极不利于提高自己的创新能力。

此外,大学生创新能力的培养和提高还受到成长环境、教育理念等客观因素的影响。

任务二　创新能力构成

一、学习能力

学习能力是指获取、掌握知识、方法和经验的能力,包括阅读、写作、理解、表达、记忆、搜集资料、使用工具、对话和讨论等能力。学习能力还包括态度和习惯,比如"活到老、学到老"的终身学习态度和信念。在如今竞争的时代,一个人或一个组织的竞争力往往取决于个人或组织的学习能力,因此无论对于个人还是组织而言,其竞争优势就是有能力比你的竞争对手学习得更高效。所以德鲁克说:"真正持久的优势就是怎样去学习,就是怎样使得自己的企业能够学习得比对手更快。"

二、分析能力

分析能力是指把事物的整体分解为若干部分进行研究的技能和本领。事物是由不同要素、不同层次、不同规定性组成的统一整体。认识事物的有效方式之一就是把它的每个要素、层次和规定性在思维中暂时分割开来进行考察和研究,弄清楚每个局部的性质、局部之间的相互关系以及局部与整体的联系。做到由表及里、由浅入深、由易到难地认识事物和问题。

分析能力的高低强弱与以下三个因素有关。

任务提示

>> 本分项任务将带领同学们认识创新能力的十大种类。

任务先行

>> 了解创新能力的重要性和意义后,为了有的放矢地加以培养,我们要对创新能力的核心构成了然于胸。

(1) 个人的知识、经验和禀赋。

(2) 分析工具和方法的水平。

(3) 共同讨论与合作研究的品质。

随着科学技术的发展,高性能计算机和各种科学仪器以及新的分析方法的出现和应用,有效地提高了人们的分析能力。当然,分析能力也有局限性和片面性,容易使人"只见树木,不见森林",忽视对事物的整体性把握。因此人们通常把分析能力与综合能力相结合起来运用,这将有利于取长补短,起到相辅相成的作用。

三、综合能力

综合能力是指把研究对象的各个部分结合成一个有机整体进行考察和认识的技能和本领。综合是把事物的各个要素、层次和规定性用一定线索把它们联系起来,从中发现它们之间的本质关系和发展的规律。具体讲,综合能力主要包括以下三方面内容。

(1) 思维统摄与整合。就是把大量分散的概念、知识点以及观察和掌握的事实材料综合在一起,进行思考加工整理,由感性到理性、由现象到本质、由偶然到必然、由特殊到一般,对事物进行整体把握。

(2) 积极吸收新知识。综合能力需要人们掌握多方面的知识和方法,不断吸收和更新知识都是必要的,特别是要学会跨学科交叉,把不同学科的知识、不同领域的研究经验融会贯通,才能更好地综合。

(3) 与分析能力紧密配合。"细节决定成败",仅具备综合能力,而缺乏深入的、细致的分析是有局限性和片面性的,只有与分析能力相互配合,才能正确认识事物,从而实现有价值的创新。

四、想象能力

想象能力是指以一定知识和经验为基础,通过直觉、形象思维或组合思维,不受已有结论、观点、框架和理论的限制,提出新设想、新创见的能力。想象力往往是发现问题和解决问题的突破口,在创新活动中扮演"突击队"和"急先锋"的角色。

五、批判能力

批判能力是指运用理性分析来思考,从而深挖内在真正潜能的技能和本领。其主要表现在两个方面。

（1）在学习、吸收已有知识和经验时，批判能力保证人们不盲从，而是批判性地、选择性地吸收和接受，去粗取精、去伪存真。

（2）在研究和创新方面，质疑和批判是创新的起点，没有质疑和批判就只能跟在权威和定论后面亦步亦趋，不可能作出突破性贡献。科学技术史表明，重大创新成果通常都是在对权威理论进行质疑和批判的前提下产出的。

知识链接

多元路径提升批判能力

在信息爆炸的时代，批判能力是我们明辨是非、深入思考的关键技能。它帮我们突破思维局限，挖掘问题本质，为创新提供动力。下面从多个角度谈谈提升批判能力的方法。

丰富知识储备，夯实思维基础

广泛涉猎不同领域知识，为批判能力提供支撑。文学培养理解能力，科学赋予逻辑分析，历史提供经验借鉴。例如，学习心理学，能从人性角度分析社会现象；了解物理学，可依据科学原理评判技术问题。持续拓宽知识面，有更多思考角度，为批判思维提供素材。

培养质疑精神，激发思考活力。质疑是批判的开端。敢于对既有观念、权威说法提出疑问，是突破思维定式的关键。例如，哥白尼质疑"地心说"，推动天文学变革；爱因斯坦挑战经典力学，创立相对论。学习中，对课本知识、老师讲解不能盲目接受，多问"为什么""有没有更好方法"……面对生活现象，如广告、热门观点，也要思考其逻辑和证据，通过质疑深入探究，发现新问题。

强化逻辑训练，提升思维水平

逻辑是批判能力的核心。掌握归纳、演绎、类比等推理方法，能让我们清晰分析问题。归纳从具体事例总结规律，演绎依据原理推导具体情况，类比通过相似事物推断未知。比如，判断产品是否值得购买，可采用归纳法看同类产品口碑，采用演绎法分析设计原理，采用类比法参考类似产品体验，等等。平时多做逻辑练习，如分析议论文结构、破解逻辑题，以提高逻辑思维能力。

积极参与交流，拓展思维视野

思维在交流中完善，观点在碰撞中丰富。参与课堂讨论、学术研讨、小组辩论，分享想法、倾听不同意见，能打破个人思维局限。例如，在课堂上，同学们从不同角度解读历史事件，丰富认知。交流时，既要大胆表达，又要虚心接受合理建议，在思想交流中拓宽批判思维边界。

提升批判能力需要长期努力，通过知识积累、质疑思考、逻辑训练和交流学习，我们便能逐步提高批判能力，在信息洪流中保持清醒，为创新发展赋能。

六、创造能力

小试身手：
测测你的创造能力

创造能力是创新能力的核心，它是指首次提出新的概念、方法、理论、工具、解决方案和实施方案等的能力，是创新人才的禀赋、知识、经验、动力和毅力的综合体现。

七、解决问题能力

解决问题能力包括提出问题和凝练问题的能力，针对问题选择和调动已有的经验、知识和方法，设计和实施解决问题的方案，对于难题，能够创造性地组合已有的方法乃至提出新方法来予以解决。解决问题分狭义和广义，狭义的解决问题就是人们通常认为的各种问题的解决，如物理问题、数学问题、技术问题；广义的解决问题则包括各种思维活动，这种情况下，创新能力就等同于创新性解决问题的能力。

应用案例

借巧思化解宣传难题

国外某货运公司为了扩大知名度，曾经在广告宣传上煞费苦心，但是效果不佳。因为货运这种枯燥无味的内容对于娱乐第一、消费第一的该国平常百姓来说，简直就是对牛弹琴。无奈之下，他们找到了新闻界的一位朋友，请他出谋划策解决问题。这位新闻人士说，广告内容的设计最好能与国人的日常生活相关。于是，他们想到了结婚——普通人最感兴趣的事情之一。

后来，货运公司与当地知名报社协商，在一篇关于本地夫妇旅游结婚的报道置顶栏处做了这样一则广告："他们在货车上度蜜月，相爱4.5万千米。"广告登出的第二天，立刻就在读者中传开了这样一个话题："谁想出来的'怪主意'——七对新婚夫妇在货车上面度蜜月！""还有谁，就是那个××货运公司！"从此，这家货运公司闻名遐迩，效益斐然。

启悟:解决问题要求我们敏锐洞察困境根源,不被固有模式束缚;重新审视受众需求核心,挖掘与业务潜在契合点;突破思维局限,大胆关联看似无关之事。

八、实践能力

实践能力特指社会实践能力。提出创造发明成果,只是创新活动的第一阶段,要使成果得到承认、传播、应用,实现其学术价值、经济价值和社会价值,必须要和社会打交道,实践能力就是为实现这一目标而进行的各种社会实践活动的能力。

九、组织协调能力

组织协调能力的实质是通过合理调配系统内的各种要素,发挥系统的整体功能,以实现目标。对于创新人才来说,要完成创新活动,就要协调各方,当拥有一定资源时,就可通过沟通、说服、资源分配和荣誉分配等手段来组织协调各方以最终实现创新目标。

品文酌理:
组织协调赋能
区域发展

十、才能整合能力

创新人才的宝贵之处不仅在于拥有多种才能,更重要的是能够把多种才能有效地整合在一起发挥作用。整合多种才能的能力是能力增长和人格发展的结果,这需要通过学习、实践和人生历练。能否完成重大创新,拥有整合多种才能的能力是一个关键。

应用案例

雷军的才能整合能力

雷军作为本土企业家展现出了极强的才能整合能力。

在智能手机领域竞争白热化的时期,雷军洞察到移动互联网时代用户对于手机性能、外观设计、软件生态等多方面的综合需求。他整合了硬件研发团队,精心挑选芯片、屏幕、摄像头等各类核心部件供应商,确保小米手机在硬件上具备高性价比和出色品质。

在软件方面,雷军整合了优秀的安卓系统开发团队,打造出符合中国用户使用习惯的 MIUI 操作系统,并且积极与各类软件开发者合作,构建起丰富的应用生态。此外,他还整合了市场营销渠道,通过线上线下相结合的方式,利用互联网社交媒体的力量进行口碑传播和饥饿营销,让小米手机迅速在消费者中走红。

此外,雷军还不断拓展小米的业务版图,整合智能家居领域的资源,将手机作为智能家居的控制中心,连接空调、电视、扫地机器人等各类智能设备,打造出小米智能家居生态链。通过这一系列的整合举措,小米从一家新兴的手机厂商迅速崛起成为全球知名的科技企业,雷军也凭借其卓越的才能整合能力在商业界取得了显著成就。

启悟: 在复杂的竞争环境中,企业家卓越的才能整合能力能精准对接市场多元需求,串联研发、生产、营销、业务拓展等环节,是企业实现从起步到行业领先跨越式发展的核心驱动力。

任务提示

>> 本分项任务将引领同学们学习创新能力的评估体系及培养原则。

任务先行

>> 在了解了创新能力的基础知识后,我们将着力提升自身的创新能力。如何对自身的创新能力进行科学评估和培养?如何保障我们的创新能力培养实践行之有效?让我们一起在本分项任务中进行探索。

任务三　创新能力评估与培养

一、创新能力的评估

(一) 创新能力评估指标体系的内涵

科学制定创新能力评估指标体系,是开展创新能力评估的基本前提,不同的评估内容会产生不同的评估效果。创新能力评估指标体系的构建,既有定性评估,又有定量评估。定性方面是从思维层面评估创新素质的内在结构模型,包括创新品质素质、创新思维素质、创新智能素质等。同时,还对创新能力构建了量化评估体系,构建分为内在和外在的定量指标,内在指标主要对思维层面要素的权重构建,外在指标主要为各种能力外部表现的量化。定量评估指标设置了以创新学习能力、知识基础、思维能力、创新技能为一级指标的创新能力评估指标体系,一级指标下又设置了二级指标。

(二) 创新能力评估指标体系的构成

教育实践中,在创新人才的培养上应怎样评估人才的创新能力呢?除了要明确创新能力相关内容外,还应对创新能力的内容进行具体的指标分解,建立一个明确的、便于操作的评估标准体系(表4-1)。

表 4-1　创新能力素质评估参考指标

内容	项目	指标
创新品质素质	创新思想	具有创新意识、创新精神；具有科学的态度；具有强烈的责任感；具有竞争意识；具有合作精神
	创新行为	善于发现问题并确定目标；勇于尝试、善于尝试；敢于实践、不怕失败
	创新个性	具有创造欲望；喜欢标新立异；具有批判性人格；处事严肃审慎、聪明敏锐；具有坚强意志；喜爱幻想
创新思维素质	开放思维	敢于打破思维定式；具有发散思维、辐射思维、想象思维
	多向思维	敢于打破思维习惯，思维灵活；能进行多方向思维，包括顺向思维、逆向思维、转向思维、反向思维等
	创造思维	敢于打破常规思维；喜欢异想天开；能建立新的思维方式
创新智能素质	广博的知识	拥有宽厚的人文、科学知识；拥有扎实的理论知识；拥有系统的专业知识
	多种能力	具备较强的分析能力、判断能力、预测能力、决策能力、调查研究能力、实践能力、竞争能力；具备敏锐的洞察能力；具备良好的交际能力、合作能力
	创新性见解	具有渊博学识和开阔视野；具有超前意识；敢于挑战权威、提出新的见解

表 4-1 从定性方面描述了创新能力中创新素质的评估指标，在教育实践中如果仅从这一方面去评价，其实是不够全面的，还要做好另外一些量化的评估工作。具体考核指标可根据实际情况分为优秀、良好、一般、差四个级别。其中，"差"级不具备考核指标的基本要求，"一般"级应具备考核指标的基本要求，"良好"级应全面具备考核指标的要求，"优秀"级除全面具备考核指标的要求外，还应在某些指标上有突出的表现（表 4-2）。

表 4-2　大学生创新能力评估参考量表

一级指标	二级指标	评价标准	优秀（4分）	良好（3分）	一般（2分）	差（1分）
创新学习能力	发现问题能力	具有强烈的好奇心和学习意识，喜欢探索，善于捕捉新信息、主动发现问题，自主学习、求知欲较强，经老师的引导能够有所突破、有所建树				

续表

一级指标	二级指标	评价标准	优秀（4分）	良好（3分）	一般（2分）	差（1分）
创新学习能力	获取信息能力	善于运用一切可能的条件进行信息的去粗取精、去伪存真等信息的加工处理，判断准确、迅速，收集、检索信息能力较强，并主动查阅资料，为创新活动获取准确资料				
	知识更新能力	对创新学习极富激情，关心科技发展，关注社会变革，及时更新、完善知识学习的兴趣较浓，不满足于现状，迫于求知，主动探索，积极丰富知识				
	学习态度能力	不迷信于权威，不盲从于书本，积极参与讨论交流，大胆发表意见，敢于质疑、超越，求新、求变及创新意识较强，常伴有新思想、新观点、新方法的产生				
创新知识基础	基础知识水平	成绩按等级分为：优秀（≥85），良好（70～84），一般（60～69），差（<60）				
	专业知识水平	成绩按等级分为：优秀（≥85），良好（70～84），一般（60～69），差（<60）				
	交叉知识水平	知识面宽厚，掌握丰富的各学科知识并能够融会贯通				
	创新知识水平	熟练掌握创新的理论知识和方法				
创新思维能力	发散思维能力	具有敏锐的观察力，对新事物能迅速识别和直觉判断，能够较快地判断新事物、新问题，观察力较强				
	逻辑思维能力	有主见，善于由此及彼、由表及里进行归纳、演绎、抽象、概括，能够对概念、判断、推理的间接反映加以概括，能透过现象看本质				
	创新想象能力	联想、想象力很丰富，善于借助图形、表格、音像、符号等将抽象的知识形象化、具体化，具有创造性的想象力				
	批判思维能力	敢于挑战、批判先入为主的东西，思维角度、方法路线与众不同，能够提出新的理论、方法和设计				
	灵感思维能力	灵感活跃，善于突发奇想、充满创意				

80

续表

一级指标	二级指标	评价标准	优秀（4分）	良好（3分）	一般（2分）	差（1分）
创新技能	创新活动成果	创新成果达到国家级水平评为优秀（≥85）；省部级水平评为良好（70～84）；地市级水平评为一般（60～69）；没有创新成果为差（<60）				
	选题独特水平	选题新颖，对有待解决的现实问题进行新的探索和改进设计，富有创意，设计较合理，对解决现实问题有积极的意义				
	选题设计质量	熟练运用创新技法、设计水平很高，评为优秀（≥85）；水平较高评为良好（70～84）；仅达到略有创新为一般（60～69）；不达标为差（<60）				
	创新成果质量	成果科学性极强，创新难度很高，评为优秀（≥85）；成果创新难度较高，评为良好（70～84）；创新难度一般且达标，评为一般（60～69）；基本不能形成成果，评为差（<60）				

二、创新能力的培养

当代大学生创新能力的培养事关国家民族前途命运、事关个人成长成才，在培养过程中，应遵循以下四条原则。

（一）个性化原则

每个人都是一个特殊的不同于他人的现实存在。从某种意义上说，个性化就是创造性的代名词，没有个性，就没有创造。因此，培养大学生创新能力必须遵循个性化原则，因材施教，重在激发大学生的主动性和独创性，培养其自主的意识、独立的人格和批判的精神。针对个人的能力、性格、志趣等具体情况施行不同的教育。

（二）系统性原则

所谓系统是由相互联系、相互作用的若干要素，以一定结构组成的，具有一定整体功能的有机整体。根据一般系统论原理，一方面，培养大学生创新能力是一个包括培养创新意识、创新精神、创新思维、创新技法等诸要素的有机整体，绝不能割裂开来；另一方面，培养大学生创新能力，是一项庞大的社会系统工程，需要政府、学校、家庭、社会各方面的共同参与，而封闭式的教育是没有出路的。

云端映像：
创新能力提升

(三) 实践性原则

实践是人所特有的对象性活动,是人类的存在方式。培养大学生创新能力,无论是培养的目的、途径,还是最终结果,都离不开实践。遵循实践性原则,就是坚持马克思主义的教育观和人才观,坚持创新就是一种创造性的实践,要始终坚持以实践作为检验和评价大学生创新能力的重要标准。

(四) 协作性原则

所谓协作是指由若干人或若干单位共同配合完成某一任务。随着现代科学技术的发展,任何一个人不可能在一生中涉足科学技术的所有领域。要想在现有科学技术的基础上有所创造,就必须学会与他人进行"信息共享"。由此看来,人的创造性既是一种个人化的品质,也是一种社会化的特征。培养大学生的协作精神,首先要培养他们乐观、豁达、开朗的性格,学会与人相处、关心他人。其次要多让他们参加各种各样的集体活动,学会在一个有竞争的集体中成长发展,学会在与人合作中进行创新创造。

▶ 润心好文

中国企业创新能力:驱动中国经济腾飞的核心力量

在世界经济的大舞台上,我国本土企业正以令人瞩目的创新能力绽放光彩,成为推动中国乃至全球经济发展与科技进步的关键力量。

互联网科技领域

抖音(全称抖音有限公司)无疑是一颗璀璨的明星。旗下的抖音短视频平台,以创新的算法推荐系统为核心竞争力。这一系统能够精准地分析用户的兴趣爱好、行为习惯等多维度数据,从而为用户推送个性化的视频内容。在海量的信息洪流中,这种创新的内容分发模式让用户能够迅速找到自己感兴趣的视频,极大地提高了用户的黏性和使用时长。同时,抖音还不断创新社交互动功能,如直播带货、合拍等,不仅改变了人们的娱乐方式,还为电商行业开辟了新的营销渠道,带动了无数中小微企业的发展,创造了新的经济增长点。

制造业领域

海尔(全称海尔集团公司)在创新之路上也走出了一条康庄大道。海尔率先推行"人单合一"的创新管理模式,将员工与用户需求紧密连接,充分激发员工的创新活力。在产品创新方面,海尔不断推出智能化家电产品,如能根据用户指令自动调节温度、湿度、运行模式的智能空调,以及具备智能保鲜、食材管理功能的智能冰箱等。这些产品整合了物联网、大数据、云计算、人工智能等前沿技术,为用户带来了前所未有的便捷生活体验,也使海尔在全球家电市场竞争中始终保持领先地位,引领着家电行业的智能化发展潮流。

医药行业领域

百济神州［全称百济神州（北京）生物科技有限公司］,专注于抗肿瘤药物的研发创新。面对癌症这一全球性的重大疾病挑战,百济神州投入大量资源进行新药研发。其研发团队勇于探索新的药物靶点,采用先进的生物技术和药物研发工艺,成功研发出多款针对不同癌症类型的创新药物。这些药物在疗效和安全性上都实现显著突破,为全球癌症患者带来了新的希望,也提升了我国在全球医药研发领域的声誉和地位。

新能源领域

宁德时代（全称宁德时代新能源科技股份有限公司）展现出强大的创新实力。作为全球领先的动力电池制造商,宁德时代不断致力于电池能量密度的提升、充电速度的加快及电池安全性的增强。其研发的麒麟电池,采用了高镍三元材料作为正极,以及

硅基材料作为负极,显著提升了电池的能量密度,延长了电动汽车的续航里程。同时,宁德时代还在电池管理系统方面进行创新,通过智能化的监控和调控,确保电池在各种复杂环境下的安全稳定运行。这一系列的创新成果,为全球电动汽车产业的蓬勃发展提供了坚实的动力支持。

我国本土企业的创新能力之所以能够取得如此辉煌的成就,离不开国家政策的大力扶持。政府出台了一系列鼓励创新的政策,如税收优惠、科研补贴、建立高新技术产业园区等,为企业营造了良好的创新环境。同时,国内庞大的市场需求也为企业创新提供了广阔的试验田和发展空间。此外,本土企业日益重视人才培养和引进,与高校、科研机构建立紧密的合作关系,形成了产学研一体化的创新生态系统。

展望未来,我国本土企业将继续秉持创新精神,在人工智能、量子计算、生物技术等前沿科技领域不断探索,进一步提升创新能力。它们将以创新为驱动,推动产业升级,拓展国际市场,在全球经济格局中扮演更加重要的角色,为实现中华民族伟大复兴的中国梦注入源源不断的动力。

席间小测　创新能力　　健心课堂　和谐共赢

▶ 深思勤践

一、案例分析

以国家需求为己任　执着科研创新

屠呦呦,女,1930年12月30日出生于浙江省宁波市,汉族,中共党员,药学家。1955年毕业于北京医学院(今北京大学医学部)。毕业后接受中医培训两年半,并一直在中国中医研究院(2005年更名为中国中医科学院)工作,其间晋升为硕士生导师、博士生导师。现为中国中医科学院首席科学家,终身研究员,青蒿素研究开发中心主任,博士生导师,"共和国勋章"获得者。

1967年,中国启动旨在研究防治疟疾新药的"523"国家项目。全国60多家科研单位的500多名科研人员参加,屠呦呦临危受命,担任中药抗疟组组长。当时科研设备陈旧、科研水平不高,不少人认为这个任务难以完成。屠呦呦铿锵有力地说,"没有行不行,只有肯不肯坚持",自此踏上寻药之路。她广泛收集历代医籍,查阅群众献方,请教老中医专家。仅用三个月的时间,就收集了2 000多个方药,在此基础上精选了包含640个方药的《疟疾单秘验方集》。在第一轮药物筛选与实验中,青蒿提取物对疟疾的抑制率不高,还不及胡椒有效,研究一度陷入僵局。"重新埋下头去,看医书!"屠呦呦的坚持带动着大家,厚厚的医书被翻得书角卷起。东晋医书《肘后备急方》中治寒热诸疟的药方进入了屠呦呦的视线:"青蒿一握,以水二升渍,绞取汁,尽服之"。屠呦呦陷入沉思,为什么古人用"绞取汁",而非中药常用的煎熬法?经过周密的思考,屠呦呦重新设计了研究方案,对青蒿设计了多种提取方案,包括采用低温提取法,将温度控制在60℃以下,分别用水、醇、乙醚等溶剂进行提取,同时将青蒿的茎秆与叶子分开提取。

课题组夜以继日地研究,终于在1971年第191次低沸点实验中发现了抗疟效果100%的青蒿提取物,并在次年提炼出抗疟有效成分青蒿素。1972年,从该有效部分中分离得到抗疟有效单体,命名为青蒿素。青蒿素是具有"高效、速效、低毒"优点的新结构类型抗疟药,对各型疟疾特别是抗性疟有特效。基于对青蒿素深入研究的需要,1973年,为确证青蒿素结构中的羰基,合成了双氢青蒿素。又经构效关系研究,明确在青蒿素结构中过氧是主要抗疟活性基团,在保留过氧的前提下,羰基还原为羟基可以增效,为国内外开展青蒿素衍生物研究打开局面。

2015年10月,屠呦呦获得诺贝尔生理学或医学奖,理由是她发现了青蒿素,该药品可以有效降低疟疾患者的死亡率。自此,她成为首获科学类诺贝尔奖的中国人。

分析与思考

(1) 屠呦呦取得成功的因素有哪些?

(2) 如何衡量一个人的创新能力?

二、模拟实践

麦田蜜语蛋糕坊成员创新能力素质评估

实训目的

学会使用创新能力素质评估量表。

实训内容与方式

项目背景:

金浩言——具有强烈的责任意识,意志坚强、敬业乐业,善于发现问题,不怕失败,且具有较强的分析能力及决策能力。

李凡雁——思维活跃,聪明敏感,有创造欲望,敢于提出独到见解。

谢智宇——口才较好,性格热情,善于发现问题并确定目标,具有较强的竞争意识,以及良好的交际能力、合作能力。

沈梦君——具备扎实的理论知识以及系统的专业知识,说话言简意赅,做事沉稳细致、一丝不苟。

利用评估表(表 4-3)方式,对创业项目——麦田蜜语蛋糕坊四位主创成员的创新能力素质进行评估(参考本模块表 4-2)。

表 4-3　蛋糕坊成员创新能力素质评估参考量表

素质维度	金浩言	李凡雁	谢智宇	沈梦君
创新学习能力				
创新知识基础				

续表

素质维度	金浩言	李凡雁	谢智宇	沈梦君
创新思维能力				
创新技能				

实训成果

结合对蛋糕坊四位主创成员的有关描述,利用表 4-3 对他们的创新能力素质加以评估,形成分析报告,并运用本模块所学知识,为其制订创新能力提升计划。

模块五　保护创新成果

▶ **思想领航**

创新是引领发展的第一动力,保护知识产权就是保护创新。

——习近平

▶ **学习目标**

- 知识目标

（1）了解知识产权的内涵与特征。

（2）理解知识产权保护的重要意义。

（3）熟悉专利、商标申请及著作权取得的条件及流程。

- 能力目标

（1）能够运用知识产权的相关法律规定,高效且合规地对企业专利、商标、著作权进行运营与管理。

（2）能够识别专利权、商标权、著作权的侵权行为。

（3）能够判断专利权、商标权、著作权的合理使用行为。

- 素质目标

增强法律意识,树立诚信观念,培养社会责任感。

▶ **导师寄语**

创新企业在发展过程中,知识产权保护是其重要的组成部分。企业的商标、专利、著作权都是企业非常重要的无形资产,如果不对知识产权进行有效保护,那么竞争对手便会通过模仿、复制等不正当手段,以低成本获取并使用创新企业的知识产权,从而生产出竞品,轻则损害创新企业的品牌形象和营业收入,重则会对创新企业的生存产生致命的打击。

通过本模块学习,希望同学们能借助案例分析、法规解读等方式,增强对知识产权的认知能力与保护意识,在创新创业过程中维护好自身的合法权益。

▶ 学前导读

用法律武器捍卫创新成果

武汉理工大学的苏超超,这位充满创新活力的"理工男",在校园中开启创业之旅。其创立的武汉由米定制科技有限公司,精准切入互联网定制服装、礼品及办公用品领域。苏超超凭借对互联网趋势的敏锐感知和对市场需求的精准把握,率团队深入市场调研,与消费者深度交流,从而精准定位不同群体对定制产品的多元需求。在产品设计上,团队成员各展专长,日夜奋战,从服装剪裁到礼品包装,再到办公用品功能优化,每个细节都精雕细琢。同时,他们四处奔波,严格筛选优质供应商,确保产品品质上乘。经过不懈努力,公司在校园内外崭露锋芒,吸引了 40 余名大学生携手逐梦。

图 5-1 "由米"商标

然而,当筹备商标注册时,却遭受沉重打击。"由米"商标(图 5-1)被校内另一个团队抢先注册。苏超超心急如焚,立即与对方沟通协商。对方坦承因觊觎该商标商业潜力而仓促注册,苏超超则详述团队对"由米"品牌的精心培育与长远规划。幸在校园情谊,经多番交流权衡,苏超超支付 2 000 元手续费夺回商标,但此风波深深刺痛了团队,也凸显大学生创业在知识产权保护方面的薄弱。

此类遭遇并非孤例。某高校创业孵化基地的智能硬件研发团队,倾尽全力攻克技术难关,研发出创新智能运动监测设备,试用时广受好评。但在准备推向市场并申请专利时,竟发现市场已有相似竞品。经查,系团队成员在行业交流活动中,因知识产权保护意识淡薄,泄露核心技术与设计思路,被他人利用仿制生产,导致团队陷入被动,面临市场份额遭蚕食与知识产权纠纷双重困境,创业之路荆棘丛生。

还有一个专注于文化创意领域的大学生创业团队,出于对传统文化的热爱与创意灵感,创作了以古老传说为主题的精美动漫形象,其独特魅力使其在校园文化市场迅速走红。该团队欲将动漫形象用于周边产品开发并计划推广销售,却很快遭大量盗版产品冲击。盗版粗制滥造,严重损害了品牌形象,使团队经济利益受损。虽然他们四处维权,终因法律知识匮乏与维权手段欠缺,面对侵权者力不从心,导致创新成果惨遭践踏。

上述案例深刻揭示出大学生创业知识产权侵权问题的严峻性。创业过程中,许多团队专注产品研发与市场开拓,却忽视了知识产权保护这关键一环。他们对专利申请流程、商标注册重要性及商业秘密保护懵懂无知,导致创新成果如无防护的宝藏,随时可能被侵权者觊觎掠夺。

思辨与探究

(1)如何提前防范知识产权被侵权的风险?

(2)当遭遇知识产权侵权时,应怎样高效维权?

(3)高校应构建何种机制来助力大学生增强知识产权保护意识?

任务一　知识产权认知

一、知识产权的内涵

知识产权是一种无形财产权，是法律赋予人们对其智力成果，在一定期限和地域内享有的一种专有权。

一般来讲，知识产权主要包括工业产权和著作权两大部分。工业产权是指人们在生产实践中基于智力劳动所产生的一种特殊权利，包括专利权和商标权，是知识产权的重要组成部分；著作权，也称版权，是作者依法对自己在文学、艺术、科学、工程技术等方面的作品所享有的权利。

由于当代科学技术的迅速发展，不断创造出高新技术的智力成果又给知识产权带来了一系列新的保护客体，因此使得知识产权的内容也在不断扩展。2021年1月1日生效的《中华人民共和国民法典》第一百二十三条规定，民事主体依法享有知识产权。知识产权是权利人依法就下列客体享有的专有权利：作品；发明、实用新型、外观设计；商标；地理标志；商业秘密；集成电路布图设计；植物新品种；法律规定的其他客体。

二、知识产权的特征

（一）专有性

知识产权的专有性，即知识产权的独占性、排他性、垄断性，是指知识产权的所有人对其权利，在规定的地域及有效期内，未经其许可，任何人不得利用此项权利。

（二）地域性

知识产权的地域性是指任何一个国家和地区所授予的知识产权，仅在那个国家和地区具有专有性，而在其他国家和地区不具有专有性，不受法律保护。但若该国与其他国家签有国际公约或双边互惠协定，则经一国法律所保护的某项权利在公约国或协定国也享有受保护的权利。

（三）时间性

知识产权的时间性是指知识产权的保护受到时间的限制，由于人的智力成果具有高度的公共性，与社会文化和产业的发展有密切关系，不宜为任何人长期独占,超过法律规定的保护期限就不再受到法律的保护。

目前,我国对知识产权保护的法律主要包括:《中华人民共和国专利法》(以下简称《专利法》)、《中华人民共和国商标法》(以下简称《商标法》)、《中华人民共和国著作权法》(以下简称《著作权法》)及相关条例等。作为创业者要树立知识产权保护的法律意识,要学法、懂法、知法、用法,充分利用法律武器保护自己的创新成果,与此同时也不得侵犯他人的创新成果。

三、保护知识产权的意义

(一) 知识产权保护是促进科学技术发展的动力源泉

实施好创新驱动发展战略要依靠知识产权保护,加强知识产权保护是促进科技创新的基础和保障。当前,人工智能技术日新月异,智能产业发展风起云涌。在知识产权的保护下,科学技术会愈发加快发展步伐,完成科技成果的产业化,实现科学技术成果的利益最大化,从而提高经济发展质量和人民生活水平。

(二) 知识产权保护是加强国际交流合作的保障

在改革开放的形势下,随着全球化贸易进程的不断加快,国家与国家之间的交往越来越频繁,在国际交往的过程中必然要涉及科技成果,除了保障科技成果的可行性之外,还必须将科技成果分享,专利权、实施权等知识产权问题充分考虑在内,通过知识产权对科技成果进行保护,能够实现国家利益最大化,促进国家之间的交流发展。帮助我国的企业充分利用知识产权带来的优势,积极地参与到国际市场的竞争中去,保障我国经济的高质量发展。

(三) 知识产权保护是顺应经济全球化趋势的需要

国外许多知名企业的知识产权保护意识非常强烈,它们充分利用知识产权带来的优势,将知识产权作为自己与其他国家企业进行经济贸易往来的一大秘密武器,不断对我国企业提出反倾销调查和知识产权调查,从而在一些科学技术方面做到垄断,严重制约着我国经济的发展,所以我国加强知识产权保护是顺应经济全球化趋势的需要。切实做好知识产权保护工作,才能在市场竞争中,掌握主动权,增强自己的竞争实力,争取最大优势并且保持优势。

(四) 知识产权保护是推动创新成果转化的催化剂

知识产权为智力成果完成人的权益提供法律依据,为智力成果的推广应用和传播提供法律机制,为智力成果转化为生产力提供法律保障。保护知识产权,有利于调动人们从事科技研究和文艺创作的积极性。知识产权保护制度致力于保护权利人在科技和文化领域的智力成果，只有对智力成果完成人的合法权利给予及时全面的保护，才能调动人们的创造主动性，促进社会资源的优化配置。为完善我国科技创新体系，党的二十大报告中特别强调，要"加强知识产权法治保障，形成支持全面创新的基础制度"。

任务二　专利权保护

一、专利权的概念

专利权简称专利，是发明创造人或其权利受让人对其所拥有的发明创造在一定期限和地域内依法享有的独占实施权。

知识链接

专利的由来

专利最早诞生于中世纪，那时欧洲有一些能工巧匠提出各种奇思妙想，但没钱批量生产和推广，只能做一两个样品。也有一些资本家，因缺少技术，不知道该投资什么项目。于是当地政府订立制度，发明家创造出的实用性物件，可以申请专利，谁想大批量生产，就掏钱购买专利。

1421 年，威尼斯政府为一种石料运输船颁发专利，这种船配有起重机，专利申请三年内，仿制者都要交钱，发明人赚得口袋满满。

1474 年，威尼斯议会通过法案，进一步规定了专利的标准和细节，颁布了世界上第一部专利法，后来欧洲各国纷纷制定类似法案。有了专利制度，发明人就可以更加集中精力推动技术继续向前。企业也可以放心大胆地做产品，不用担心诉讼缠身。

可以说，专利制度推动人类做出无数发明创造，深刻影响着人类历史进程。

根据我国《专利法》规定，我国专利分为发明专利、实用新型专利和外观设计专利三种，详见表 5-1。

任务提示

>> 本分项任务将引领同学们学习如何做好创新成果的专利权保护，防范因专利侵权而陷入被动局面。

任务先行

>> 通过前面的创新思维训练，同学们是否已经有了创新产品的设计思路？如果有了设计思路也计划进行研发和生产，你是否考虑过接下来该如何保护你的新产品不被其他人模仿和抄袭呢？通过本分项任务的学习，你定能找到答案。

表 5-1 我国三种专利权类型

类型	含义	举例
发明专利	发明是指对产品、方法或者其改进所提出的新的技术方案，包括产品发明和方法发明两大类。产品发明是指通过人们的智力活动创造出在工业上能够制造的新产品，如各种机器、设备、装置、用具、药品等；方法发明是指发明出对原料进行加工、制成各种产品的方法	智能手机
实用新型专利	实用新型是指对产品的形状、构造或者其结合所提出的适于实用的新的技术方案。实用新型又称小发明，它的保护范围较窄，只保护有一定形状或结构的新产品，不保护方法以及没有固定形状的物质。实用新型的技术方案更注重实用性，其技术水平较发明低	折叠式自行车
外观设计专利	外观设计是指对产品的整体或者局部的形状、图案或者其结合以及色彩与形状、图案的结合所做出的富有美感并适于工业应用的新设计	花瓶的外观

二、专利权的取得

（一）专利授予条件

通过上个任务的学习，我们可以判断出我们的创新成果可以申请哪类专利，接下来我们需要了解取得不同的专利权要满足哪些条件。

1. 授予专利权的发明和实用新型应具备的条件

《专利法》第二十二条规定：授予专利权的发明和实用新型，应当具备新颖性、创造性和实用性。

（1）新颖性。新颖性是指该发明或者实用新型不属于现有技术；也没有任何单位或者个人就同样的发明或者实用新型在申请日以前向国务院专利行政部门提出过申请，并记载在申请日以后公布的专利申请文件或者公告的专利文件中。

（2）创造性。创造性是指与现有技术相比，该发明具有突出的实质性特点和显著的进步。

（3）实用性。实用性是指该发明或者实用新型能够制造或者使用，并且能够产生积极效果。

《专利法》所称现有技术，是指申请日以前在国内外为公众所知的技术。

2. 授予专利权的外观设计应具备的条件

《专利法》第二十三条规定:授予专利权的外观设计,应当不属于现有设计;也没有任何单位或者个人就同样的外观设计在申请日以前向国务院专利行政部门提出过申请,并记载在申请日以后公告的专利文件中。

授予专利权的外观设计与现有设计或者现有设计特征的组合相比,应当具有明显区别。

授予专利权的外观设计不得与他人在申请日以前已经取得的合法权利相冲突。

3. 不授予专利权的情形

根据专利保护的特点,《专利法》规定不授予专利权的情形包括以下几种。

(1) 科学发现。

(2) 智力活动的规则和方法。

(3) 疾病的诊断和治疗方法。

(4) 动物和植物品种。

(5) 原子核变换方法以及用原子核变换方法获得的物质。

(6) 对平面印刷品的图案、色彩或者二者的结合做出的主要起标识作用的设计。

其中,"动物和植物品种"的生产方法,可以依照专利法规定授予专利权。

(二) 专利申请流程

依据《专利法》,发明专利申请的审批程序包括受理、初审、公布、实审以及授权五个阶段。实用新型或者外观设计专利申请在审批中不进行早期公布和实质审查,只有受理、初审和授权三个阶段。发明、实用新型和外观设计专利的申请、审查流程,如图 5–2 所示。

《专利法》第二十九条规定:申请人自发明或者实用新型在外国第一次提出专利申请之日起十二个月内,或者自外观设计在外国第一次提出专利申请之日起六个月内,又在中国就相同主题提出专利申请的,依照该外国同中国签订的协议或者共同参加的国际条约,或者依照相互承认优先权的原则,可以享有优先权。

《专利法》第四十一条规定:专利申请人对国务院专利行政部门驳回申请的决定不服的,可以自收到通知之日起三个月内向国务院专利行政部门请求复审。国务院专利行政部门复审后,作出决定,并通知专利申请人。

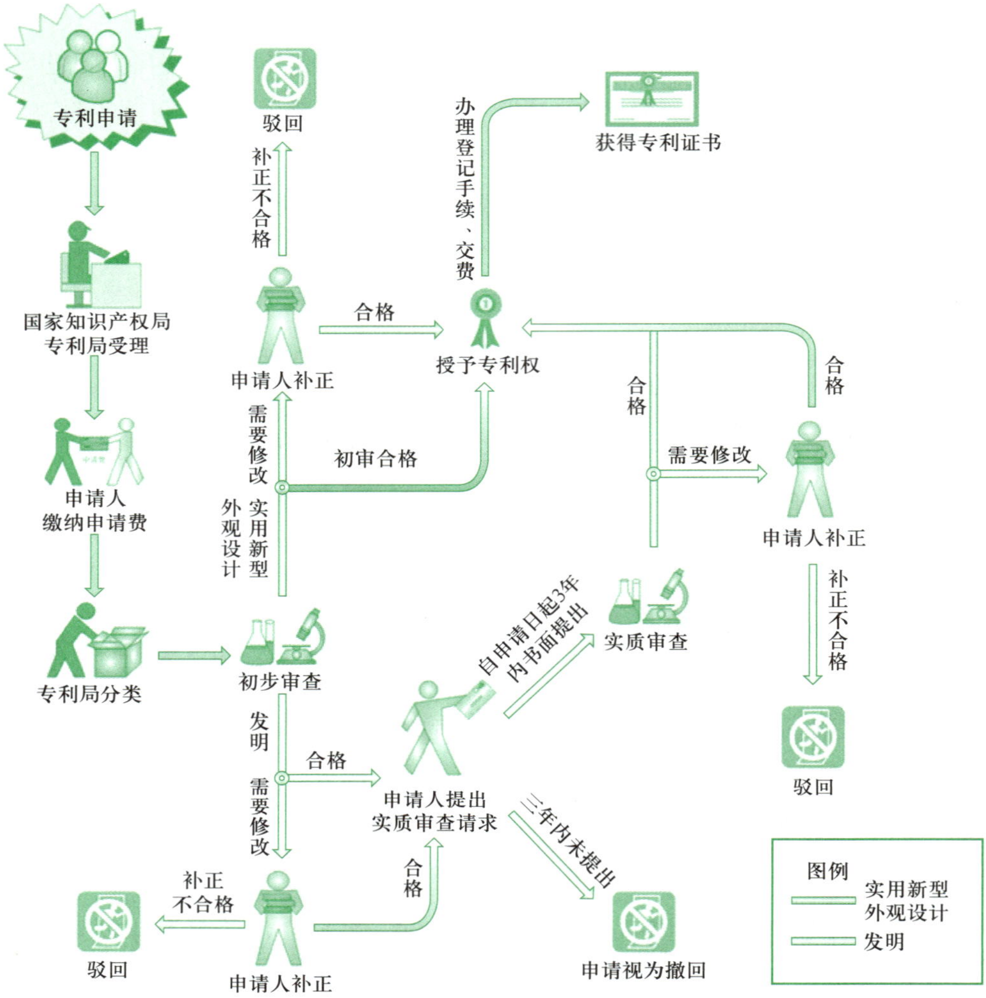

图 5-2　专利申请审批流程

专利申请人对国务院专利行政部门的复审决定不服的,可以自收到通知之日起三个月内向人民法院起诉。

三、专利权的法律保护

(一)专利权的保护期限

《专利法》第四十二条规定:发明专利权的期限为二十年,实用新型专利权的期限为十年,外观设计专利权的期限为十五年,均自申请日起计算。

虽然《专利法》规定的专利权期限是自申请日起计算,但这只是专利权保护期的计算起点,根据《专利法》第三十九条和第四十条的规定,发明专利权、实用

小试身手:
专利解读

94

新型专利权和外观设计专利权均"自公告之日起生效"。

此外,《专利法》第四十四条规定:有下列情形之一的,专利权在期限届满前终止。

(1) 没有按照规定缴纳年费的。

(2) 专利权人以书面声明放弃其专利权的。

(二) 专利侵权行为的类型

专利侵权行为是指在专利权有效期限内,行为人未经专利权人许可又无法律依据,以营利为目的实施他人专利的行为。具体来说主要包括以下内容。

(1) 制造发明、实用新型、外观设计专利产品的行为。

(2) 使用发明、实用新型专利产品的行为。

(3) 许诺销售发明、实用新型专利产品的行为。

(4) 销售发明、实用新型、外观设计专利产品的行为。

(5) 进口发明、实用新型、外观设计专利产品的行为。

(6) 使用专利方法及使用、许诺销售、销售、进口依照该专利方法直接获得的产品的行为。

(7) 假冒他人专利的行为。

为生产经营目的使用或者销售不知道是未经专利权人许可而制造并售出的专利产品或者依照专利方法直接获得的产品,能证明其产品合法来源的,仍然属于侵犯专利权的行为,需要停止侵害但不承担赔偿责任。

对于专利侵权行为,专利权人可请求专利管理机关进行处理,也可直接向法院起诉,要求侵权人停止侵权行为,并赔偿损失。

品文酌理:
塞那 S6S 侵犯华 为 FreeClip 耳 夹 耳 机 专利案

(三) 专利侵权的赔偿数额

我国《专利法》于 2020 年 10 月 17 日第十三届全国人民代表大会常务委员会第二十二次会议进行了第四次修正,2021 年 6 月 1 日正式实施,本次修正提高了专利侵权的赔偿责任。

《专利法》第七十四条规定:侵犯专利权的诉讼时效为三年,自专利权人或者利害关系人知道或者应当知道侵权行为以及侵权人之日起计算。

发明专利申请公布后至专利权授予前使用该发明未支付适当使用费的,专利权人要求支付使用费的诉讼时效为三年,自专利权人知道或者应当知道他人使用其发明之日起计算,但是,专利权人于专利权授予之日前即已知道或者应当知道的,自专利权授予之日起计算。

《专利法》第六十八条规定:假冒专利的,除依法承担民事责任外,由负责专利执法的部门责令改正并予公告,没收违法所得,可以处违法所得五倍以下的罚款;没有违法所得或者违法所得在五万元以下的,可以处二十五万元以下的罚款;构成犯罪的,依法追究刑事责任。

《专利法》第七十一条规定:侵犯专利权的赔偿数额按照权利人因被侵权所受到的实际损失或者侵权人因侵权所获得的利益确定;权利人的损失或者侵权人获得的利益难以确定的,参照该专利许可使用费的倍数合理确定。对故意侵犯专利权,情节严重的,可以在按照上述方法确定数额的一倍以上五倍以下确定赔偿数额。

权利人的损失、侵权人获得的利益和专利许可使用费均难以确定的,人民法院可以根据专利权的类型、侵权行为的性质和情节等因素,确定给予三万元以上五百万元以下的赔偿。

赔偿数额还应当包括权利人为制止侵权行为所支付的合理开支。

(四)专利权的限制

根据《专利法》第七十五条规定,以下情形不视为侵犯专利权。

(1)专利产品或者依照专利方法直接获得的产品,由专利权人或者经其许可的单位、个人售出后,使用、许诺销售、销售、进口该产品的。

(2)在专利申请日前已经制造相同产品、使用相同方法或者已经做好制造、使用的必要准备,并且仅在原有范围内继续制造、使用的。

(3)临时通过中国领陆、领水、领空的外国运输工具,依照其所属国同中国签订的协议或者共同参加的国际条约,或者依照互惠原则,为运输工具自身需要而在其装置和设备中使用有关专利的。

(4)专为科学研究和实验而使用有关专利的。

(5)为提供行政审批所需要的信息,制造、使用、进口专利药品或者专利医疗器械的,以及专门为其制造、进口专利药品或者专利医疗器械的。

任务三　商标权保护

一、商标权的概念

商标是区别商品和服务不同来源的标志,由文字、图形、字母、数字、三维标志、颜色组合、声音或者上述要素的组合构成。

根据我国《商标法》规定,经商标局(全称国家知识产权局商标局)核准注册的商标为注册商标,包括商品商标、服务商标和集体商标、证明商标(表5-2);商标

任务提示
>> 商标往往代表着一个企业的品牌形象,本分项任务将引领同学们学习如何就创新成果做好商标权的保护。

注册人享有商标专用权,受法律保护。

任务先行

>> 通过前面专利权相关知识的学习,相信同学们已经对如何保护专利权有了更深层次的理解,那么我们又该如何保护商标权呢?本分项任务将为你揭晓答案。

表 5-2　我国《商标法》中注册商标的分类

商标的种类	含义	举例
商品商标	商品生产者在自己生产或经营的商品上使用的标志	高等教育出版社 HIGHER EDUCATION PRESS
服务商标	提供服务的经营者为将自己提供的服务与他人提供的服务相区别而使用的标志	AIR CHINA 中国国际航空公司
集体商标	以团体、协会或者其他组织名义注册,供该组织成员在商事活动中使用,以表明使用者在该组织中的成员资格的标志	CATA
证明商标	由对某种商品或者服务具有监督能力的组织所控制,而由该组织以外的单位或者个人使用于其商品或者服务,用以证明该商品或者服务的原产地、原料、制造方法、质量或者其他特定品质的标志	绿色食品 ®

知识链接

为何企业名称和商标名称不一致?

相信大多数人都会有一个疑问——为什么企业名称和商标名称不一致呢?这是因为,商标分为商品商标和服务商标,商品商标用于区别不同商品的来源,服务商标仅区别不同的服务出处;而企业名称则可以识别不同企业的经营,包括服务和商品。一个企业往往基于不同的业务和市场定位,会拥有多个服务或商品的商标,但企业名称出于便于识别和管理等因素考虑,一般只有一个。此外,企业的战略布局、品牌定位等因素也会促使企业让名称与商标有所区分,以适应不同的发展需求。

企业名称核准和商标注册是两套系统

企业名称由省级市场监督管理局进行核准,一般以"行政区划＋企业字号＋企业类型"形式组成。由于企业名称一般由各省市场监督管理局管理,又有"行政区划"的前置区分,所以"跨省重名"是合法的,这与"注册商标全国范围内的排他性"有别。

这就造成同名企业争夺"同一商标文字"的情况，所以后来者即使企业名称被核准，但商标依然无法注册。

企业名称核准比商标注册时间要短

想要注册商标，一般都先注册公司，也就是说，企业名称核准永远在商标注册之前，商标注册需要一年多时间，所以注册完公司后，很可能，你心仪的商标早已经被别人"抢注"了，这也是企业名称和商标注册不一致的重要客观因素。

客观上来说，商标注册成功率比企业名称核准通过率要低很多。

企业名称和商标名不一致影响大不大？

商标的使用是很灵活的，即使和企业字号不一致也关系不大。而且随着企业越来越多，同类产品竞争激烈，消费者反而更容易将注意力集中到产品上，而不再关心生产者是谁；人们更多地去记忆商标，而不是关注生产商。

比如让我们订餐更加方便快捷的餐饮平台"饿了么"，商标隶属于上海拉扎斯信息科技有限公司。大部分消费者或许对这个企业名称都非常陌生。

而且，多商标策略也是企业惯用的品牌策略之一。通过商标不同，对产品进行划分，让消费者更容易根据自身需求购买。比如，"金红叶纸业"除了"清风"牌这一通用纸品，还有高档的"唯洁雅"牌和更实惠的"真真"牌。

所以，不必纠结企业字号和注册商标不一致，因为在实际使用中，消费者对这两者的一致性并不敏感。只要将商标好好推广，产品一样大卖。

并不是每个企业名称都适合作为商标，曾经就有一篇文章，介绍一家特别的公司，他们的商标一共有38个字，就是公司的全称。其实这并非一个好的选择，毕竟企业名称其实不具备很强的代表性，用来当作商标，反而不容易被人记住。

商标取名不仅要能够代表企业，同时又要有自己的闪光点，要能够被人记住，易传播，更要符合法律的规范，否则就会被驳回。

商标权是指商标所有人依法对其所使用的商标享有的专有权利，包括排他使用权、收益权、处分权、续展权和禁止他人侵害的权利。在我国获得商标权必须履行商标注册程序。

二、商标权的取得

（一）商标申请的原则

1. 自愿注册与强制注册相结合原则

自愿注册原则是指商标使用人是否申请商标注册取决于自己的意愿。在自愿注册原则下，商标注册人对其注册商标享有专用权，受法律保护。未经注册的商标，可以在生产服务中使用，但其使用人不享有专用权，无权禁止他人在同种或类似商品上使用与其商标相同或近似的商标，但驰名商标除外。

作为对自愿注册原则的补充，目前必须使用注册商标的商品为烟草制品，卷烟、雪茄烟和有包装的烟丝必须申请商标注册，未经核准注册的，不得生产、销售。禁止生产、销售假冒他人注册商标的烟草制品。

2. 申请在先原则

申请在先原则是指两个或者两个以上的商标注册申请人，在同一种商品或者类似商品上，以相同或者近似的商标申请注册的，初步审定并公告申请在先的商标；同一天申请的，初步审定并公告使用在先的商标，驳回其他人的申请，不予公告。

我国《商标法》在坚持申请在先原则的同时，还强调使用在先的正当性，防止不正当的抢注行为。商标法规定申请商标注册不得损害他人现有的在先权利，也不得以不正当手段抢先注册他人已经使用并有一定影响的商标。

3. 优先权原则

商标注册申请人自其商标在外国第一次提出商标注册申请之日起六个月内，又在中国就相同商品以同一商标提出商标注册申请的，依照该外国同中国签订的协议或者共同参加的国际条约，或者按照相互承认优先权的原则，可以享有优先权。行使该优先权应当在提出商标注册申请的时候提出书面声明，并且在三个月内提交第一次提出的商标注册申请文件的副本；未提出书面声明或者逾期未提交商标注册申请文件副本的，视为未要求优先权。

商标在中国政府主办的或者承认的国际展览会展出的商品上首次使用的，自该商品展出之日起六个月内，该商标的注册申请人可以享有优先权。行使该优先权应当在提出商标注册申请的时候提出书面声明，并且在三个月内提交展出其商品的展览会名称、在展出商品上使用该商标的证据、展出日期等证明文件；未提出书面声明或者逾期未提交证明文件的，视为未要求优先权。

（二）商标注册的流程

我国商标注册的流程，如图 5-3 所示。

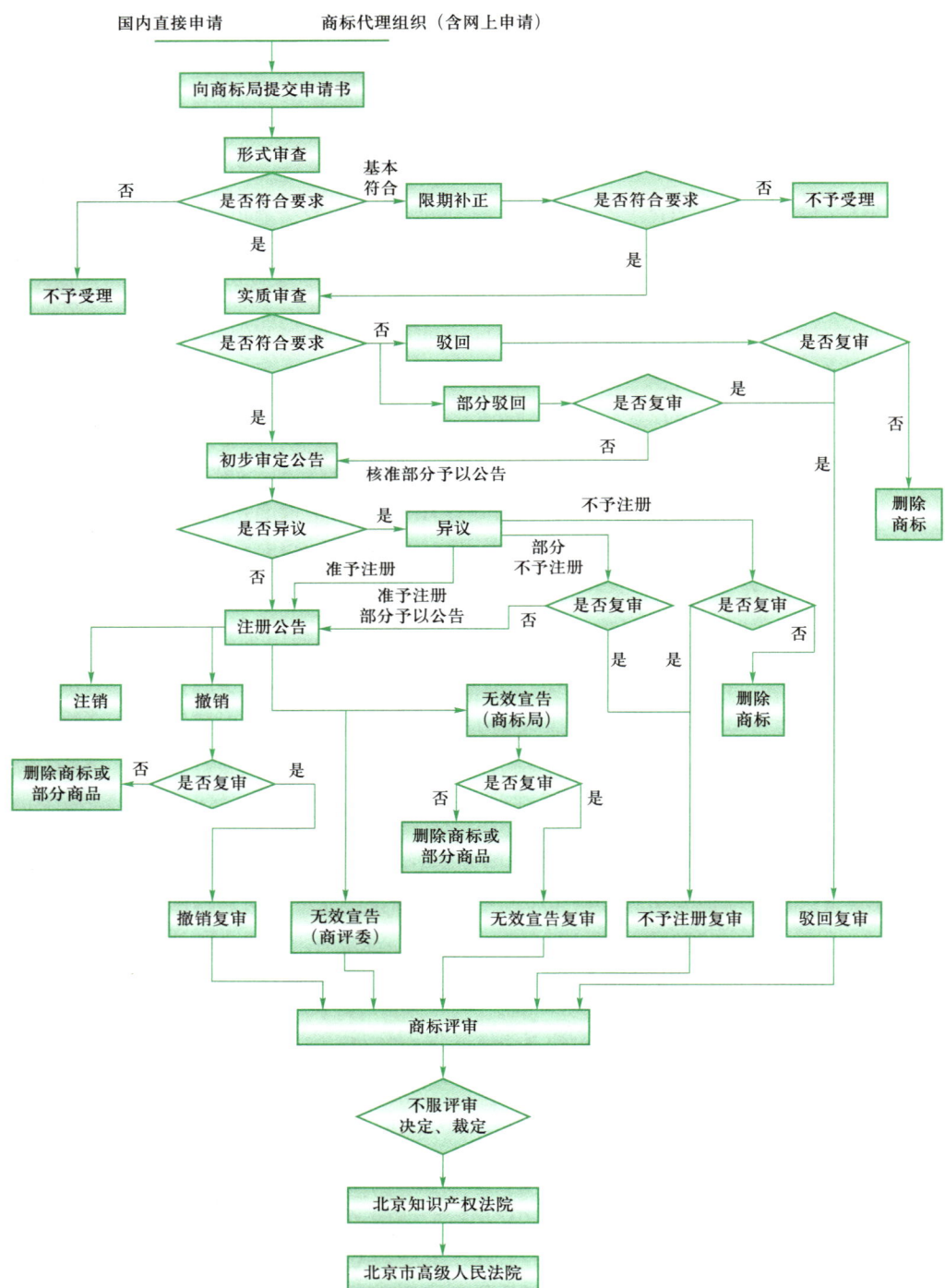

图 5-3　我国商标注册流程

三、商标权的法律保护

（一）禁止作为商标使用和注册的标志

申请注册的商标，应当有显著特征，便于识别，并不得与他人在先取得的合法权利相冲突。

根据《商标法》第十条规定，下列标志不得作为商标使用。

（1）同中华人民共和国的国家名称、国旗、国徽、国歌、军旗、军徽、军歌、勋章等相同或者近似的，以及同中央国家机关的名称、标志、所在地特定地点的名称或者标志性建筑物的名称、图形相同的。

（2）同外国的国家名称、国旗、国徽、军旗等相同或者近似的，但经该国政府同意的除外。

（3）同政府间国际组织的名称、旗帜、徽记等相同或者近似的，但经该组织同意或者不易误导公众的除外。

（4）与表明实施控制、予以保证的官方标志、检验印记相同或者近似的，但经授权的除外。

（5）同"红十字""红新月"的名称、标志相同或者近似的。

（6）带有民族歧视性的。

（7）带有欺骗性，容易使公众对商品的质量等特点或者产地产生误认的。

（8）有害于社会主义道德风尚或者有其他不良影响的。

县级以上行政区划的地名或者公众知晓的外国地名，不得作为商标。但是，地名具有其他含义或者作为集体商标、证明商标组成部分的除外；已经注册的使用地名的商标继续有效。

根据《商标法》第十一条规定，下列标志不得作为商标注册。

（1）仅有本商品的通用名称、图形、型号的。

（2）仅直接表示商品的质量、主要原料、功能、用途、重量、数量及其他特点的。

（3）其他缺乏显著特征的。

前款所列标志经过使用取得显著特征，并便于识别的，可以作为商标注册。

此外，《商标法》第十二条规定：以三维标志申请注册商标的，仅由商品自身的性质产生的形状、为获得技术效果而需有的商品形状或者使商品具有实质性价值的形状，不得注册。

云端映像：
保护商标权

品文酌理：
商标注册如何
判定是否具有
显著性？

(二)商标权的续展

《商标法》第三十九条规定:注册商标的有效期为十年,自核准注册之日起计算。

《商标法》第四十条规定:注册商标有效期满,需要继续使用的,商标注册人应当在期满前十二个月内按照规定办理续展手续;在此期间未能办理的,可以给予六个月的宽展期。每次续展注册的有效期为十年,自该商标上一届有效期满次日起计算。期满未办理续展手续的,注销其注册商标。

商标局应当对续展注册的商标予以公告。

(三)商标权的转让

《商标法》第四十二条规定:转让注册商标的,转让人和受让人应当签订转让协议,并共同向商标局提出申请。受让人应当保证使用该注册商标的商品质量。

转让注册商标的,商标注册人对其在同一种商品上注册的近似的商标,或者在类似商品上注册的相同或者近似的商标,应当一并转让。

对容易导致混淆或者有其他不良影响的转让,商标局不予核准,书面通知申请人并说明理由。

转让注册商标经核准后,予以公告。受让人自公告之日起享有商标专用权。

(四)商标权的使用许可

《商标法》第四十三条规定:商标注册人可以通过签订商标使用许可合同,许可他人使用其注册商标。许可人应当监督被许可人使用其注册商标的商品质量。被许可人应当保证使用该注册商标的商品质量。

经许可使用他人注册商标的,必须在使用该注册商标的商品上标明被许可人的名称和商品产地。

许可他人使用其注册商标的,许可人应当将其商标使用许可报商标局备案,由商标局公告。商标使用许可未经备案不得对抗善意第三人。

(五)商标侵权行为的类型

根据《商标法》第五十七条规定,有下列行为之一的,均属侵犯注册商标专用权。

(1)未经商标注册人的许可,在同一种商品上使用与其注册商标相同的商标的。

(2)未经商标注册人的许可,在同一种商品上使用与其注册商标近似的商标,或者在类似商品上使用与其注册商标相同或者近似的商标,容易导致混淆的。

（3）销售侵犯注册商标专用权的商品的。

（4）伪造、擅自制造他人注册商标标识或者销售伪造、擅自制造的注册商标标识的。

（5）未经商标注册人同意，更换其注册商标并将该更换商标的商品又投入市场的。

（6）故意为侵犯他人商标专用权行为提供便利条件，帮助他人实施侵犯商标专用权行为的。

（7）给他人的注册商标专用权造成其他损害的。

另外，《商标法》第五十八条规定：将他人注册商标、未注册的驰名商标作为企业名称中的字号使用，误导公众，构成不正当竞争行为的，依照《中华人民共和国反不正当竞争法》处理。

值得注意的是：根据《商标法》第五十九条规定，商标注册人申请商标注册前，他人已经在同一种商品或者类似商品上先于商标注册人使用与注册商标相同或者近似并有一定影响的商标的，注册商标专用权人无权禁止该使用人在原使用范围内继续使用该商标，但可以要求其附加适当区别标识。

应用案例

今日油条是否侵权今日头条？

早在 2020 年，今日油条公司（全称河南今日油条餐饮管理有限公司）开设的"今日油条"早餐店蹿红网络，引起了"今日头条"所属的抖音的起诉。

抖音是"今日头条""头条"等四个注册商标的商标权人。抖音起诉称，上述四个注册商标在被诉侵权行为发生之前已被相关公众广为知晓，请求法院认定为驰名商标。今日油条公司等开设早餐店售卖油条、豆浆等食品，在餐馆招牌、菜单、食品包装、店铺装潢、员工服装、微信公众号、网站、招商加盟广告及展览会等多处大量使用"油条""今日油条"等标识，侵害了其商标权并构成不正当竞争，请求法院判令今日油条公司等停止侵权，赔偿经济损失及诉讼合理支出共 200 万元。

2023 年 4 月，"今日油条"侵害商标权及不正当竞争纠纷案一审判决已出。广州知识产权法院经审理认为，被诉标识与涉案注册商标在文字、含义、颜色等构成要素上不构成相同或相似，相关公众施以一般注意力易于区分，现有证据未能证实今日油条公司等具有混淆故意或已造成公众实际混淆，故今日油条公司等不构成普通商标侵权。一审宣判后，抖音公司不服判决已提起上诉。本案还在二审审理当中。

启悟: 商标侵权判定的核心在于是否会导致相关公众对商品或服务的来源产生混淆。

任务提示

>> 企业在生产经营过程中,软件开发、产品设计等都属于著作权(版权)的范畴,本分项任务将引领同学们学习如何就创新成果做好著作权的保护。

任务先行

>> 通过前面任务的学习,同学们已经认识到专利和商标保护的重要性,而版权资产作为版权密集型企业的核心竞争力,加强版权保护就是维护这些企业合法权益的生命线和保障线。本分项任务将带领同学们学习如何保护创新成果的著作权(版权)。

任务四　著作权保护

一、著作权的概念

著作权又称版权,是指文学、艺术和科学作品的作者对其作品所享有的权利。著作权,包括著作人身权和财产权两部分。

(一) 著作人身权

著作人身权是指作者对其作品依法享有的获得名誉、声望和维护作品完整性的权利。该权利由作者终身享有,不可转让、剥夺和限制。作者死亡后,一般由其继承人或者法定机构予以保护。根据我国《著作权法》规定,著作人身权包括以下内容。

(1) 发表权,即决定作品是否公布于众的权利。

(2) 署名权,即表明作者身份,在作品上署名的权利。

(3) 修改权,即修改或者授权他人修改作品的权利。

(4) 保护作品完整权,即保护作品不受歪曲、篡改的权利。

(二) 著作财产权

著作财产权是指著作权人自己使用或者授权他人以一定方式使用作品而获取经济报酬的权利,根据我国《著作权法》规定,著作财产权具体包括:复制权、发行权、出租权、展览权、表演权、放映权、广播权、信息网络传播权、摄制权、改编权、翻译权、汇编权、应当由著作权人享有的其他权利等。

著作权人可以许可他人行使也可以全部或者部分转让上述权利,并依照约定或者著作权法有关规定获得报酬。

二、著作权的取得

著作权自作品创作完成之日起产生,即版权的获得与商标、专利不同,依法自动产生,无须办理任何登记和注册手续。《著作权法》第二条规定:中国公民、法人或者非法人组织的作品,不论是否发表,依照本法享有著作权。

需要注意的是:虽然著作权自作品完成后就自动产生,但为了避免版权纠纷,保护个人和企业的智力成果,进行版权登记获得著作权证书也是非常必要的。

三、著作权的法律保护

(一)著作权的保护对象

根据《著作权法》第三条规定,《著作权法》所称的作品,是指文学、艺术和科学领域内具有独创性并能以一定形式表现的智力成果,包括:文字作品;口述作品;音乐、戏剧、曲艺、舞蹈、杂技艺术作品;美术、建筑作品;摄影作品;视听作品;工程设计图、产品设计图、地图、示意图等图形作品和模型作品;计算机软件;符合作品特征的其他智力成果。

(二)著作权的归属

根据《著作权法》规定,著作权的归属及其内容,如表5-3所示。

表5-3 著作权的归属

著作权归属	情形	著作权的使用
作者	作者自行创作完成	由作者本人使用
作者	自然人为完成法人或者非法人组织工作任务所创作的作品	这类作品属于职务作品,法人或者非法人组织有权在其业务范围内优先使用。作品完成两年内,未经单位同意,作者不得许可第三人以与单位使用的相同方式使用该作品
作者、法人或者非法人组织	主要是利用法人或者非法人组织的物质技术条件创作,并由法人或者非法人组织承担责任的工程设计图、产品设计图、地图、示意图、计算机软件等职务作品 报社、期刊社、通讯社、广播电台、电视台的工作人员创作的职务作品 法律、行政法规规定或者合同约定著作权由法人或者非法人组织享有的职务作品	作者享有署名权,著作权的其他权利由法人或者非法人组织使用

(三)著作权的保护期限

根据《著作权法》第二十二条规定,作者的署名权、修改权、保护作品完整权的保护期不受限制。

根据《著作权法》第二十三条规定,自然人的作品,其发表权、著作财产权的保护期为作者终生及其死亡后五十年,截止于作者死亡后第五十年的 12 月 31 日;如果是合作作品,截止于最后死亡的作者死亡后第五十年的 12 月 31 日。

法人或者非法人组织的作品、著作权(署名权除外)由法人或者非法人组织享有的职务作品,其发表权的保护期为五十年,截止于作品创作完成后第五十年的 12 月 31 日;著作财产权的保护期为五十年,截止于作品首次发表后第五十年的 12 月 31 日,但作品自创作完成后五十年内未发表的,本法不再保护。

视听作品,其发表权的保护期为五十年,截止于作品创作完成后第五十年的 12 月 31 日;著作财产权的保护期为五十年,截止于作品首次发表后第五十年的 12 月 31 日,但作品自创作完成后五十年内未发表的,本法不再保护。

(四) 著作权的保护范围

根据《著作权法》第五十一条规定,未经权利人许可,不得进行下列行为。

(1) 故意删除或者改变作品、版式设计、表演、录音录像制品或者广播、电视上的权利管理信息,但由于技术上的原因无法避免的除外。

(2) 知道或者应当知道作品、版式设计、表演、录音录像制品或者广播、电视上的权利管理信息未经许可被删除或者改变,仍然向公众提供。

根据《著作权法》第五十二条规定,有下列侵权行为的,应当根据情况,承担停止侵害、消除影响、赔礼道歉、赔偿损失等民事责任。

(1) 未经著作权人许可,发表其作品的。

(2) 未经合作作者许可,将与他人合作创作的作品当作自己单独创作的作品发表的。

(3) 没有参加创作,为谋取个人名利,在他人作品上署名的。

(4) 歪曲、篡改他人作品的。

(5) 剽窃他人作品的。

(6) 未经著作权人许可,以展览、摄制视听作品的方法使用作品,或者以改编、翻译、注释等方式使用作品的,本法另有规定的除外。

(7) 使用他人作品,应当支付报酬而未支付的。

(8) 未经视听作品、计算机软件、录音录像制品的著作权人、表演者或者录音录像制作者许可,出租其作品或者录音录像制品的原件或者复制件的,本法另有规定的除外。

(9) 未经出版者许可,使用其出版的图书、期刊的版式设计的。

（10）未经表演者许可，从现场直播或者公开传送其现场表演，或者录制其表演的。

（11）其他侵犯著作权以及与著作权有关的权利的行为。

根据《著作权法》第五十三条规定，有下列侵权行为的，应当根据情况，承担根据《著作权法》第五十二条规定的民事责任；侵权行为同时损害公共利益的，由主管著作权的部门责令停止侵权行为，予以警告，没收违法所得，没收、无害化销毁处理侵权复制品以及主要用于制作侵权复制品的材料、工具、设备等，违法经营额五万元以上的，可以并处违法经营额一倍以上五倍以下的罚款；没有违法经营额、违法经营额难以计算或者不足五万元的，可以并处二十五万元以下的罚款；构成犯罪的，依法追究刑事责任。

（1）未经著作权人许可，复制、发行、表演、放映、广播、汇编、通过信息网络向公众传播其作品的，本法另有规定的除外。

（2）出版他人享有专有出版权的图书的。

（3）未经表演者许可，复制、发行录有其表演的录音录像制品，或者通过信息网络向公众传播其表演的，本法另有规定的除外。

（4）未经录音录像制作者许可，复制、发行、通过信息网络向公众传播其制作的录音录像制品的，本法另有规定的除外。

（5）未经许可，播放、复制或者通过信息网络向公众传播广播、电视的，本法另有规定的除外。

（6）未经著作权人或者与著作权有关的权利人许可，故意避开或者破坏技术措施的，故意制造、进口或者向他人提供主要用于避开、破坏技术措施的装置或者部件的，或者故意为他人避开或者破坏技术措施提供技术服务的，法律、行政法规另有规定的除外。

（7）未经著作权人或者与著作权有关的权利人许可，故意删除或者改变作品、版式设计、表演、录音录像制品或者广播、电视上的权利管理信息的，知道或者应当知道作品、版式设计、表演、录音录像制品或者广播、电视上的权利管理信息未经许可被删除或者改变，仍然向公众提供的，法律、行政法规另有规定的除外。

（8）制作、出售假冒他人署名的作品的。

（五）著作权的限制

根据《著作权法》第二十四条规定，在下列情况下使用作品，可以不经著作权人许可，不向其支付报酬，但应当指明作者姓名或者名称、作品名称，并且不得影响该作品的正常使用，也不得不合理地损害著作权人的合法权益。

（1）为个人学习、研究或者欣赏，使用他人已经发表的作品。

（2）为介绍、评论某一作品或者说明某一问题，在作品中适当引用他人已经发表的作品。

（3）为报道新闻，在报纸、期刊、广播电台、电视台等媒体中不可避免地再现或者引用已经发表的作品。

（4）报纸、期刊、广播电台、电视台等媒体刊登或者播放其他报纸、期刊、广播电台、电视台等媒体已经发表的关于政治、经济、宗教问题的时事性文章，但著作权人声明不许刊登、播放的除外。

（5）报纸、期刊、广播电台、电视台等媒体刊登或者播放在公众集会上发表的讲话，但作者声明不许刊登、播放的除外。

（6）为学校课堂教学或者科学研究，翻译、改编、汇编、播放或者少量复制已经发表的作品，供教学或者科研人员使用，但不得出版发行。

（7）国家机关为执行公务在合理范围内使用已经发表的作品。

（8）图书馆、档案馆、纪念馆、博物馆、美术馆、文化馆等为陈列或者保存版本的需要，复制本馆收藏的作品。

（9）免费表演已经发表的作品，该表演未向公众收取费用，也未向表演者支付报酬且不以营利为目的。

（10）对设置或者陈列在公共场所的艺术作品进行临摹、绘画、摄影、录像。

（11）将中国公民、法人或者非法人组织已经发表的以国家通用语言文字创作的作品翻译成少数民族语言文字作品在国内出版发行。

（12）以阅读障碍者能够感知的无障碍方式向其提供已经发表的作品。

（13）法律、行政法规规定的其他情形。

应用案例

原创手绘被 AI "一键出图" 算侵权吗？

原创手绘一张图要花上三四天，却被 AI 分分钟"抄走"。2024 年 6 月，有绘画博主发视频称，在社交平台上，有其他人发布的 AI 创作作品与自己的原创手绘作品高度相似，"AI 侵权"，事实究竟如何？ 用 AI 辅助工作，又是否随时会面临侵权风险？

随手打开网络平台，各种 AI 生成作品随处可见。但假如 AI 生成的作品与原创作者的作品高度相似，算不算"抄袭"？ 对原创者而言，他们又是如何看待 AI

创作的？有记者联系上了称作品被 AI "抄袭"的原创手绘博主。其告诉记者，他本人是一名自由插画师，所有的作品都是原创手绘。谈及发现被 AI "抄袭"的过程，该博主说，他对发布在社交平台上的作品，有看网友留言的习惯。当时也是在无意间浏览到了一张图跟自己的作品"很像"，点进去细看，竟然发现"一套图都跟我的作品基本一样"，"就是拿我的图用 AI 改一下画风，大概有四五个博主都跟我的作品一样"。

AI 生成的内容与原创作品高度相似到底是否属于抄袭？对于原创作者来说，是否可以通过法律手段维权？

"AI 毕竟是个新生事物，目前，我们国家在这一块的法律还比较模糊，界定不太清晰。"该博主告诉记者，尽管他有合作的律师团队，但因为对方都是个人形式发表，不涉及商用，并不好维权。沟通之后对方删了，便没追究。"维权还是比较麻烦的，因此大家也都'睁一只眼，闭一只眼'。"

"AI 侵权"还是 AI 使用者"侵权"？从业人员有话说："AI 只是个工具，实际上生成什么样的作品还是人在控制。"作为较早接触 AI 的使用者，剪辑师程先生根据自己的经验向记者解释，AI 通过学习大量的数据来生成内容，当人们选择的数据越广泛，AI 生成的内容就越丰富，这在一定程度上避免了跟某个作品过于相似，也相当于避免"侵权"。

启悟：判断某一创作行为是否侵犯他人著作权，需精准审视其是否严格遵循合法合规流程，以及数据使用是否合理正当。鉴于此，著作权保护工作迫切需要与时俱进，持续完善法律界定细则，在鼓励创新与保障权益间寻求精准平衡，全力以赴营造并维护健康有序的创作生态环境。

▶ 润心好文

乐拼拼不过乐高

2021 年 4 月，广东省高级人民法院对"乐高"诉"乐拼"系列标识商标侵权及不正当竞争案作出终审判决，认定"乐拼"生产厂商广东美致智教科技股份有限公司、广东美致智教科技股份有限公司第二分公司、汕头市智乐拼玩具有限公司等构成商标侵权及不正当竞争，且程度恶劣，判令其立即停止侵权，赔偿乐高博士有限公司经济损失及为制止侵权行为所支付的合理开支共 3 000 万元。

此前，广州知识产权法院一审查明，2015 年起，美致公司法定代表人李某某等人复制乐高玩具，生产出大量含有"乐拼"中文及英文字样系列标识的玩具产品，其中多款标识侵犯了"乐高"商标标识，构成商标侵权；一个商标名称与乐高公司有一定影响力的商品名称相似，构成不正当竞争，遂判决美致公司等三被告赔偿乐高公司经济损失及为制止侵权行为所支付的合理开支共 300 万元。

判决后，双方均对赔偿金额有异议，向广东高院提起上诉。

广东高院二审查明，"乐高"系列商标经长期使用与宣传，在玩具市场上具有极高知名度，早已成为相关公众用于识别乐高商品的主要标识。美致公司规模使用"乐拼"标识，在颜色组合、表现形式、整体视觉效果等方面均与"乐高"极为相似，极易导致公众混淆，从而削弱"乐高"系列商标的显著性，对其市场声誉造成毁贬。美致公司复制乐高玩具持续四年之久，侵害乐高公司 8 个注册商标和 1 个具有一定影响的商业名称。该公司负责人李某某指使他人注册系列侵权商标，组织工厂进行生产，通过在美致二分公司经营场所、广州国际玩具及模型展览会、代理商经营场所等实地陈列和大量销售，还通过邮件、公司网站、微信公众号，以及发展代理商等多个渠道进行宣传、销售。根据相关刑事裁定书认定，仅 2017 年 9 月 11 日至 2019 年 4 月 23 日，美致公司生产销售侵权产品的非法经营额已达到 3.3 亿元，另依据浙江淘宝网络公司提供的"乐拼"商品销售数据，可合理推定侵权产品的销售金额超过 5 亿元。经参考相关行业利润率合理估算，所涉侵权产品的整体获利应远超 1.6 亿元。

据此，广东高院认为，美致公司侵权持续时间长、规模大、获利多，且极富设计性和组织性，攀附和模仿乐高公司的恶意明显，属严重侵权行为，应从重判赔，遂对乐高公司提出的赔偿主张予以全额支持，改判"乐拼"赔偿"乐高"相关经济损失 3 000 万元。

从这个案例我们可以看出，中国本土企业一定要有创新精神，要致力于打造民族品牌，研发具有自主知识产权的产品，抄袭和模仿他人的产品只会让企业陷入被动挨打的局面。我国对本土企业有损国家形象的侵权行为决不姑息。

▶ 深思勤践

一、案例分析

"哇哈哈"的魔法泥侵权案

2024 年 7 月 4 日,马鞍山市市场监督管理局对某文具用品商店经营场所开展执法检查,发现该店正在销售名为"哇哈哈"的魔法泥商品。经查,娃哈哈商标注册人是杭州娃哈哈集团有限公司,商标注册证号为第 62158139 号,1999 年 1 月 5日,国家工商行政管理总局商标局(现国家知识产权局商标局)认定娃哈哈为驰名商标。涉案魔法泥盖面突出印制"哇哈哈"字样起到了识别商品来源的作用构成商标法意义上的商标使用。

哇哈哈魔法泥商标显著识别部分与娃哈哈文字读音近似且字形整体外观近似,当事人未能提供供货商名称、经营地址、联系方式等准确信息,且涉案魔法泥易使相关公众误认为其是杭州娃哈哈集团有限公司生产的,市场监督管理局认定两者为近似商标。杭州娃哈哈集团有限公司出具了《回复函》,认定涉案魔法泥非其公司生产或授权生产的商品。

分析与思考

(1) 该文具用品商店是否构成商标侵权?

(2) 经营者该如何避免陷入商标侵权纠纷?

二、模拟实践

麦田蜜语蛋糕坊的商标设计

实训目的

(1) 认识到商标对企业生存及发展的重要性,培养学生的商标保护意识。

(2) 了解商标设计,熟悉商标申报流程。

实训内容与方式

(1) 将全班学生按 3～4 人一组分成若干小组。

(2) 考查了解同行业国内"头部公司"商标的设计思路与方法,如"好利来""美心""味多美"等,在此基础上给创业项目——麦田蜜语蛋糕坊设计一个商标,要求设计过程中对照表 5–4 进行自检。

表 5-4　蛋糕坊商标设计自检表

序号	自检项目	检查结果
1	是否使用了《商标法》第十条禁止使用的标志或图形	
2	商标设计是否符合产品特点	
3	商标设计是否易记、易识别	
4	商标设计是否具有显著性	
5	进行商标检索后是否已有相同或近似商标申请注册	

（3）小组内进行商标申报流程的模拟演练。

实训成果

（1）向全班同学展示商标标识并阐述商标设计理念。

（2）向全班同学模拟展示商标申报流程。

第二篇

寻创业之门

奋楫者先，勇为者成

>> "删繁就简三秋树，领异标新二月花。"投身创业，要从繁杂事务中精准提炼关键，在竞争中积极创新。创业者凭借敏锐直觉捕捉商机，快速组建精锐团队，高效整合人力、物力、财力。精心打磨特色产品与服务，不惧艰难，努力实现价值创造，开辟出独属自己的商业版图。

>> 本篇以如何挖掘创业机会并验证创业构思为起点，组建创业团队后，通过市场调研，市场环境评估，以及市场细分与定位推导出企业的市场营销策略，明确企业"能够做的"（组织的优势和劣势）和"可能做的"（环境的机会和威胁）；以形成创业计划书为最终目标，通过设计商业模式，选择适宜的创业融资方式，通透理解企业发展的逻辑脉络，将清晰的企业发展战略通过简洁的书面材料有效地传达。

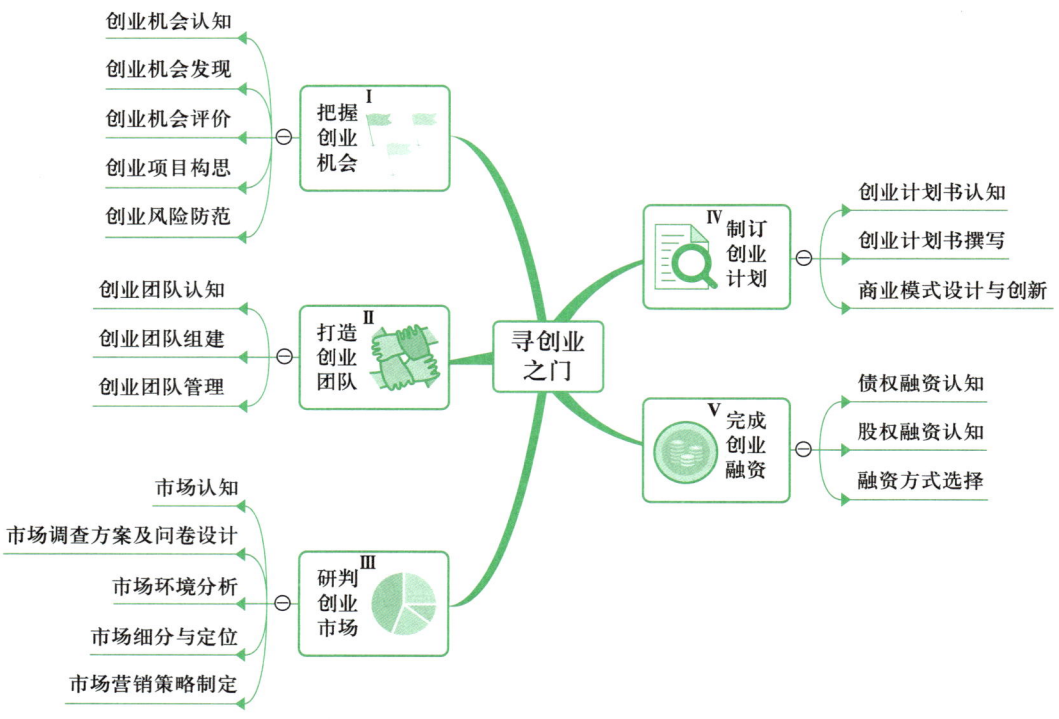

创业机会认知
创业机会发现
创业机会评价
创业项目构思
创业风险防范

I 把握创业机会

创业团队认知
创业团队组建
创业团队管理

II 打造创业团队

寻创业之门

IV 制订创业计划
创业计划书认知
创业计划书撰写
商业模式设计与创新

V 完成创业融资
债权融资认知
股权融资认知
融资方式选择

市场认知
市场调查方案及问卷设计
市场环境分析
市场细分与定位
市场营销策略制定

III 研判创业市场

创业素质测评 · · ·

模块六　把握创业机会

▶ **思想领航**

仰认睿智，深惟匪瑕，其如天道人心，难以违拒，须知机不可失，时不再来。

——张九龄

▶ **学习目标**

- 知识目标

(1) 了解构思创业项目的基本原则。

(2) 熟知发现创业机会的六种方法。

- 能力目标

(1) 运用创业机会评价标准对创业机会进行评价，并基于评价结果制定可行的机会利用策略。

(2) 按照创业产品的六个设计步骤进行产品设计构思，形成完整的产品设计方案。

- 素质目标

(1) 关注市场环境、经济背景及国家相关政策，养成基本的科学分析与评价素养。

(2) 树立风险防范意识，认知潜在创业风险的多样性与复杂性，保障创业活动的稳健推进。

▶ **导师寄语**

创业者若能够把握住稍纵即逝的创业机会，就等于成功了一半。发现创业机会，可以从个人的兴趣爱好、未被解决的问题、外部环境的变化、新的创造发明、市场竞争的机会，以及新知识、新技术、新工艺的产生等方面来进行发掘，运用发掘创业机会的方法，遵循构思创业项目的基本原则，从而初步形成创业构思。接下来，还要对创业构思进行科学的评估，正确认识创业风险并进行科学的风险防范。

通过本模块学习，希望同学们能够系统掌握发现创业机会、构思创业项目、评估创业方案及防范创业风险的方法与技巧，精准解锁创业之门的正确"打开方式"。

▶ 学前导读

新材料创业精准破局

成立于 2021 年的尚欣晶工(全称安徽尚欣晶工新材料科技有限公司)是一家科技成果转化企业,其创业基础源于合肥工业大学在高端难熔金属及超硬硬质合金领域10 多年的理论研究和实验成果。公司科研团队将这些成果转化成可规模化生产的产线设备和稳定的生产工艺,使得产品质量得到市场认可,为解决高端制造、医疗健康、精密光学、电子信息等领域进口材料的替代问题提供了可能。

2023 年 7 月,经过两年努力,公司建设的国内首条脉冲通电加压烧结生产线(图 6-1)在蜀山经济技术开发区正式投产运行,这标志着公司在高端材料制造领域的重大突破,也为国内新材料产业的发展提供了重要的技术支持和产业示范。

图 6-1　中国首条脉冲通电加压烧结生产线

公司专注于新材料技术研发、推广及相关技术服务等,通过持续创新,在技术领域取得了显著成果。例如,2024 年 7 月 11 日申请的"金刚石/铜-石墨/铜定向导热复合材料及其制备方法"专利,展现了其在新材料研发方面的实力,也为公司的产品多元化和市场竞争力提供了有力支撑。公司积极与其他企业开展战略合作,如 2024 年 6 月 19 日与鸿安信签署战略合作协议,通过合作实现资源共享、优势互补,进一步扩大了公司在行业内的影响力,提升了公司的品牌知名度和市场竞争力。

当全球高端制造领域对于高性能材料的需求呈爆发式增长,传统材料逐渐难以满足日益严苛的工艺和性能要求时,尚欣晶工意识到这是一个突破重围、崭露头角的绝佳契机。凭借其在新材料技术研发方面多年的深厚积累以及从合肥工业大学传承而来的科研精髓,公司迅速组建了专业的研发团队,全力投入到高端难熔金属及超硬硬质合金等前沿材料的深度开发中。他们夜以继日地进行实验、优化配方、改进工艺,旨在打造出能够替代进口材料的高品质产品,从而满足高端制造、医疗健康、精密光学、电子信息等行业对于先进材料的迫切渴望。

此外,随着国家对于科技创新企业的大力扶持以及地方政府积极推动产业升级转型的政策东风吹来,尚欣晶工更是敏锐地抓住了这一政策机遇。他们积极申报各类科研项目和产业扶持计划,不仅获得了资金上的支持,还在土地、税收等方面享受了一系列优惠政策。利用这些政策红利,公司加速了研发进程实现了从实验室成果到规模化生产的重大跨越,大大提高了产品的产量和质量稳定性,从而在市场竞争中赢得了先机,逐步确立了自身在新材料行业的重要地位,向着成为行业领军企业的宏伟目标稳步迈进。

思辨与探究

(1)尚欣晶工的商机从何而来?

(2)创业者该如何识别并抓住创业机会?

任务一　创业机会认知

一、创业机会的内涵

创业机会，是指具有吸引力的、较为持久的、有利于创业的商业机会，并最终表现在能够为客户创造价值或增加价值的产品或服务中，并同时使创业者自身获益。创业机会主要包括技术机会、市场机会和政策机会。技术机会是指技术变化带来的创业机会，主要源自新的突破和社会的科技进步；市场机会是市场变化产生的创业机会；政策机会是政府政策变化带来的商业机会。

但是创业者不能简单地将商业机会认为是创业机会。如果这种商业机会是不可持续的，只是昙花一现，则创业者还没有起步行动，商业机会就可能已经消失了。针对特定的商业机会，创业者如果不能开发出与之匹配的创意，这样的商业机会就不能视为机会，因为没有创意，创业也就无从谈起。

二、创业机会的特征

（一）普遍性

凡是有市场、有经营的地方，客观上就存在着创业机会。创业机会普遍存在于各种经营活动过程之中。创业机会的发现观认为创业机会是客观存在的，因为市场信息分布不均衡导致许多机会没有被发现。

（二）偶然性

对一个企业来说，创业机会的发现和捕捉带有很大的不确定性，任何创业机会的产生都有"意外"因素。

（三）消逝性

创业机会存在于一定的时空范围之内，随着产生创业机会的客观条件的变化，创业机会就会相应地消逝和流失。

（四）价值性

创业机会必须能吸引顾客。创业机会要满足真实的市场需求，只有能为消费者创造新价值或增加原有价值的创业机会，才能对顾客产生吸引力，也就是说创业机会要有价值性。并且，创业机会能让创业者在承担风险和投入资源之后，不

任务提示

>> 本分项任务将带领同学们认识创业机会及其来源。

任务先行

>> 通过前期的创新能力培养，现在我们即将进入创业环节。没有创业机会，一切创业都无从谈起。那么何谓创业机会？好的创业机会长什么样，又从何而来呢？在本分项任务中，我们一起来探寻创业机会的底层逻辑。

品文酌理：
商业机会和创业机会的区别

仅能收回投资,还能创造更高的价值。

三、创业机会的来源

创业机会以不同形式出现。虽然在以前的研究中,焦点多集中在产品的市场机会上,但是在生产要素市场也存在机会,如新的原材料的发现等。许多好的商业机会并不是突然出现的,而是对于"一个有准备的头脑"的一种"回报"。在机会识别之前,创业者需要弄清楚机会在哪里和怎样去寻找。

(一) 个人的兴趣和爱好

不少成功的创业者秉持着一种独特理念:"玩"并非单纯消遣,其亦能转化为生产力。例如,在尽情"玩"的过程中发掘乐趣,继而巧妙地把这份源自"玩"的热忱与现实紧密相连,这无疑是马化腾投身事业、推动发展的关键思路,也在很大程度上深刻影响了他主导开发聊天软件的理念。这份因"玩"而生的激情,促使他深入洞察用户对于便捷沟通的潜在渴望,最终将其融入聊天软件的研发,缔造出契合大众需求、广受欢迎的社交产品。

真正的创业者,会深度挖掘自身兴趣,明确内心渴望与理想,专注施展擅长之处,同时敏锐洞察市场需求与潜在商机,高效整合资源,妥善应对运营风险,精心组建并带领协作团队,在克服难题推出契合市场的产品或服务、创造并贡献价值的过程中,践行融合个人追求与社会责任、兼备多元关键能力的创业实践,这正是国家与民族所倡导、推动个人成长与国家和民族发展进步的创业精神。

应用案例

从魔方爱好者到创业赢家

江淦源作为国内早期的魔方爱好者,于 2005 年左右踏入竞速魔方领域。彼时国内竞速魔方品牌稀缺,购买心仪产品困难重重,海外代购又价高时久,这促使他于 2009 年开启魔方设计研发征程,并在 2014 年创立 GANCUBE 品牌。初创期,江淦源借助冠军光环与自身的专业素养,吸引众多国内魔方爱好者,收获种子用户与起始流量。

2019 年是 GANCUBE 海外拓展的关键年。入驻电商平台 Lazada 首月,GMV(成交总额)暴增 10 倍,次年 8 月更是增长 83 倍,荣登 Lazada 益智玩具类目榜首。同期推出智能魔方与魔方星球 App,为全球魔友构建在线竞技提升平台,有力提升海外知名度与影响力。如今,其产品畅销 100 多个国家和地区,海外销售额占比达 7%，在亚马逊等多平台及各国销售渠道均斩获类目第一佳绩。

品牌自创立便注重建设，通过组建战队、赞助赛事提升名气，像 2017 年世界电子竞技大赛（World Cyber Arena，WCA）中国十周年魔方赛、巴黎世锦赛，以及 2018 年红牛世锦赛等都有其身影。2022 年与魔方发明人品牌 Rubik's 达成战略合作，巩固全球魔方领域地位。

2024 年，GANCUBE 发展迅猛，营收翻倍增长，App 用户数超 150 万人。公司迁至顺德陈村，引入全自动化生产线与自主研发柔性生产机器，达成智能化生产升级。展望未来，品牌将聚焦软件生态优化，完善平台生态体系，还计划把数字化优势拓展到更多品类，推动产业智能制造升级。

启悟：凭借对所爱之事的深度认知与满腔热忱，创业者可敏锐洞察市场空白，挖掘潜在需求，实现从兴趣到事业的华丽转身。

（二）未被解决的问题

创业的根本目的是满足顾客需求，而顾客需求在没有满足前就是问题。寻找创业机会的一个重要途径是善于去发现和体会自己和他人在需求方面的问题或生活中的难处。

被誉为"现代营销学之父"的美国经济学家菲利普·科特勒曾经说过："去寻找问题。比如人们夜里很难入睡，家里那些乱糟糟的东西很难收拾，很难找到物美价廉的度假方式，很难追溯家族血统，很难除去花园里杂草等。"Common Cause（共同事业组织，一个超越党派的非营利游说集团）的创建者约翰·加德纳也说过："每个问题都是一个绝佳的藏着的机会。"许多企业的创建者都是在遇到了某个问题之后，在解决问题的过程当中领悟到了机会，进而创立了企业。

现实中未被解决的问题说不定就是市场的需求漏洞，把握住了这一点，也就把握住了机会。

应用案例

为客户的商业成功插上智能化翅膀

我们习惯于在超市结账时接过小票，从快递柜中收取包裹，在银行智慧柜员机办理存取款业务，到自助售票机取火车票……那么你知道这些服务以及方便我们生活的各项设施是由谁制造的吗？核心零部件和技术又来自哪里吗？这些问题的答案都指向中国本土老牌科技领军企业——新北洋（全称山东新北洋信息技术股份有限公司）。

2014年，国内一家快递领先企业找到新北洋，提出需要快递单打印扫描模块。如果按照以往的逻辑，新北洋只需要提供相应产品，满足客户的需求即可。基于经营思路的改变，新北洋在成交本次订单的基础上，对客户的需求进行了深入挖掘，了解到客户的真实需求是做便于收发快递包裹的智能柜体。由于新北洋有高铁售票机等自助终端设备研发生产的成功经验，通过与客户的深入沟通，新北洋争取到了智能快递柜首批供应商的资格。

近年来，新北洋在快递行业成绩斐然。于国内市场，2024年持续深耕大客户合作，拓展智能快递柜规模，其控股子公司2023年中标中国邮政项目，巩固金融机具业务基础并助力快递金融业务开展。在海外市场，已和欧洲头部物流公司长期合作，在德国、希腊、捷克等国规模销售，使物流柜占有率攀升，2024年还与中亚某国新客户签智能快递柜采购协议，三季度末已完成首个千万美元订单交付。

启悟：敏锐洞察未被解决的问题，深入挖掘问题背后的真实需求，凭借自身优势积极探寻解决方案，有助于在创业之路上开辟出独属于自己的发展机遇。

品文酌理：
在变化中寻找
机遇

（三）外部环境的变化

创业的机会大都产生于不断变化的市场环境，环境变化了，市场需求、市场结构必然发生变化，要在变化中看到未来的发展方向，预测到将来的潜力和机会。德鲁克将创业者定义为那些能"寻找变化，并积极反应，把它当作机会充分利用起来的人"。这种变化主要来自产业结构变动、消费结构升级、城市化加速、人口思想观念的变化、政府政策的变化、人口结构的变化、居民收入水平提高、全球化趋势等方面。例如，在"双碳"目标推动下，我国新能源产业引领了一股绿色低碳新风潮，加上绿色发展理念的日益深入人心，新能源汽车得到快速发展，由此派生出充电桩运营、新能源汽车修理、美容等诸多创业机会。

知识链接

消费新趋势下的创业机会

创业要顺势而为、把准风向，方能事半功倍。分析我国当前消费新趋势，主要的创业机会如表6-1所示。

表 6-1　消费新趋势下的创业机会

商机类型	创业机会
科技领域	研发智能硬件（智能家居、智能穿戴设备、智能汽车等）；提供人工智能服务（智能客服、语音助手、推荐系统等）；物联网设备研发生产、系统集成与解决方案提供（智慧物流、智慧农业等）；数字营销相关的内容创作、数据分析、广告投放等
消费升级领域	健康养生相关的在线健身课程、保健产品、营养饮食指导，养生食品、艾灸仪、按摩仪等用品研发销售；智能家居产品（智能音箱、智能门锁、智能家电等）开发；文化娱乐相关的游戏开发、文化活动组织、线上线下娱乐直播等
人口结构变化领域	"银发经济"相关的养老护理、老龄教育、老年社交、老年旅游，老年用品（老年鞋、老年服装、老年纸尿裤等）研发销售；"单身经济"相关的单人电器、自嗨锅、一人公寓开发，线上线下交友、私人订制旅游套餐、优质宠物护理等服务提供
生活方式转变领域	"懒人经济"相关的上门厨师、家庭收纳、宠物托管、洗地机等家务科技产品服务；露营基地建设、露营装备品牌创建、露营设备租赁等
社会需求领域	在线教育相关的高质量教育资源开发、知识付费、直播课程、在线辅导等服务；金融科技相关的新型支付工具开发、智能投顾服务提供；环保领域的可再生能源解决方案开发、环保材料和有机肥料推广等

（四）新的创造发明

创造发明提供了新产品、新服务，能更好地满足顾客需求，同时也带来了创业机会。比如随着计算机的诞生，计算机维修、软件开发、计算机操作培训、图文制作、信息服务、网上开店等创业机会随之而来，即使你不搞发明创造，投身新产品、新服务的销售和推广也能给你带来创业商机。

应用案例

从清华创新到行业引领的征程

旷视科技（全称北京旷视科技有限公司）的发展历程，始于创始人印奇等在清华大学的科研探索。读书期间，他们投身相关科研项目，凭借人脸识别技术项目在创新创业大赛中崭露头角，获得评委与投资者的青睐。

印奇与唐文斌、杨沐携手研制出体感互动游戏《乌鸦来了》。这款游戏借助手机前置摄像头，运用人脸识别和人脸追踪等视觉识别算法，让玩家能通过摇晃头部操控稻草人拦截乌鸦,它荣获清华大学第三十届"挑战杯"特等奖,还曾跻身中国区苹果 Apple Store 游戏排行榜前五名。开发过程中,团队展现出的技术实力与游戏取得的佳绩引发外界关注。彼时 Facebook 高价收购人脸识别公司的消息,使印奇洞察到该技术的巨大潜力,遂决定创立旷视科技,专注计算机视觉领域。

2011 年 10 月,旷视科技正式成立。一年后推出云端视觉开放平台 Face++(旷视科技旗下的人脸识别平台),开启人工智能商业应用探索之旅。此后,团队全力将人脸识别技术应用于安防、金融、零售等多领域,通过持续创新研发,其人脸识别技术在准确率与识别速度等方面达国际领先水平,为众多企业机构提供高效安全解决方案,成为人工智能领域独角兽企业[①]。

在印奇团队带领下,旷视科技不断拓展业务版图,从人脸识别延伸至城市物联网与供应链物联网领域,致力于提供全栈式、一体化人工智能产品与解决方案。2024 年 12 月 4 日,旷视科技与中科软科技股份有限公司、北京金山云网络技术有限公司组成的联合体,将开展感知台账系统能力升级开发、算法中心定制化功能建设、感知数据专题库系统开发等工作。

启悟: 紧盯前沿领域的新创造发明,精准捕捉其潜在商业价值,并果断将其转化为创业方向,通过不断优化应用与拓展市场,有助于开辟出引领行业的创业新路径。

(五) 市场竞争的机会

如果你能弥补竞争对手的缺陷和不足,找到在消费者定位中的差异或者产品的差异,这也将成为你的创业机会。在分析竞争对手时,我们通常都会对自己与竞争对手之间的优势与劣势进行比较、分析,目的是扬长避短或者采取差异化的策略,进而更好地满足顾客需求,拓展市场。因此,在市场竞争过程中,如果你能够针对竞争对手的不足,将自己的优势充分发挥出来或者采取差异化的产品或者服务方案,为顾客提供更具价值的产品或者服务,那么,你就找到了竞争夹缝中的绝佳创业机会。

应用案例

拼多多为何能一跃成为电商黑马?

在电商市场被淘宝、京东等巨头占据主导地位,竞争看似白热化的格局下,拼

---

① 独角兽企业是指那些成立不超过 10 年, 估值超过 10 亿美元的未上市企业。

多多(全称上海寻梦信息技术有限公司)敏锐地捕捉到了被忽视的下沉市场需求。

当时,众多中小城市以及农村地区的消费者对于价格更为敏感,且渴望能够以更低廉的价格购买到各类商品。拼多多通过创新的团购模式,聚集大量消费者的需求,从而能够从商家那里获得更低的价格优惠,并以低价策略迅速切入市场。它主打"拼着买更便宜"的理念,与其他电商平台形成差异化竞争,成功吸引了数亿用户,在电商领域开辟出了属于自己的庞大市场份额,成为电商行业中强有力的竞争者,满足了大量对价格敏感消费者群体的购物需求,也改变了整个电商市场的竞争格局。

启悟: 在激烈的市场竞争中,敏锐洞察竞争对手忽略的市场需求,以创新模式满足该需求,打造差异化竞争优势,便能在竞争的夹缝中寻得创业突破的宝贵机会。

(六) 新知识和新技术的产生

差异化创新强调组合,一些新知识和新技术的出现让各种"跨界组合"成为可能。将现有的产品、技术或者服务等因素与新知识、新技术组合起来,就可以实现新的用途和价值,从而获得新的创业机会。近年来,这样的创业契机可谓遍地开花,其中极具代表性的当属"AI+"领域,许多人借助 AI 技术,使产品与之结合,从而催生出各种新兴产业,推动我国经济结构的优化与变革。此外,诸如新兴的量子计算、基因编辑技术,以及 5G 网络、大数据、人工智能和区块链的广泛应用让更多产品和服务实现了组合创新,从而带来了大量创业机会。

应用案例

数智浪潮中 AI 技术融合与创新的领航者

商汤科技(全称商汤集团有限公司)专注于计算机视觉与深度学习技术研发,开发出众多先进人工智能算法及模型,核心技术覆盖图像识别、视频分析、语音识别等多领域,并广泛应用于智慧城市、交通、金融、教育等行业。

在数智时代,商汤借技术优势与各行业深度融合,打造针对性解决方案,满足客户提效、降本、优服务需求,赢得广阔市场与商机。它以海量数据训练优化模型,提升性能与准确性;深挖市场趋势与用户行为,为多方面提供支撑。依托云计算平台,研发运营效率得以提高,产品迭代创新加速,快速响应市场与客户。

启悟: 企业要想在新技术应用上取得突破,必须要有深厚的技术积累和创新能力,要深入了解用户需求,将技术与用户需求紧密结合,才能开发出真正受市场欢迎的产品。

任务提示

>> 本分项任务将带领同学们学习发现创业机会的六种主要方法。

任务先行

>> 英国文学泰斗狄更斯曾说:"机会不会上门来找人,只有人去找机会。"其实创业者不缺少创业机会,缺少的是发现创业机会的眼睛。发现创业机会不是件容易的事,但也并非无法做到。创业者应在日常生活中有意识地加强实战,提高自身发现创业机会的能力。创业者可以通过哪些方法来发现创业机会?通过本分项任务,我们将觅得"良方"。

任务二 创业机会发现

一、特殊事件分析法

特殊事件分析法是一种实证研究方法,最早被运用于金融领域,借助金融市场数据分析某一特定事件对该公司价值的影响。由于特殊事件分析法具有研究理论严谨、逻辑清晰、计算过程简单等优点,已被学者运用到越来越多的领域来研究特定事件对组织行为的影响。例如,国外一家高炉炼钢厂因为资金不足,不得不购置一座迷你型钢炉,而后竟然出现后者的获利率要高于前者的意外结果。再经分析,才发现该国钢品市场结构已产生变化,因此这家钢厂就将往后的投资重点放在能快速反应市场需求的迷你炼钢技术。

二、矛盾现象分析法

矛盾现象分析法是指运用矛盾的观点观察、分析事物内部的各个方面及其运动的状况,以达到认识客观事物的方法。它是定性分析的方法。运用这一方法,必须坚持对立统一的观点,从统一中看到对立,从对立中看到统一。例如,金融机构提供的服务与产品大多只针对专业投资大户,但占有市场七成资金的一般投资大众,却未受到应有的重视。这样的矛盾,显示提供一般大众投资服务的产品市场,必将极具潜力。

三、趋势分析法

趋势分析法是通过对有关指标的各期对基期的变化趋势的分析,从中发现问题,为决策提供线索的一种分析方法。趋势分析法可用相对数也可用绝对数。

利用趋势分析法寻求创业机会,可基于以下三个层面:一是对产业与市场结构变迁进行分析。例如,在能源产业绿色转型中,国企放开分布式能源项目部分建设运营环节,创业者可以在太阳能、风能小型发电设备研发制造及运维服务等领域发掘大量创业机会。二是对人口变化趋势进行分析。例如,人口老龄化的趋势、"三孩政策"的全面实施等必然给创业者提供更多新的市场机会。三是对价值观与认知变化进行分析。例如,人们对于健康饮食和营养需求认知的改变,造就代餐市场、健康食品市场的兴起。

四、问题发现法

发掘创业机会的另一种方法是寻找问题,从问题中找到解决问题的方法。问题发现法即着眼于问题的发现和解决以寻求机会的方法。每个问题都是一个被精巧掩饰的机会。寻找机会首先要善于发现问题、解决问题,许多成功的企业都是从解决问题起步的。顾客的需求在没有被满足之前都是问题,而设法满足这一需求就可以抓住市场机会。创业时应着眼于那些令人们苦恼和困扰的问题。因为是苦恼、困扰,所以人们总是迫切地希望解决它。对于这些"痛点""难点"问题,创业者如果能提供解决的办法,实际上就是找到了创业机会。

应用案例

"水泥神器"的发明

毕业于南京航空航天大学的蔡晓民是国内建筑领域的专家,正是看到了水泥铺设时会产生粉尘且工期较长等痛点,历时5年发明了"水泥神器"——水泥毯(图6-2)。它能像毛毯一样卷起来,方便储存和运输,还可以根据需要进行任意尺寸的裁减,浇上水之后就会迅速变成

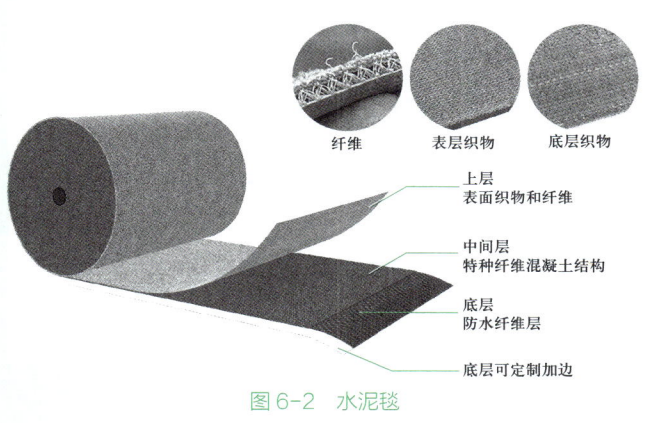

图6-2　水泥毯

坚硬的混凝土层,极大地降低了建筑成本和时间周期,是一项具有极高经济价值的发明。

启悟:有一些人将创业点子的产生,归于机缘凑巧。所谓的机缘凑巧或第六感的直觉,主要还是基于创业者在平日培养出对"痛点""难点"问题的敏锐观察力,才能先知先觉地形成创意构想。

五、市场研究的方法

市场研究是经营决策的前提。只有充分认识市场,了解市场需求,对市场作出科学的分析判断,决策才具有针对性。市场研究是指为实现收集、分析信息的

目的而进行研究的过程,包括将相应问题所需的信息具体化、设计信息收集的方法、管理并实施数据收集过程、分析研究结果、得出结论并确定其含义等。市场研究可以由创业者进行,也可以由外部供应商或顾问进行。市场往往受政策影响很大,新政策出台通常能引发新商机,如果创业者善于研究市场和利用政策,就能抓住商机,勇立商海潮头。

六、技术创新跟踪的方法

创新成果、创造发明产生了新知识、新技术和新工艺,如网络电话、电子邮件等产业的变更或产品的替代,既满足了顾客需求,同时也带来了前所未有的创业机会。任何产品都有其生命周期,产品会不断趋于成熟直至走向衰退,最终被新产品所代替。创业者如果能够跟紧产业发展和产品替代的步伐,就能够通过技术创新不断寻求到新的发展机会。例如,假以时日,当人类基因图谱全部破解后,可以预期必然在生物科技与医疗服务等领域,带来巨大的商业机会。

任务三　创业机会评价

一、优质创业机会的特征

一般而言,有价值的创业机会有以下五方面基本特征。

(1) 在前景市场中,前 5 年中的市场需求会稳步快速增长。

(2) 创业者能够获得利用该机会所需的关键资源。

(3) 创业者不会锁定在"刚性的创业路径"上,而是可以中途调整创业的"技术路径"。

(4) 创业者可能创造新的市场需求。

(5) 特定机会的商业风险是明朗的,且至少有部分创业者能够承受相应风险。

二、创业机会的评价标准

创业机会评价是仔细审查并分析创业的可行性。只有符合一定标准且符合创业者能力和目标的创业机会,才有价值。创业要以客观公正的心态,按一定标准对创业的可行性进行客观的价值判断。

(一) 盈利时间

有价值的创业机会要求项目在两年内盈亏平衡或者取得正现金流。因为大

任务提示

>> 本分项任务将引领同学们学习如何对创业机会进行系统评价。

任务先行

>> 所有的创业行为都来自创业者心中绝佳的创业机会,但事实上,创业获得成功的概率不到 1%。如若对于一些先天条件不好、市场进入时机不对,或者具有致命瑕疵的创业构想,事先以比较客观的方式进行评价,那么创业成功的概率便会大幅得到提升。

多数创业者资源有限,支撑的时间太长可能难以为继,投资者及合伙人同样希望尽快获得收益回报。

(二) 市场规模和结构

只有足够大的市场规模,才可以支撑企业的长期生存与发展。创业者若进入一个市场规模大且处于不断发展中的市场,即使起初只占有很小的市场份额,也能够生存下来并度过发展期。并且不必担心竞争对手的存在,因为市场足够大,构不成生存威胁。一般来说,市场规模和价值越大,创业机会越有价值。

(三) 资金需要量

富有较大潜力的创业机会往往需要相当大数量的资金支撑。而对大学生创业者而言,需要较少或者中等程度资金支持的创业机会是比较有吸引力的。创业者要根据自己的资金实力和可以动用的资源来评价创业机会。

(四) 投资收益

创业的盈利性目标要求创业机会有较为合理的盈利能力,包括较高的毛利率和市场增长率。毛利率高说明创业项目的获利能力强,市场增长率高表明市场的发展潜力大,投资收益率高。一般而言,年投资收益率在 25% 以上的创业机会是较有价值的;而年投资收益率低于 15%,难以对创业者和投资者产生吸引力。

(五) 成本结构

较低的成本才能带来较大的竞争优势,使创业机会具备较高的价值。低成本优势来自技术和工艺的改进以及管理的优化、生产的规模化,创业机会如果具有这方面特质,对于创业者来说是非常有利的。

(六) 进入障碍

资源、政策、市场准入等限制,都可能成为市场进入的障碍。若创业机会面临较大的市场进入障碍,那就不是好的创业机会。同时,虽然进入障碍小,但难以阻止其他竞争对手进入的创业机会,也不是好的创业机会。

(七) 控制程度

能够实现对渠道、成本或者价格有较强控制力的创业机会,才具有价值。如果市场上不存在强有力的竞争对手,控制程度就较大。如果竞争对手已有较强的控制能力,特别是已经掌握了原材料来源、独占了分销渠道、取得了较大的市场份额、对于价格有较大的决定权,那么创业的发展空间就很小。除非这个市场容量足够大,且主要竞争者在创新方面行动迟缓,时常损害客户利益,否则没有进入的价值。

小试身手:
评价创业机会

品文酌理:
创业机会窗口
的把握

127

（八）商业模式

德鲁克曾断言："21 世纪企业间的竞争,已不再局限于产品与价格的较量,甚至不是服务质量的比拼,而是商业模式的竞争。"商业模式作为产品、服务和信息流的一个体系架构,包括说明各种不同的参与者以及他们的角色,各种参与者的潜在利益,以及企业收入的来源。尽管创业者在机会识别阶段难以设计出完整的商业模式,但是商业模式设计必须事先加以论证。有关商业模式的内容将在本书模块九做详述。

三、创业机会的评价方法

创业机会的评价方法一般可以采用定性分析和定量分析两种方法。

（一）定性评价方法

1. 评价创业机会需考虑的重要问题

1994 年,哈佛大学商学院教授斯蒂文森等人提出,对创业机会的充分评价需要考虑以下几个重要问题。

（1）机会的大小、存在的时间跨度和时间成长的速度等问题。

（2）潜在的利润是否足够弥补资本、时间和机会成本的投资,带来令人满意的收益。

（3）机会是否开辟了额外的扩张、多样化或综合的商业机会选择。

（4）在可能的障碍面前,收益是否会持久。

（5）产品或服务是否真正满足了目标市场真实的需求。

2. 评价创业机会的五项基本标准

1998 年,美国贝勒大学教授贾斯汀·朗格内克等人提出了评价创业机会的五项基本标准。

（1）对产品有明确界定的市场需求,推出的时机也是恰当的。

（2）投资的项目必须拥有持久的竞争优势。

（3）投资必须具有一定程度的高回报,从而允许一些投资中的失误。

（4）创业者和机会之间须相互适合。

（5）机会中不存在致命的缺陷。

（二）定量评价方法

1. 标准打分矩阵法

标准打分矩阵法是指将创业机会评价体系的每个指标设定为三个打分标

准:最好(3分)、好(2分)、一般(1分),形成矩阵打分表(表6-2),在打分后,求出每个指标的加权平均分的一种评价方法。

表6-2 标准打分矩阵参考表

标准	专家打分			
	最好(3分)	好(2分)	一般(1分)	加权平均分
易操作性				
质量和易维护性				
市场接受性				
增加资本能力				
投资回报				
专利权状况				
市场大小				
制造的简单性				
口碑传播力				
成长潜力				

这种方法简单易懂、易操作,主要用于不同创业机会的对比评价,其量化结果可直接用于机会的优劣排序。只用于一个创业机会的评价时,则可采用多人打分后进行加权平均。如果其加权平均分越高,说明该创业机会越可能成功。一般来说,高于100分的创业机会可进一步规划,低于100分的创业机会则需要考虑淘汰。表6-2中列出了其中10项主要的评价因素,在实际使用时可以根据具体情况选择其中的全部或部分因素来进行评估。

2. 温斯丁豪斯法

温斯丁豪斯法实际上是计算和比较各个机会的优先级,可利用下面的公式进行计算。

$$\frac{技术成功率 \times 商业成功率 \times (价格-成本) \times 投资生命周期收入}{总成本} = 机会优先级$$

该式中,技术和商业成功的概率是以百分比表示的,成本是以单位产品成本计算,投资生命周期收入是指可以预期的所有收入,总成本包括研究、设计、制造和营销费用各个环节的成本之和。对于不同的创业机会,将具体数值代入计算,特定机会的优先级越高,该机会就越有可能成功。

3. 珀泰申米特法

珀泰申米特法是计算创业机会的成功潜力指标(表6-3)。对于每个评价因素

129

来说,不同选项的得分可以从 –2 分～ 2 分,通过对所有因素得分的加总得到最后的总分,总分越高说明特定创业机会成功的潜力越大。只有那些最后得分高于 15 分的创业机会才值得创业者进行下一步的策划,低于 15 分的都应被淘汰。

表 6-3　珀泰申米特法评价表

评价因素	得分
对于税前投资回报率的贡献	
预期的年销售额	
生命周期中预期的成长阶段	
从创业到消费额高速增长的预期时间	
投资回收期	
获得领先地位的潜力	
商业周期的影响	
为产品制定高价的潜力	
进入市场的容易程度	
市场试验的时间范围	
销售人员的要求	
总分	

4. 贝蒂的选择因素法

在贝蒂的选择因素法中,通过对 11 个选择因素的设定来对创业机会进行判断(见表 6–4)。如果某个创业机会只符合其中的 6 个或更少,这个创业项目的成功机会较小;相反,如果这个创业机会符合其中的 7 个或者更多,那么这个创业机会将大有希望。

表 6-4　贝蒂的选择因素法评价表

选择因素	是 / 否
这个创业机会在现阶段是否只有你一个人发现了	
初始的产品生产成本是否可以承受	
初始的市场开发成本是否可以承受	
产品是否具有高利润回报的潜力	
是否可以预期产品投放市场和达到盈亏平衡点时间	
潜在的市场是否巨大	
产品是否是高速成长的产品家族中的第一位成员	
是否拥有一些现成的初始用户	

选择因素	是 / 否
是否可以预期产品的开发成本和开发周期	
是否处于一个成长中的行业	
金融界是否能够理解你的产品和顾客对它的需求	
总分	

5. 蒂蒙斯创业机会评价模型

蒂蒙斯总结出一个包含 8 类 53 项分指标的创业机会评价模型（表 6-5）。蒂蒙斯认为，现实中有成千上万适合创业者的特定机会，未必能与这个评价模型相契合，但该模型是目前包含评价指标比较完全的一个体系。该评价体系提供了一些量化方式，使创业者可以对行业和市场、竞争优势、经济结构和收获条件、管理团队、致命缺陷等问题作出判断，以及这些要素加起来是否可以组成一个有足够吸引力的创业机会。一些风险投资商、政府基金和创业大赛通常借用该模型对创业项目进行评价。

在实际中，可以将以上评价方法适当综合起来运用，也可以延伸，以更加广泛地应用于对创业企业的分析和研究。

表 6-5　蒂蒙斯创业机会评价模型

评价因素	评价内容
1. 行业与市场	（1）市场容易识别，可以带来持续收入
	（2）顾客可以接受产品或服务，愿意为此付费
	（3）产品的附加价值高
	（4）产品对市场的影响力高
	（5）将要开发的产品生命长久
	（6）现在所在的行业是新兴产业，竞争不激烈
	（7）市场规模大，销售潜力达到 1 000 万～ 10 亿美元
	（8）市场成长率在 30% ～ 50%，甚至更高
	（9）现有厂商的生产能力几乎完全饱和
	（10）在 5 年内能占据市场的领导地位，达到 20% 以上
	（11）拥有低成本的供货商，具有成本优势
2. 经济因素	（1）达到盈亏平衡点所需要的时间在 1.5 ～ 2 年
	（2）盈亏平衡点不会逐年提高
	（3）投资回报率在 25% 以上

续表

评价因素	评价内容
2. 经济因素	（4）项目对资金的要求不是很大，能够获得融资
	（5）销售额的年增长率高于 15%
	（6）有良好的现金流量，能占到销售额的 20% ~ 30%
	（7）能够获得持久的毛利，毛利率达到 40% 以上
	（8）能获得持久的税后利润，税后利润率要超过 10%
	（9）资产集中程度低
	（10）运营资金不多，需求量是逐渐增加的
	（11）研究开发工作对资金的要求不高
3. 收获条件	（1）项目带来的附加价值具有较高的战略意义
	（2）存在现有的或可预料的退出方式
	（3）资本市场环境有利，可以实现资本的流动
4. 竞争优势	（1）固定成本和可变成本低
	（2）对成本、价格和销售的控制力较高
	（3）已经获得或可以获得对专利所有权的保护
	（4）竞争对手尚未觉醒，竞争较弱
	（5）拥有专利或具有某种独占性
	（6）拥有发展良好的网络关系，容易获得合同
	（7）拥有杰出的关键人员和管理团队
5. 管理团队	（1）创业团队是一个优秀管理者的组合
	（2）行业和技术经验达到了本行业内的最高水平
	（3）管理团队的正直廉洁程度能达到最高水准
	（4）管理团队知道自己缺乏哪方面的知识
6. 创业家的个人标准	（1）个人目标与创业活动相符合
	（2）创业家可以做到在有限的风险下实现成功
	（3）创业家能接受薪水减少等损失
	（4）创业家渴望进行创业这种生活方式，而不只是为了多挣钱
	（5）创业家可以承受适当的风险
	（6）创业家在压力下状态依然良好
7. 理想与现实的战略性差异	（1）理想与现实情况相吻合
	（2）管理团队已经是最好的
	（3）在客户服务管理方面有良好的理念
	（4）所创办的事业顺应时代潮流
	（5）所采取的技术具有突破性，不存在许多替代品或竞争对手

续表

评价因素	评价内容
7. 理想与现实的战略性差异	（6）具备灵活的适应能力，能够快速地进行取舍
	（7）始终在寻找新的机会
	（8）定价与市场领导者几乎持平
	（9）能够获得销售渠道或已经拥有现成的网络
	（10）能够允许失败
8. 致命缺陷	不存在任何致命缺陷

任务四　创业项目构思

一、构思创业项目的基本原则

（一）用户导向

创业中应该从用户的真实痛点和实际需要出发来考察和设计自己的创业项目和商业模式，而非想当然地自以为是。

（二）行动导向

从精益创业思维出发，用户和市场是不可度量和预测的，需要深入市场调研并进行用户探索和用户验证。

（三）科学试错

要想真正摸透市场的需求和用户的喜好，就应到市场中进行最小化验证。

（四）单点突破

创业项目最好以细分垂直领域作为切入点和着眼点，在这个细分垂直领域迅速做大做强，建立自己的坚实壁垒，其他的行业"巨头"再进入这个领域就比较困难。

（五）快速迭代

在产品开发或创业中，应摒弃完美主义，不要等待产品完美无瑕了再去投放市场，要把握住"机会窗口"。

二、创业产品的设计步骤

创业产品设计是一项持续的过程，但是在创业起步时，如果不提出一套最初

任务提示

>> 本分项任务将引领同学们构思自己的创业项目。

任务先行

>> 好的创业构思是创业成功的开始，是避免损失和失败的第一道防线。想要将发掘的好的创业机会转化为一个可行的创业项目就要学会创业项目构思。

云端映像：
创业构思形成

133

的创业产品设计方案,创业者可能会毫无头绪,在原地踏步不前。创业产品设计应遵循以下步骤。

(一) 明确市场现状、需求和消费者观念

在开始设计创业产品时,要在市场现状下,以市场需求和消费者意识观念为产品设计的基本出发点制定设计目标。市场现状即在现有的技术条件下所形成的各种类似功能或者同等功能的产品,这需要创业者对现状开展调研。

(二) 明确产品设计目标

产品是否能够满足消费者需求:一是要看产品是否满足当前社会因素下消费者对于产品的功能需求;二是看产品的外形或者交付形式是否能够满足消费者现有的认知观念;三是看产品的外观造型或交付体验能否满足消费者对舒适性、便捷性、经济性、实用性等的需求。

(三) 明确设计方法和思维逻辑

基于上述产品设计目标和用户市场需求,创业者需要形成初步的设计方法和思维逻辑,设计方法和思维逻辑是创业产品能够顺利实现的重要支持。这个时候建议创业者们放开思维,在分析设计方法和产品思维逻辑时可以结合头脑风暴法,充分发挥集体的创造性思维,大胆假设和想象,形成初步的设计方法和思维逻辑选择方案。

(四) 明确达成目标的途径与策略

创业者梳理出方案之后,需要思考实现产品的途径和策略,在产品构思阶段可以大胆想象,充分发挥发散思维。

(五) 明确要运用的工具

产品设计需要依靠工具来完成,这里的工具既有物理实体工具,又有理论工具和互联网信息网络等非物理实体工具,针对上述的每个产品实现途径和策略,创业者可以盘点一下项目和创业者本身具备的资源情况,以便挑选出可行性的产品设计构思。

(六) 明确设计必须遵循的原理和程序

创业产品设计构思形成之后,创业者需要加以评估,看看是否符合设计的一些原则、规范或者其他设计要求,如自然规律、消费者心理和生产技术规则等。

任务五　创业风险防范

任务提示

>> 本分项任务将引领同学们学会如何防范创业风险。

任务先行

>> 在有了创业构思之后，我们就要着手创业准备了，然而创业市场充满不确定性，在创业初期，我们会面临哪些风险？在风险尚未来临前，我们又应该如何正确地进行风险的防范？通过本分项任务，我们将练就防患于未然的本领。

一、创业风险的内涵

根据本书模块一所述的"蒂蒙斯创业过程模型"，创业过程就是创业机会、创业资源、创业团队之间高度配置适当的动态平衡过程，但随着时空的变迁、机会模糊、市场不确定性、资本市场风险及外在环境等因素的冲击，这三个要素也会因为相对地位的变化而产生失衡的现象，这种失衡现象称为创业风险。一般可以从两个角度理解风险：一是强调风险表现为结果的不确定性；二是强调损失的不确定性。前者属于广义上的风险，说明未来利润多寡的不确定性；后者属于狭义上的风险，只能表现为损失，没有获利的可能性。风险的核心含义是"未来结果的不确定性或损失"。如果采取适当的防范策略使破坏或损失的概率不会出现或者说在理性判断的基础上，继而采取及时而有效的防范措施，那么风险便可能带来机会。由此进一步延伸的意义，不仅仅是规避了风险，可能还会带来比例不等的收益。这就说明了为什么有时候"风险越大回报越高"的道理。因此，如何判断风险、选择风险、规避风险继而运用风险，在风险中寻求机会创造收益，意义深远而重大。

鉴于此，作为大学生创业者而言，所要面临的创业风险是指在创业过程中，因创业环境的多变性和不确定性，创业机会的复杂性，创业企业的多样性，自身及其合伙人的能力不足，以及创业投资者实力有限等因素而导致创业结果的不确定性。

二、大学生创业风险的分析

大学生作为创业的一个特殊群体，受教育背景、社会环境与创业政策的影响，其创业既存在着一般创业风险，又具有与众不同的特征。

大学生创业存在的风险主要体现在以下六个方面。

(一) 机会风险

创业的机会风险是指创业者能在选择创业项目时作出正确的决定，把握正确的创业方向。如果对机会抓得不准或者推理偏误，则会使创业项目在开始就面临方向性错误的风险。同时，也会存在由于创业而放弃了原有的学业或好的就业选择所面临的机会成本风险。

（二）资金风险

资金风险是指因资金不能适时地筹集和供应而导致创业失败的可能性。可以说，资金风险贯穿在创业活动的整个过程。当今社会，白手起家的创业奇迹越来越少，如果没有足够的流动资金，很可能会导致在创业初期就遭遇夭折的厄运，资金风险往往是创业前期的"命门"。大部分大学生创业者缺乏财务分析能力，在资金管理上表现出明显的欠缺和不足，很多大学生创业企业在创办初期因资金紧缺或管理不善而严重影响业务的拓展，甚至错失商机而不得不关门大吉。

（三）技能风险

大学生创业者从象牙塔走向社会，还未实现由"学校人"向"社会人"的完全转变，因此，在年龄、阅历、心理等方面与社会人士相比处于绝对劣势。而创业本身是一个复杂的系统工程，市场不会因为创业者的学生身份就网开一面，在单纯的校园环境中成长起来的大学生，在面对社会和市场时，比有社会经验的人更容易迷失和迷茫，思考问题理想化，对困难程度估计不足的现象在他们身上时有发生。同时，大学生还缺乏创业必备的足够的知识和能力，对创业的相关政策法规了解不深不透。这些基本技能的匮乏都是影响创业成功的羁绊。

（四）资源风险

此处所说的资源风险主要是因社会资源匮乏而产生的风险。大学生创办企业、开拓市场、推广产品或服务等工作都需要调动社会资源。但是大学生在校期间进行的创业策划所利用的社会资源相对较少，有老师、同学的帮助支持，无须太多宣传公关。而当走入社会、实施创业实践时，在广告宣传、市场营销、工商税务、融资租赁、生产服务等方面将会遇到很多挫折和挑战，耗费巨大精力。

（五）管理风险

由于长期接受应试教育，不谙经营"游戏规则"，一些大学生创业者虽然在专业技术上出类拔萃，但财务、营销、采购、宣传、管理等方面的能力普遍不足。大学生有理想与抱负，但初涉商场，因知识单一，又缺乏实践经验，往往出现决策随意、信息不通、理念不清、用人不当等状况，对具体的市场开拓缺乏相关的经验与知识。在这种情况下，大学生创业就会遇到各种不可预见的风险，很可能会使大学生创业者犯下低级错误，进而导致创业困难甚至失败。

（六）环境风险

环境风险是指在创业过程中由于环境发生变化而给创业带来的利益损失。

这一风险也贯穿在创业的过程中,但在中后期的表现更为突出,一旦发生,可能给企业带来致命的打击。特别是高新技术产品的创新活动,由于所处的社会、政治、政策、法律环境变化或由于意外灾害发生而造成失败的可能性更大,而且对这种变化,创业者自身是无力改变的。

三、大学生创业风险产生的原因

(一)外部环境原因

职业精神和道德秩序的缺失是形成创业风险的前提。一个成熟的、稳健的竞争生态圈,不是简单地在政府所提供的若干法律法规的框架内追求利益,它更应该体现为法律与传统道义、社会行为规范的整体协调。目前对我国的创业者来讲,要想事业成功并成为这个社会和时代的主流,首要之务是塑造中国企业家的职业精神和重建中国企业的道德秩序。企业家及创业者以企业伦理道德为约束,以诚信、平等、公正、公开为信条,创造中国特色的商业环境也是我们这一代大学生创业的责任与义务。

(二)内部环境原因

创业决策的独断和无制约;企业盲目扩张和多元化;创业者一夜暴富的投机性;内部管理不善,创办人缺少必要的经营企业的知识和经验,财务上没有遵循审慎原则;错把庸才当人才等一系列的问题,都会使创业者身处"时时有风险、处处有风险"的境地。

(三)大学生创业者自身原因

1. 眼高手低,盲目乐观

互联网、人工智能、新能源等高科技行业成为当下大学生眼中的创业金矿,以至于不少学生轻视服务业或技术含量较低的传统行业。然而,大学生如果对自身经验和能力认识不足,对创业的期望值又过高,一开始就起点过高的话,很容易失败。

2. 纸上谈兵,经验不足

缺乏经验是目前大学生创业中普遍存在的问题,不少大学生创业者不习惯对产品或项目做市场调查,而是进行理想化的推断,例如,"如果有 3 亿人需要我们的产品,每件售价 100 元,我们就有 300 亿元的销售市场",这类推断方法显然是站不住脚的,而且常常起到误导作用。

3. 单打独斗,缺乏合作

在强调团队合作的今天,创业想靠单打独斗获得成功的概率正在大幅降低。

团队精神已成为不可或缺的创业素质,风险投资商在投资时也愈发看重有合作能力的创业团队。如今大学生一般都不乏个性,自信心较强,在创业中常常自以为是、刚愎自用,这些都影响了创业的成功率。

另外,大学生创业时资金储备不足、市场应变不灵、法律意识淡薄,同时,对创业项目缺乏深度审视,对市场缺乏前期的理性评估加上不具备创业的良好的心态,这些都是造成创业风险的重要原因。

四、大学生创业风险的防范

风险,一个不可抗拒的存在,也是一个创业者必然要面对的因素。面对创业风险,大学生要具备预测风险和制定行之有效的措施的能力,尽量规避它的发生和出现。而大学生创业者要具备这些能力就必须在以下几方面有所加强。

(一) 提升大学生自身素质

大学生创业所存在的风险往往是由大学生这个特殊的群体在创业过程中具有的劣势造成的,因此想要规避风险,就必须从实际出发,提升自身能力,具备各项创业所需的技能与素质。分析众多大学生创业成功的案例,他们成功创业可以归因于以下几方面的能力:创新能力、策划能力、组织能力、领导能力、管理能力以及公关能力。换言之,也只有这几方面的能力同时具备,大学生在创业中才能技高一筹,提升创业成功率。

(二) 准备好创业必备的硬件

俗话说"巧妇难为无米之炊",没有充分的硬件准备,再好的创业构思也难以转化为现实的生产力,再优秀的人才也没有用武之地。大学生创业所需要具备的硬件主要是经验、资金和技术。经验的积累可以避免陷进眼高手低、纸上谈兵的误区;资金为成功创业建立物质基础;技术则是大学生想要在高新领域占有一方天地的王牌。

(三) 加强风险意识教育

各高校可以有计划地开设有关创业风险的课程,通过实际案例理性分析创业活动的复杂性,让大学生能够清醒地认识到创业历程中存在的风险,以及如何防范和应对创业过程危机,指导大学生在创业前期、创业当中如何对待和化解创业风险,促进大学生进行创业能力的自我培养和技能的提高。大学生则要重视并珍惜"风险意识教育"的机会。

（四）了解政策和相关法律

近年来,为支持大学生创业,国家各级政府出台了许多优惠政策,了解这些政策,利于大学生创业者走好创业的第一步。同时,应该加强学习相关的法律制度,如工商注册登记、经济合同和税务等法律法规知识,这些都是大学生创业过程中必需的知识储备。只有懂法、守法,并依据法律法规保护自己的合法权益,才能确保大学生创业者的创业行动稳健且长久。

（五）创业不同阶段的注意事项

真正实施创业行动时,无论是在创业前期的准备、创业中期的运行还是创业后期的完善也都有许多问题需要格外注意,主要包括:在创业前期,要谨慎选择创业项目,避免盲目跟风;合理挑选合伙人,避开熟人搭伙;注重实践磨炼,回避准备不足。在中期要强化内部管理,培养骨干队伍;积极参与竞争,杜绝急功近利;加强内涵建设,创立品牌形象。在创业后期,面对"守业"的艰巨任务,要懂得建立激励机制,凝聚创新人才;尝试权力授予,完善组织架构;逐步合理扩张,健全制约机制。唯有如此,才能算得上成功创业。

在我国科技进步、经济高质量发展的新形势下,到处蕴藏着好的创业机会,大学生创业也日渐成为当代大学生实现自身价值、带动就业、创造财富的一个重要途径。但是不能否认的是,创业风险也是客观存在且不可避免的。尤其是对资金、能力、经验都有限的大学生创业者来说,并非"遍地黄金"。所以,想要创业的大学生必须用敏锐的眼光去发现风险,用超人的智慧去应对风险,积极投身到创业的潮流中,并具有"站稳脚跟,求得发展"的信心和决心。同时,创业大学生要根据自身特点,找准"落脚点",从"害怕风险,不敢迈步"之中解放出来,敢于去市场经济的大潮中劈风斩浪,在经受商海的历练和锻打中,练就规避风险、化解风险的本领。使自己在迎战风险的过程中站立起来,成熟起来,唯此方能闯出一片真正属于自己的新天地,成为商海的精英和栋梁。

品文酌理：
改革开放不惧
风险挑战

▶ 润心好文

数字经济下的创业机遇与挑战

在当今数字化浪潮汹涌澎湃的时代,数字经济正以前所未有的速度改变着社会经济的发展模式,为创业者们带来了诸多令人瞩目的机会。

机遇

数字经济涵盖了众多领域,其中

电子商务领域的创业机会尤为突出。随着互联网的普及和消费者购物习惯的转变，电商市场规模持续扩大。2024年中国电子商务交易额突破了40万亿元人民币，成为全球最大的电商市场。创业者可以借助电商平台，开展各类商品的销售业务，无需实体店面，降低了运营成本。同时，利用大数据分析等技术，能够精准地把握消费者需求，选品更加符合市场趋势，提高销售成功率。此外，跨境电商的兴起也为创业者提供了广阔的国际市场空间，通过与全球供应商和消费者的连接，可以拓展业务范围，获取更丰厚的利润。

人工智能技术的飞速发展，也催生了一系列创业机遇。如AI绘画和写作工具的出现，改变了创作和生产的传统模式。AI绘画工具能够根据用户提供的关键词生成独特的艺术作品，为设计、广告、艺术等行业带来了创新的可能。创业者可以利用这些工具，开展定制化的艺术创作服务，满足客户个性化的审美需求。而AI写作工具则可帮助快速生成高质量的文本内容，如新闻稿件、文案策划、学术论文等，为内容创作领域注入了新的活力，降低了创作门槛，提高了生产效率。

在线教育与智慧医疗也是数字经济下的热门创业领域。在教育领域，近年来，在线教育平台的大量涌现，使得学生和老师的远程互动成为新的常态。创业者可以针对不同的学科、年龄段和学习目标，开发具有特色的在线教育课程，提供个性化的学习方案，满足人们终身学习的需求。在医疗领域，智慧医疗的兴起让诊疗更为高效、精准。创业者可以探索远程医疗咨询、医疗大数据分析、智能健康管理等服务，通过整合医疗资源，为患者提供更加便捷、优质的医疗体验，同时也有助于缓解医疗资源紧张的问题。

挑战

然而，数字经济下的创业并非一帆风顺，也面临着诸多挑战。首先是技术更新换代迅速，创业者需要不断学习和掌握新的数字技术，以保持竞争力。其次，数据安全和隐私保护问题日益重要，创业者必须建立健全的数据管理和保护机制，确保用户信息的安全。再者，市场竞争激烈，如何在众多的创业者中脱颖而出，需要具备独特的创新思维和营销策略。

总之，数字经济为创业者们打开了一扇通往成功的大门，提供了丰富多样的创业机会。

▶ 深思勤践

一、案例分析

霸王茶姬:新中式茶饮的崛起之路

新中式茶饮品牌霸王茶姬的创始人张俊杰曾在台湾一家连锁奶茶店工作多年,积累了丰富的行业经验。2017 年他回到家乡昆明创立霸王茶姬品牌,当时新中式茶饮市场正在崛起,消费者对具有传统文化特色的茶饮产品兴趣浓厚。霸王茶姬抓住了这一市场趋势,以"原叶鲜奶茶"为核心产品,融合了中国传统茶文化元素,打造出具有独特品牌风格和文化内涵的茶饮空间,迅速在国内市场取得巨大成功,2024 年销售额超过 200 亿元人民币。

市场定位

(1) 聚焦原叶鲜奶茶。霸王茶姬创立于 2017 年,当时新茶饮市场竞争激烈,但多以水果茶等为主打,霸王茶姬却精准地将品牌定位在原叶鲜奶茶这一细分领域,主打用生态茶山直采的原叶、阳光牧场新鲜牛乳等优质原料制作茶饮,满足了消费者对健康、高品质茶饮的需求,与其他产品形成差异化竞争。

(2) 锁定目标客户群体。其目标客户主要是追求时尚、注重健康且对传统文化有兴趣的年轻消费群体。通过产品的定位与设计,如具有诗意和文化内涵的饮品名称、国潮风的包装和门店设计等,吸引了这一核心客户群体的关注和喜爱,使得霸王茶姬在年轻消费市场中占据了一席之地。

文化价值

(1) 品牌文化内涵。品牌名源自中国史诗故事"霸王别姬",将中国传统文化中的忠义、坚韧等精神内涵融入品牌。其品牌 Logo 采用京剧花旦脸谱,产品设计融入戏曲服装、传统刺绣、篆刻木雕等元素,门店装修呈现禅意中国风格,让消费者在享受茶饮的同时,能够感受到浓厚的中国传统文化氛围,提升了品牌的文化附加值和消费者的认同感。

(2) 传承与创新茶文化。霸王茶姬借力戏曲传承中国文化,聚焦戏曲,延展出"霸王茶姬,就是有戏"的品牌态度,主张每个人及其人生都能够扮演一个"作秀达人"角色,拒绝平庸,打破偏见,告别刻板印象,拥有无限的变化和可能,使品牌更具个性和活力,吸引了众多年轻消费者。

营销策略

(1) 社交媒体营销。2018 年 6 月 20 日,霸王茶姬发起抖音全网"撕杯"风潮,播放量上亿次,创造了巨大的产品曝光,快速提升了品牌知名度。此外,还通过小红书、微博等社交平台,发布精美的产品图片、有趣的视频和文化故事等内容,引发消费者的自主传播和讨论,进一步扩大了品牌影响力。

(2)联名合作。与多个知名品牌和IP①进行联名合作,如2022年与三星堆文化元素相结合推出系列产品,2023年与Keep开展线上打卡与线下趣味快闪店活动等。这些联名合作不仅为消费者带来了新鲜感和独特的消费体验,还借助合作方的品牌影响力和用户基础,拓展了自身的客户群体。

(3)明星合作与代言。邀请明星担任品牌形象代言人或产品推广大使。通过明星的影响力和粉丝效应,提升了品牌的知名度和美誉度,吸引了大量粉丝群体的关注和购买。

海外市场拓展

(1)提前布局海外市场。霸王茶姬的海外布局早于国内市场的全面铺开,2019年踏入了马来西亚市场,并陆续在新加坡、泰国等开设门店。这种"逆向思维"让它得以在海外市场中抢占先机,为后续的全球化战略奠定了坚实的基础。

(2)适应海外市场需求。在海外市场,霸王茶姬延续了国内主打的原叶茶和新鲜牛奶的特点,注重茶味的浓郁和甜度的控制,以提供更健康的茶饮,满足了海外消费者对健康饮食的追求。同时,根据不同国家和地区的文化特点和消费习惯,对产品和营销策略进行适当调整,如在法国巴黎的快闪店结合当地标志性建筑埃菲尔铁塔、凯旋门等打造主题会友红蓝杯,增强了品牌在海外市场的适应性和吸引力。

品质保障与标准化管理

(1)建立原材料供应体系。霸王茶姬拥有2 700亩(1亩≈666.7平方米)茶园,在潮汕里湖镇、江门市建有自己的茶叶加工厂,并与39个优质生态果园达成战略合作,从源头上保证了原材料的品质和供应稳定性。通过标准化的原材料采购和加工流程,确保了产品质量和口感的一致性,为品牌的规模化发展提供了有力支撑。

(2)门店运营标准化。制定了严格的门店运营标准和管理流程,包括员工培训、服务规范、产品制作标准等方面。通过标准化的管理,保证消费者在不同门店都能够享受到高品质、一致化的产品和服务,提升品牌的整体形象和市场竞争力。

资本助力与扩张

(1)获得资本支持。2021年,霸王茶姬完成了A轮和B轮融资,募集资金超过3亿元,投资方包括复星集团、XVC、青岛秋实和琼碧秋实等。这些资金为霸王

---

① IP是Intellectual Property的缩写,是指具有一定影响力和商业价值的文化内容。

茶姬的快速扩张提供了强大的资金支持,使其能够加快门店布局、提升品牌知名度和市场份额。

(2) 加速门店扩张。凭借资本的助力,霸王茶姬在国内市场迅速扩张,从西南地区逐步走向全国,门店数量快速增长。2023 年,霸王茶姬新增了 2 000 多家门店,全球门店总数已超 6 000 家。同时,其还积极筹备赴美上市,预计筹集 2～3 亿美元资金,进一步为其未来的发展和扩张提供资金保障。

分析与思考

(1) 张俊杰从何处看到了创业机会?

(2) 张俊杰创业的过程中,哪些是他成功的要素?

(3) 张俊杰是如何成功应对创业中的风险的?

二、模拟实践

麦田蜜语蛋糕坊的创业机会评价

实训目的

评价创业机会,有效防范创业风险。

实训内容与方式

结合创业项目——麦田蜜语蛋糕坊的项目背景(见模块一"模拟实践"),分组(每组 3～4 人为宜)对该创业项目所具备的创业条件进行分析,并利用本模块所学创业机会评价方法对创业机会的价值进行综合评估。

(1) 分析"麦田蜜语蛋糕坊"的创业机会来源,完成表 6-6 填写。

表 6-6　蛋糕坊的创业机会来源

因素	评价
个人的兴趣和爱好	
未被解决的问题	
外部环境的变化	
市场竞争的机会	
其他	

(2) 分析创办"麦田蜜语蛋糕坊",所具备的创业条件,完成表 6-7 填写。

(3) 分析"麦田蜜语蛋糕坊"在创办过程中会遇到的创业风险,完成表 6-8 填写。

表6-7 蛋糕坊具备的创业条件

因素	评价
具备的资源	
可行的创意	
适当的技能	
行业的知识	
网络和关系	
明确的目标	
其他	

表6-8 蛋糕坊面临的创业风险

因素	评价
机会风险	
资金风险	
技能风险	
资源风险	
管理风险	
环境风险	
其他	

实训成果

各组使用标准打分矩阵表定量评价方法,评价麦田蜜语蛋糕坊的创业机会(记录于表6-9),并形成分析报告。

表6-9 蛋糕坊创业机会评价标准打分矩阵表

标准	专家打分				
	最好（3分）	好（2分）	一般（1分）	打分原因	加权平均分
易操作性					
质量和易维护性					
市场接受性					
增加资本能力					
投资回报					
专利权状况					
市场大小					
制造的简单性					
口碑传播力					
成长潜力					

模块七 打造创业团队

▶ **思想领航**

能用众力,则无敌于天下矣;能用众智,则无畏于圣人矣。

——《三国志》

▶ **学习目标**

- 知识目标

(1) 了解创业团队的特征。

(2) 掌握组建创业团队的原则及程序,理解创业团队的价值。

(3) 掌握创业团队的管理技巧,了解创业团队的社会责任。

- 能力目标

(1) 能根据创业项目需求,组建成员优势互补、规模适配的创业团队。

(2) 能够运用多种方法提升团队合作能力,高效解决团队冲突,提升协作效率。

(3) 能够依据团队发展阶段,灵活调整管理策略,定期评估团队绩效并制定改进方案。

- 素质目标

从创新精神、风险承受能力、领导力、决策能力等多个维度全面提升创业素质,激发团队合作意识,增强团队凝聚力。

▶ **导师寄语**

创业追求的不是把自己变成一个永动机,而是要创造一种即使不需要自己亲自操作所有事,业务仍然在自行运转的系统——团队。一个优秀的创业团队,是企业不竭生命力的来源,是新企业生存和发展的核心。

通过本模块学习,希望同学们能够系统规划,从成员的技能互补、目标统一、沟通机制建立等方面精心构筑自己的创业共同体,成就不平凡的事业。

▶ 学前导读

楚汉风云中的团队智慧

图 7-1　刘邦和"汉初三杰"画像

汉高祖刘邦的崛起之路,绝非一帆风顺,而是在众多贤才的簇拥与辅佐下,一步步迈向巅峰。其中,"汉初三杰"——萧何、张良和韩信(图 7-1),无疑是他成就大业的关键人物。

张良,这位智谋超群之士,犹如智慧的化身。他于帷幄之中,便能精准地谋划战略,决胜于千里之外。每一次重大决策的背后,都有张良深邃的洞察力和精妙的布局在发挥着作用。

萧何,则以其卓越的治理才能,成为刘邦团队坚实的后勤保障。他深知粮草供应对于战争胜负至关重要,于是全身心地投入到安抚百姓、征调粮草等艰巨任务中。在他的精心组织与管理下,军队得以拥有充足的物资供应,后方得以稳定繁荣。

韩信,一位军事天才,领兵百万,决战沙场时威风凛凛,百战百胜。他的军事指挥才能在诸多战役中展现得淋漓尽致,明修栈道、暗度陈仓、背水一战等经典战例,无不彰显他的果敢与睿智。

而刘邦,这位看似在某些专业才能方面不及手下的领袖,却有着一种更为卓越的品质——知人善用。他给予张良足够的信任与空间,使其智慧得以尽情施展;他依靠萧何的治理能力,保障了后方的稳定;他重用韩信的军事天赋,在战场上所向披靡。

反观项羽,他自身确实拥有强大的武力与军事才能,堪称一代英雄。然而,他致命的弱点在于过于自负,刚愎自用。在他的阵营中,虽有范增这样的谋士,却未能给予充分的信任与重用,反而对其猜疑不断。项羽妄图以一人之力对抗刘邦的整个团队,这种孤立无援的作战方式,如同一只勇猛的狮子领着一群羊,终究难以抵挡刘邦团队如狼群般的协同作战。

刘邦团队的胜利,是一种微妙而又精妙的"制衡"结果。团队中的每个人都并非完美无缺,都有着各自的缺点与不足,但他们的长处又相互补充、彼此依存。他们就像一个紧密协作的狼群,为了共同的目标而努力奋斗,每一个成员都在团队中找到了自己的价值与位置,同时又离不开其他成员的支持与配合。一旦这个平衡被打破,团队的战斗力将会大打折扣,甚至走向失败。

楚汉相争的这段历史,犹如一面镜子,清晰地映照出团队协作与领导智慧的重要性。它深刻地启示着后世,在追求成功的道路上,无论是治理国家、经营企业,还是领导团队,都不应仅仅依赖个人的力量,而应善于发现人才、整合人才,营造一个相互协作、相互制衡的良好团队氛围,如此方能在激烈的竞争中立于不败之地。

思辨与探究

(1)刘邦在团队建设中,有哪些值得我们借鉴的经验?

(2)从组建创业团队角度,分析刘邦团队中四人的角色分工。

任务一　创业团队认知

一、创业团队的内涵

创业团队是指在新企业创建初期由两个或两个以上才能互补,责任共担,所有权共享,愿为共同的创业目标而奋斗,且处于新企业高层管理位置的人共同组成的有效工作群体。创业者在创业之初,组建一支优秀的创业团队是创业成功的关键。创业团队通常具有以下特点。

(1) 一个创建新企业的特殊群体。

(2) 一个具有新价值创造与创新能力的群体。

(3) 树立共同的目标,其根本目标是为顾客创造价值。

(4) 团队成员之间才能互补,团队绩效大于个人绩效之和。

(5) 团队成员共担责任,且共同拥有企业的所有权以及一切成果的分享权。

(6) 创业团队是高层管理团队的基础与雏形。

二、创业团队的价值

有关调查发现:70% 以上创业成功的企业,都有多名创始人。尤其是在高科技领域,团队创业比个体创业更为常见。相对个人创业而言,创业团队具有以下突出优势。

(1) 团队成员对工作目标及责任共同承担。

(2) 团队成员能力互补、认知共享。

(3) 能更有效地决策。

(4) 有更高的工作绩效。

(5) 能更加迅速地应对技术变革。

(6) 创业机会的识别、开发和利用能力大大提高。

三、创业团队的类型

创业企业失败的原因很多,最常见就是资金、团队或者商业模式出现了问题。而一般的创业都是有了一个好的创业构想或者商业模式,选定一个好的创业项目才付诸行动。创业行动的首要之务就是组建一个好的创业团队,进行资金筹集使用、产品研发、市场营销以及企业内部管理,因此,团队组织设计的重要性不言而

任务提示

>> 本任务将引领同学们认识创业团队及其角色分配。

任务先行

>> 创业不是凭空捏造,也并非纯粹的个人英雄主义。"一拳难敌众手",优秀的创业团队才是把握创业机会,实现创业成功的法宝。那么何谓创业团队?创业团队又应该囊括哪些人才?让我们一起在本次任务中破解困惑。

品文酌理:
团队与群体的区分

品文酌理:
中国互联网"第一创业团队"

147

喻。一般来说,创业团队大体上可以分为三种,分别为星状创业团队(图7-2)、网状创业团队(图7-3),以及从网状创业团队中演化来的虚拟星状创业团队(图7-4),三种类型的创业团队有关内容如表7-1所示。

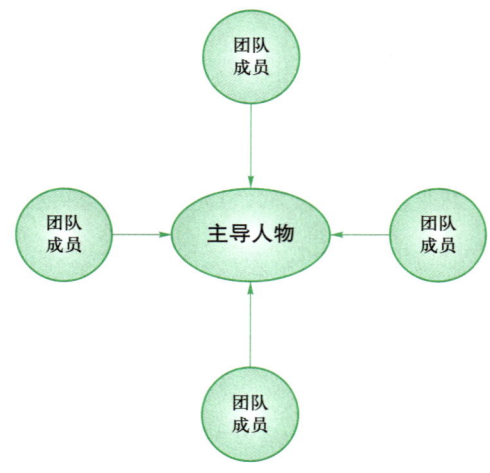

图 7-2 星状创业团队

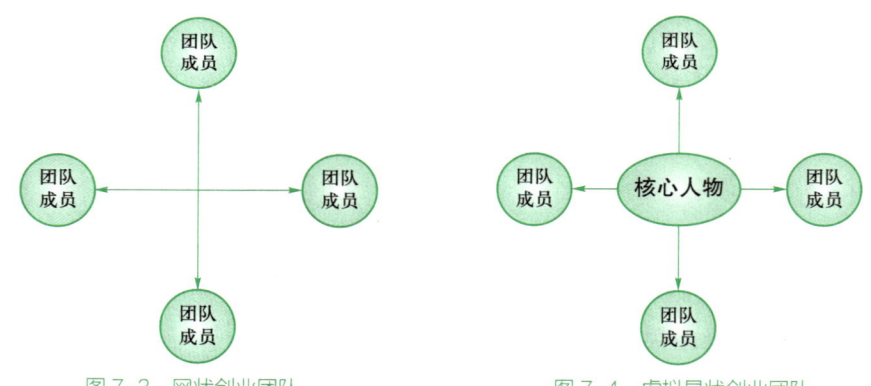

图 7-3 网状创业团队　　　　　　图 7-4 虚拟星状创业团队

表 7-1 创业团队的类型

团队类型	内涵	特点	典型代表
星状创业团队	有一个核心主导人物,充当领军的角色	组织结构紧密,向心力强; 决策程序相对简单,组织效率较高; 容易形成权力过分集中的局面,从而使决策失误的风险加大; 当其他团队成员和主导人物发生严重冲突时,一般都会选择离开团队,因而对组织的影响较大	百度创业团队

团队类型	内涵	特点	典型代表
网状创业团队	由志趣相投的伙伴组成，共同认可某一创业项目，共同进行创业	成员地位平等，有利于沟通交流； 团队没有核心，整体结构较松散； 组织决策效率相对较低； 容易形成多头领导的局面； 当团队成员之间发生冲突时，一般都采取平等协商、积极解决的态度消除冲突。团队成员不会轻易离开，但是一旦团队成员间的冲突升级，使某些团队成员撤出团队，就容易导致整个团队的涣散	携程创业团队
虚拟星状创业团队	在团队中，核心人物地位的确立是团队成员协商的结果，因此核心人物某种意义上说是整个团队的代言人，而不是主导型人物	团队领导具有一定的威信，在团队中的行为必须充分考虑其他团队成员的意见，又不像星状创业团队中的核心主导人物那样有权威； 团队领导既不像星状创业团队那么集权，又不像网状创业团队那么分散	腾讯创业团队

四、创业团队的角色分工

被誉为"团队角色理论之父"的英国团队管理专家梅雷迪思·贝尔宾观察与分析成功团队时发现，一支结构合理的团队应该由三大类、九种不同的角色组成（图 7-5），依据成员所表现出来的个性及行为特征来划分，这九种角色分别是完成者（Completer Finisher，FI）、执行者（Implementer，IMP）、鞭策者（Shaper，SH）、协调者（Co-ordinator，CO）、外交家（Resource Investigator，RI）、凝聚者（Teamworker，TW）、智多星（Plant，PL）、专业师（Specialist，SP）、审议员（Monitor Evaluator，ME），他们分别负责行动导向（执行团队任务）、人际导向（协调内外部人际关系）、谋略导向（发想创意）三类任务活动。这就是著名的"贝尔宾团队角色理论"（见表 7-2）。

品文酌理：
贝尔宾团队角色测试（自评）

图 7-5　团队中三大类、九种角色

149

表 7-2　贝尔宾团队角色

类型	角色	角色描述及个性特征
行动导向（执行团队任务活动）	完成者（FI）	为团队带来严谨、担当。勤勤恳恳，尽职尽责，积极投入，找出差错与遗漏，准时完成任务
	执行者（IMP）	为团队带来稳健、信誉。执行力强，纪律性强，办事高效，值得信赖，保守稳健
	鞭策者（SH）	为团队带来动力、韧性。极强的成就导向，充满活力，激发人心，有克服困难的动力和勇气
人际导向（协调团队内外部人际关系）	协调者（CO）	团队带来成熟、掌舵支柱。成熟、自信，能够阐明目标，促使决策，合理分工，成员信任与认同，典型的人际导向型团队领袖
	外交家（RI）	为团队带来热情、发展机会。外向，热情，健谈，善于发掘机会、谈判、构建关系网络、获取外部资源
	凝聚者（TW）	为团队带来高效合作、凝聚力。善于倾听，性格温和，感觉敏锐，能够防止摩擦、平息争端、趋利避害，促使团队融洽，保持振奋向上的团队精神
谋略导向（发想创意与提供专家智慧）	智多星（PL）	为团队带来创新、变革力。高智商，富有创造力和想象力，不墨守成规，敢想敢干，能够解决难题
谋略导向（发想创意与提供专家智慧）	专业师（SP）	为团队带来特殊技能、专业性。目标专一，提供专业的知识与技能，同时表现为高度内向，自我鞭策，甘于奉献
	审议员（ME）	为团队带来客观评判、明智决策。明智、谨慎、聪明，遇事沉稳冷静，具有战略眼光与远见卓识，在重大决策上往往能够作出正确评估与判断

没有完美的个人，但是可以有完美的团队。此理论可以帮助创业者在建构团队时，确保每个职位的逻辑性与完整性，并让团队成员正确分析自我能力与特质，找准自己在团队中的定位，同时不断优化自己的能力，形成优势互补，实现"1+1 > 2"，从而塑造一支完美的创业团队。

表 7-2 中所列为理论上成功团队中的九种角色，而事实上，创业团队通常都不会有这么多人，何况一支完美团队的形成也不可能一蹴而就。但是，这个理论框架至少给我们提供了一个重要的信息，那就是角色之间的能力互补，我们仍然可以参考这种成功团队的组合结构，尽量去按照这个标准去组建自己的团队、去规划和寻找合适的成员，而在创业初期，我们完全可以一个人兼任不同的角色，成员之间也还可以轮换角色，这样依然会取得较好的成效。待队伍壮大、时机成熟，一支结构更合理、成员更多元、运行更高效的完美团队也就自然形成了。因此，我们建议创业者在深刻理解其内涵的基础上，灵活地加以运用即可。

应用案例

"及时雨"宋江的领导才能

梁山一众好汉，个个身怀绝技，人人功夫了得，要在他们面前发号施令，起码要武艺超群，不然怎么能服众？但不可思议的是这个团队的领袖，却是文不精、武不专的宋江。这是为何？

原来，宋江上任伊始就是大手笔、大动作。首先是排座次，严号令，整肃军纪。众好汉基本可分为两大阵营：第一种人以柴进、卢俊义、林冲为主，这些人要么身份显赫，要么富贵有加，要么具备专业技能混迹官场。如果不是命运突然改变，把他们逼到尽头，他们才不上梁山"落草为寇"。说"逼上梁山"就是指这伙人。这些人不缺能力、身份和钱财，只缺尊重，而宋江恰恰给了他们这些。另一种人则以李逵、鲁智深为主，他们生活在社会底层，在上层社会的挤压下苟延残喘。梁山对他们来说是个好去处，是理想王国。所以他们上梁山入伙一点也没有心理障碍。他们身上有足够的胆量和侠义，少的是物质基础与平等对话的权力。宋江恰好在这方面充分供给。其次，宋江把"聚义厅"改成了"忠义堂"。"义"变成"忠"虽是一字之改，却改变了水泊梁山的社会性质。从小团体化的"义"变成了全社会的"忠"。"忠"才是社会的整体诉求。而且"忠"也具有政治能量，水泊梁山于此从一群"乌合之众"变成一个"政治实体"了。"替天行道"大旗其实就是施政纲领，高举"替天行道"的旗帜阔步前进，山寨定会应者云集，兴旺发达。

启悟：作为创业团队的领导者，应重视团队凝聚力的打造，且能够精准洞察每位成员的优势与潜力。知人善任，协同合作，实现人力资源的优化配置。

任务二　创业团队组建

任务提示
>> 本分项任务将引领同学们学习如何组建一支优秀的创业团队。

一、创业团队组建的关键因素

创业团队如何打造，是所有创业者非常费心和必须解决的事情。当你需要判断商业理念是否有潜力时，个人能力再强，也难免有失误和考虑不周的时候，这个时候团队的重要性就体现出来了。很多创业初期的企业，不顾眼前情况，盲目组建大而全的团队，结果走向失败，到什么庙念什么经。组建团队重要的是量体裁衣。因此，当组建自己的管理团队时，你需要重点考虑五方面因素，即 5P。

(一) 创业目标(purpose)

创业团队有一个明确的目标,关于你们正在进行的工作,团队每个成员都应有着同样的目标。目标引导团队成员的思想和行为。没有目标,团队就没有存在的价值。例如,当我们希望制造一款小型厢式货车时,对于其中的细节,团队需要明确的是:我们开发的不是运动型多用车、"皮卡"或豪华轿车。这些不同车型面向不同市场有着不同的开发成本,需要不同的市场策略。

(二) 创业人员(people)

人是构成创业团队最核心的力量,两个或者两个以上的人就可以构成团队。目标是通过人员具体实现的,所以人员的选择是创业团队中非常重要的一个部分,在一个团队中可能需要有人出主意、有人订计划、有人实施、有人组织协调,还有人监督团队工作的进展、评价团队最终的贡献,不同的人通过分工来共同完成团队的目标,因此在人员选择方面要考虑到人员的知识、能力和经验如何,技能是否互补。

(三) 创业团队的定位(place)

创业团队的定位包含两层意思:一是创业团队的定位,确定团队在企业中处于什么位置,由谁选择和决定团队的成员,团队最终应对谁负责等;二是个体的定位,对团队成员进行明确分工,确定各自承担的责任。

云端映像:
秒懂管理职位

(四) 权限(power)

在创业团队当中,权限关系到两个层面:一是团队领导人的权力。团队领导人的权力大小与创业团队的发展阶段相关。一般来说,在创业团队发展的初期,领导权相对比较集中,团队越成熟,领导者拥有的权利相应越小。二是团队权力。要确定整个团队在组织中拥有哪些决定权。如财务决定权,人事决定权等。

(五) 创业计划(plan)

计划是对达到目标所做出的安排,是未来行动的方案,可以把计划理解成目标实施的具体工作程序。只有通过扎实认真地落实计划,创业团队才会贴近目标并最终实现目标。

二、创业团队组建的基本原则

(一) 目标明确合理原则

在明确了一个团队的目标时,作为团队的负责人,应该以这个共同的目标为出发点,来召集团队的成员。这样才能使团队成员清楚地认识到共同的奋斗方向。团队是不能以人数来衡量的。没有共同的理想和目标的一群人汇集在一起,不能称之为团队,这样的一群人是打不了胜仗的。与此同时,团队的目标也必须是合理的、切实可行的,这样才能真正达到激励的目的。

(二)精简高效原则

为了减少创业期的运作成本、最大比例地分享成果,创业团队人员构成应在保证企业能够高效运作的前提下尽量精简。

(三)动态开放原则

创业过程是一个充满不确定性的过程,团队中可能因为能力、观念等多种原因不断有人离开,同时也有人要求加入。因此,在组建创业团队时,应注意保持团队的动态性和开放性,让真正完美匹配的人员能被吸纳到创业团队中来。

三、创业团队组建的主要影响因素

创业团队组建时受多种因素的影响,这些因素相互作用、共同影响着组建过程并进一步影响着团队建成后的运行效率。

(一)商机

不同类型的商机需要组建不同类型的创业团队。创业者应根据创业者与商机间的匹配程度,决定是否要组建团队以及何时、以何种方式组建团队。

(二)团队目标与价值观

统一的目标、共同的价值观是组建创业团队的前提。团队成员若不认可团队目标,就不可能全心全意为此目标的实现而与其他团队成员相互合作、共同奋斗。而不同的价值观将直接导致团队成员在创业过程中脱离团队,进而削弱创业团队作用的发挥。没有一致的目标和共同的价值观,创业团队即使组建起来,也无法有效发挥协同作用,必然缺乏战斗力。

(三)团队成员

创业团队可能很小,但必须是"五脏俱全"。创业团队成员不能是清一色的技术流成员,也不能全部是销售人才,团队成员的能力总和决定了创业团队的整体能力和发展潜力。创业团队成员的才能互补是组建创业团队的必要条件。优秀创业团队的成员各有所长,相互补充,相得益彰。此外,团队成员间的互信是形成团队的基础。而互信的缺乏,将直接导致团队成员间协作障碍的出现。

（四）外部环境

创业团队的生存和发展直接受到制度性环境、基础设施服务、经济环境、社会环境、市场环境、资源环境等多种外部要素的影响。这些外部环境要素从宏观上间接地影响着对创业团队组建类型的需求。

四、创业团队组建的程序及主要工作

小试身手：
组建创业团队

（一）明确创业目标

创业团队的总目标就是要通过完成创业阶段的技术、市场、规划、组织、管理等各项工作实现企业从无到有、从起步到成熟。总目标确定之后，为了推动团队最终实现创业目标，再将总目标加以分解，设定若干可行的、阶段性的子目标。

（二）招募合适的人员

招募合适的人员是创业团队组建最关键的一步。关于创业团队成员的招募，主要应考虑两个方面。

（1）互补性。考虑其能否与其他成员在能力或技术上形成互补。这种互补性形成既有助于强化团队成员间彼此的合作，又能保证整个团队的战斗力，更好地发挥团队的作用。一般而言，创业团队至少需要管理、技术和营销三个方面的人才。只有这三个方面的人才形成良好的沟通协作关系后，创业团队才可能实现稳定高效。

（2）适度规模。适度的团队规模是保证团队高效运转的重要条件。团队成员太少则无法实现团队的功能和优势，而过多又可能会产生交流的障碍，团队很可能会分裂成许多较小的团体，进而大大削弱团队的凝聚力。一般认为，创业团队的规模控制在 2 ～ 12 人为最佳。

（三）职权划分

为了保证团队成员执行创业计划、顺利开展各项工作，必须预先在团队内部进行职权的划分。创业团队的职权划分就是根据执行创业计划的需要，具体确定每个团队成员所要担负的职责以及所应享有的权限。团队成员间职权的划分必须明确，既要避免职权的重叠和交叉，也要避免无人承担造成工作上的疏漏。此外，由于还处于创业过程中，面临的创业环境又是动态复杂的，不断会出现新的问题，团队成员可能不断出现更换，因此创业团队成员的职权也应根据需要不断进行调整。

（四）团队的调整融合

组建完美组合的创业团队并非创业一开始就能一蹴而就,很多时候是在企业创立一定时间后随着企业的发展而逐步形成。随着团队的运作,团队组建时在人员匹配、制度设计、职权划分等方面的不合理之处会逐渐暴露出来,这时就需要对团队进行调整融合。由于问题的暴露需要一个过程,因此团队调整融合也应是一个动态持续的过程。在完成前面的工作步骤之后,团队调整融合工作需要专门针对运行中出现的问题,不断对前面的步骤进行调整直至满足实践需要为止。在进行团队调整融合的过程中,最为重要的是要保证团队成员间经常进行有效的沟通与协调,培养强化团队精神,提升团队士气。

任务三　创业团队管理

一、目标管理

目标指导行动,所以一个团队必须要有目标,每个团队成员也必须要有明确的目标,团队管理人员有责任为团队成员制定适宜的目标。因此,目标管理是管理团队的一个重要的方法,尤其是销售团队更需要目标的指引。

作为领导必须知道自己对下级的期待是什么,而下级同样必须知道自己对什么结果负责。团队目标是团队的灵魂,是指引团队前进的灯塔,也是团队存在的组织意义。因此,对团队的管理要以目标为导向。团队领导必须根据团队的使命和长远战略,估计客观环境带来的机会和挑战,对本团队的优劣有清醒的认识,对组织应该和能够完成的目标,做到心中有数。当出现意外和不可测事件,严重影响组织目标实现时,团队领导也可以通过一定的程序修改原定的目标。

二、流程化管理

流程化管理是一种以规范化的点对点的卓越业务流程为中心,以持续地提高组织业务绩效为目的的系统化方法。它是一个操作性的定位描述,指的是流程分析、流程定义与资源分配、时间安排、流程质量与效率测评、流程优化等。因为流程化管理是根据团队的具体情况而设计的,因而这种流程会随着内外环境的变化而被优化。流程化的管理能减少团队成员工作的盲目性和重复性,提高团队的工作效率;同时也提高团队管理者的效率,为提高管理效能提供一个便捷的管理工具。所以一个高效团队的打造,离不开流程化的管理。

任务提示

>> 本分项任务将引领同学们学习创业团队的管理知识。

任务先行

>> 创业,起点潜力爆发,稳住了,才能站得住。可是如何才能有个完美的开始? 管理好创业团队是首要之务。一个团队管理好了,才有一股凝聚力,才能为企业创造更多价值。接下来,让我们通过本分项任务的学习,掌握团队管理的技巧和策略。

三、绩效评估制度

规范的绩效评估制度是指通过团队组织制定绩效计划、绩效监控、绩效考核，以及绩效反馈与改进，以促进团队成员业绩持续提高，并最终实现团队目标的一种管理过程。

首先，要制定团队工作目标，并且要确保团队成员都明确自己的工作目标。只有在明确目标的前提下，团队成员的工作才会有目的性和方向性，才能控制其工作进程。

其次，团队领导者关键的职责在于对成员的业绩作出及时的评估和反馈。尽可能快地对成员的业绩作出反馈，让团队的成员了解他们自身的工作状况，以帮助其及时找出问题。这在提升团队成员的业绩方面是最有效的。进行绩效考核时，要注意以下四点。

（1）考核的标准要以定量为主，定性为辅。

（2）明确绩效管理的受益者。

（3）使绩效目标合理化。

（4）确保绩效考核的有效性。

再次，在正式的评估开始之前，管理者和团队成员首先要就这一年来团队成员所取得的进步进行讨论，这样可以使团队成员在整个考核过程中保持一个积极的态度，并且可以让其感受到评估的公正性，减少其对考核的误解。

最后，与团队成员沟通评估的结果，也要特别注意以下几个方面。

（1）地点的选择和氛围的营造非常重要。氛围轻松，能体现沟通双方的平等性。

（2）语言简洁明了、通俗易懂，避免过度使用专业术语，琐碎冗长。即使评估的结果会让成员失望，但是也不要回避问题，不要用含糊不清的语言描述。

（3）激励为主，改进不足。在年度绩效考核总结会议上，团队管理者的工作就是要激励团队成员。激励他们发挥优势、改进不足，要调动他们的积极性。对于那些考核结果不是很理想的成员，要建立他们的信心，肯定他们的价值，明确在今后的工作中他们将得到的支持和帮助。

四、沟通机制

创业团队能否高效运作，在很大程度上取决于团队成员的构成以及协作的有效性等因素。而随着团队成员之间的交往，其复杂性会成倍增加，这时沟通作为团队建设的"润滑剂"，显得尤为重要。团队成员彼此之间需要进行强有力的沟通才能了解各自的想法，相互理解和支持，并通过协作共同解决问题。因此，建立一套有效的沟通制度对于团队管理而言必不可少。

（一）拓展顺畅的沟通渠道

团队领导者应建立顺畅的沟通渠道，运用各种沟通方式，满足团队成员表达自己思想的愿望。具体渠道包括：会议沟通（如周例会、座谈会、交流会）、谈话沟通（如正式约谈和非正式谈话）、利用工具沟通（如电话、电子邮箱、征集意见表）等。

（二）营造良好的沟通环境

有效的沟通离不开良好的环境。团队领导者应推行人性化管理，在团队内部营造出宽松的沟通氛围，建立起积极的、健康的、和谐的人际关系，使团队成员和领导者之间、团队成员之间能自由平等地沟通，主动为团队发展献计献策。

（三）采取有效的保障措施

通过建立经常性的沟通制度，使成员间沟通的目的容易得到实现，每个人都有归属感，感受到彼此的尊重，这有利于推进共同事业的发展，成员的向心力和凝聚力也会倍增。此外，还可以运用激励机制对贡献大的成员予以适当鼓励。

五、团队合作精神

所谓团队合作精神，简单来说就是大局意识、协作精神和服务精神的集中体现。团队合作精神的基础是尊重个人的兴趣和成就；核心是协同合作；最高境界是全体成员的向心力、凝聚力；反映的是个体利益和整体利益的统一，进而保证组织的高效率运转。团队合作精神的形成并不要求团队成员牺牲自我，相反，挥洒个性和表现特长保证了共同任务目标的达成，而明确的协作意愿和协作方式则可以产生真正的团队凝聚力。在高凝聚力的团队中，员工和团队双方互相认同和接纳，员工获得尊重，他们的积极性能够得到发挥，也更有活力。打造团队合作精神，要做好两个方面的事情：一是打造团队的吸引力；二是让团队成员相互吸引。

综上，目标管理让团队成员明确工作的方向，流程化管理为团队成员提供便捷的工作方法，绩效评估让团队成员更加有激情和动力去工作，有效沟通提高团队成员的工作效率，团队合作精神让团队成员相互依存、同舟共济、长期稳定地去服务团队。这五个要素相辅相成、相互支撑、共同发力，才能使每个管理要素发挥更大的作用,才能打造精英团队。

▶ 润心好文

难得的创业团队

从创立之初的 5 条电话线和 8 台计算机所组成的局域网,到 2024 年为 19.4 亿注册用户提供基于微信、QQ 的各种通信服务;从当初只是 5 个人的创业团队、5 万元创业起步,到 2004 年 6 月上市后的 62.2 亿港元身价,再到 2024 年 3.7 万亿港元的市值;从当年 10 多平方米的一间办公室,到今天总投资 18 亿元人民币,建筑面积约 35 万平方米的腾讯滨海大厦(图 7-6)。正是 1998 年的秋天,马化腾与他的同学张志东"合资"注册了深圳腾讯计算机系统有限公司。之后又吸纳了三位股东:曾李青、许晨晔、陈一丹。为避免彼此争夺权力,马化腾在创立腾讯之初就和四个伙伴约定清楚:各展所长、各管一摊。

图 7-6 腾讯滨海大厦(深圳总部)

在企业迅速壮大的过程中,要保持创始人团队的稳定合作尤其不易。在这个背后,工程师出身的马化腾一开始对于团队合作的理性设计功不可没。

从股份构成上看,当年五个人一共凑了 50 万元人民币,其中马化腾出资 23.75 万元,占了 47.5% 的股份;张志东出了 10 万元,占 20%;曾李青出了 6.25 万元,占 12.5% 的股份;其他两人各出 5 万元,各占 10% 的股份。

虽然主要资金都由马化腾出,他却自愿把所占的股份降到一半以下。"要他们的总和比我多一点点,不要形成垄断、独裁的局面。"而同时,他自己又一定要出主要的资金,占大股。"如果没有一个主心骨,股份大家平分,到时候也肯定会出问题。"

保持稳定的另一个关键因素,就在于搭档之间的"合理组合"。据《沸腾十五年:中国互联网 1995—2009》作者林军回忆说，"马化腾非常聪明，但又非常固执，注重用户体验，愿意从用户的角度去看产品。张志东是脑袋非常活跃，对技术很沉迷的一个人。马化腾技术上也非常好，但是他的长处是能够把很多事情简单化，而张志东更多是把一个事情做到完美化。"许晨晔和马化腾、张志东同为深圳大学计算机的同学，他是一个非常随和、有主见，但不轻易表达的人，是有名的"好好先生"。而陈一丹是马化腾在深圳中学时的同学，后来也就读深圳大学，他十分严谨，同时又是一个非常张扬的人，他能在不同的状态下激起大家的激情。如果说其他几位合作者都只是"搭档级人物"的话，那么曾李青就是腾讯五个人创始人中最好玩、最开放、最具激情和感召力的一个人，与温和的马化腾、爱好技术的张志东相比，完美是另一个类型，其大开大合的性格，也比马化腾更具攻击性，更像拿主意的人。不过或许正是这一点，也导致他最早脱离了团队。

可以说，在中国的民营企业中，能够像马化腾这样，既包容又拉拢，选择性格不同、各有特长的人组成一个创业团队，并在成功开拓局面后还能依旧保持着长期默契的合作，是很少见的。

课间小测　创业团队　　健心课堂　先行先试

▶ 深思勤践

一、案例分析

众 志 成 城

一位农夫上山开荒，山上长满了茂密的杂草和荆棘。砍到一丛荆棘时，农夫发现荆条上有一个箩筐大的蚂蚁窝。荆条倒，蚁窝破，无数蚂蚁蜂拥窜出。老农立刻将砍下的杂草和荆棘围成一圈，点燃了火。风吹火旺，蚂蚁四散逃命，但无论逃到哪里，都被火墙挡住。蚂蚁占据的空间在火焰的吞噬下越缩越小，灭顶之灾即将到来。正在这时，奇迹发生了。火墙中突然冒出一个黑球，先是拳头大，渐渐地变成碗口大，原来地上的蚂蚁抱成一团，正向烈火滚去。外层的蚂蚁被烧得噼啪作响，死伤无数，但蚁群仍勇敢地向外滚动，终于突出火圈滚下山去，摆脱了全体灰飞烟灭的厄运。

农夫被这一幕深深地感动了……

分析与思考

(1) 蚂蚁团队给了我们哪些启示？

(2) 一个富有战斗力的创业团队应具备哪些精神？

(3) 创业团队在创业过程中能起到哪些作用？

二、模拟实践

麦田蜜语蛋糕坊的创业团队管理

实训目的

进行自我团队角色认知，加强团队管理。

实训内容与方式

项目背景：

为了提高蛋糕坊的产量，负责产品研发和质量管控的李凡雁向店长金浩言提出了在开业前需要招聘一名烘焙师的申请，很长时间过去了，金浩言仍没有明确答复，李凡雁认为金浩言这是敷衍了事，不够尊重自己的建议，金浩言则认为李凡雁不能够换位思考，无法理解他的难处，此时创业团队内部气氛有些紧张……

分小组进行如下讨论。

(1) 麦田蜜语蛋糕坊创业团队中现有成员的特征及角色地位如何？

(2) 团队中还缺少哪些角色，而缺少这些角色的后果如何？

(3) 当团队成员之间出现矛盾或分歧时，应该如何化解？

实训成果

结合本模块所学知识，为麦田蜜语蛋糕坊创业团队制定一套有效的沟通机制，以避免此类矛盾的再次发生。

模块八　研判创业市场

▶ 思想领航

调查研究是谋事之基、成事之道，没有调查就没有发言权，没有调查就没有决策权。

——习近平

▶ 学习目标

- 知识目标

  (1) 熟知市场调查方案的设计程序。

  (2) 了解宏观环境和微观环境分析的主要内容。

  (3) 掌握 4P 营销组合策略的四项内容。

  (4) 掌握至少三种市场细分的常用标准。

- 能力目标

  (1) 学会运用 SWOT 分析法对创业项目进行市场分析和决策。

  (2) 学会使用交叉细分法对市场进行细分。

  (3) 能够运用多种定位策略对创业项目进行合理市场定位。

  (4) 能够为创业项目制定出 4P 营销组合策略。

- 素质目标

  加深对顾客需求差异性的理解，增强市场定位意识。

▶ 导师寄语

创业的本质就是创造价值，而创造价值的过程就是解决用户的痛点并提出自己的解决方案，然后付诸实施。创业成功的标志就是你的解决方案实施的成本能够比用户忍受这个痛点付出的成本要低，说到底是一笔"经济账"。这就要求创业者事先对创业项目的市场环境优劣作出综合评价，做到知己知彼。只有通过市场调查，做好市场环境分析、市场细分和定位，才能对产品设计生产、价格制定、产品分销、促销策略等作出科学的战略部署。

通过本模块学习，希望同学们能给自己的产品确立一个清晰的市场形象，给顾客留下深刻印象。

▶ 学前导读

供给侧结构性改革的鲜活样本

近年来，中国汽车品牌的发展已呈现与外资品牌分庭抗礼的态势。究其原因，是中国汽车品牌多年来在技术研发领域的积累，引发产品的质变。

以目前驶入发展快车道的吉利（全称吉利汽车集团，隶属于浙江吉利控股集团）为例，在2014年进入新的战略转型阶段后，接连打造出令人赞叹的新产品，获得市场和口碑双丰收，更被《人民日报》撰文称为"供给侧结构性改革的鲜活样本"。

吉利的市场表现可以说经历着跨越式成长。吉利并没有什么秘籍，只是比较早地看到中国汽车市场需求端的变化，并且在供给侧进行了从企业愿景、发展战略、品牌架构到管理体系、产品结构的全面调整，并提出了精品车发展战略，要"造每个人的精品车"，致力于打造"动感精致、自信激扬"的汽车精品。这就意味着吉利在研发的投入上，要对标国际上有竞争力的主流汽车企业。在过去几年内，吉利汽车在研发领域的投入远高于行业平均水平，不仅投资200亿元与沃尔沃联合开发了CMA（Compact Modular Architecture）中级车基础模块架构，还在智能互联、自动驾驶、新能源等前瞻性技术上展开了布局（图8-1），2016年吉利研发投入就达80亿元。在专利技术方面，目前吉利申请专利位列国内主机厂前三名，共计14 000余件，被列为"中国企业知识产权自主创新十大品牌"。现任吉利控股集团总裁安聪慧说，吉利这三年来研发投入已经占到10%，实现了真正100%自主研发的中国新能源技术体系和解决方案。

图8-1　吉利全球四大研发中心

在2024年，通过"智能网联汽车天地一体化关键技术研究及应用"项目，吉利拿到了中国汽车工程学会科学技术奖——科技进步一等奖，实现新通信、新芯片、新交互三大创新，技术搭载50款车型，销量超百万辆，助力中国品牌智能网联技术领先。

思辨与探究

（1）吉利面向的消费人群有哪些？

（2）吉利成功进入市场并保持高销量的先决条件有哪些？

任务一　市场认知

一、市场的内涵

市场是商品经济发展的产物,市场的概念也是随着商品经济的发展而发展的。最初的市场,主要指商品交换的场所,强调场所的概念。随着生产和社会分工的发展,商品交换日益频繁,交换关系复杂化了,市场弱化了场所的概念,成为不同生产者通过买卖方式实现产品相互转让的商品交换关系的总和。

（1）传统的市场概念。市场是商品交换的场所。商品交换的场所是进行商品交换的必要条件,没有一定的场所,交换就无法进行。这是对市场本质的解释,也是最传统的、狭义的概念。它强调买主和卖主发生交换关系的地点和区域,很显然,任何一个创业项目都要考虑其产品销向哪些地区,在何种场所出售。

（2）经济学的市场概念。市场是商品交换关系的总和。一切商品交换关系的总和,这是经济学上对市场广义的解释,即市场是由那些从事商品生产和交换的生产者、经营者、消费者之间交换行为和活动中体现的经济关系的总和,强调的是商品供求关系、竞争关系、利益关系等。通常说的"市场机制""市场调节"中的"市场"就是经济学意义上的市场。

（3）营销学的市场概念。市场是指某项产品或劳务现实或潜在购买者的集合。这是从创业团队或者卖方角度对市场的解释。所谓的购买者可分为两类:现实的——既有支付能力又有购买兴趣的购买者;潜在的——可能具有购买能力和欲望的购买者。明确创业项目产品的市场规模,消费者及用户构成,是创业团队营销战略决策、制定策略、组织营销活动的基本出发点。所谓面向市场,实际上就是面向消费需求,面向自己的顾客。

二、市场的构成要素

从创业团队或卖方角度来看,市场由三个要素构成:有某种需要的人、购买力和购买欲望。只有当三个要素都同时具备时,创业项目才拥有市场,或者说拥有顾客。

上述三要素构成了创业项目的整个市场,缺少其中任何一个要素都不能成为创业项目的市场,这三个要素构成市场的矛盾运动,制约市场规模,即市场容量的大小,决定市场的基本状况及其发展趋向。

任务提示

>> 本分项任务将引领同学们了解市场与市场营销的真正内涵。

任务先行

>> 对于创业项目而言,不能单纯地追求其产品生产技术或服务优势,更要赢得市场优势。市场是创业项目落地和成长的土壤。那么,企业应如何从营销的角度理解市场以及其构成要素呢? 让我们一起在本分项任务中一探究竟。

品文酌理：
市场营销就是
推销吗？

三、市场的类型

根据不同的标准进行划分,市场可以分为以下不同的种类。

(1) 根据市场范围划分,可分为区域市场、国内市场、国际市场。区域市场又可分为农村与城市市场,或者沿海与内陆市场,东部、南部、西部、北方、中原市场等。

(2) 根据市场客体划分,可分为消费者市场、生产者市场、中间商市场、政府市场。

(3) 根据市场状况划分,可分为买方市场、卖方市场。

(4) 根据竞争程度划分,可分为完全竞争市场、完全垄断市场、寡头垄断市场、竞争垄断市场。

任务二　市场调查方案及问卷设计

任务提示
>> 本分项任务将引领同学们学习市场调查方案及问卷设计有关知识。

任务先行
>> 利润来自市场,风险来自市场,市场决定着创业的发展方向和成败。有了创业项目后,创业者需要对其所处的市场环境进行充分市场调查。然而,市场调查工作应该如何开展,具体应调查哪些内容呢?确定好了调查工作的基本流程,又该如何设计一份有效的调查问卷呢?让我们在本分项任务中寻找答案。

一、市场调查方案的设计程序

市场调查可以帮助企业全面了解市场和顾客,验证产品与市场的匹配度,更快地作出决策,设计产品。

市场调查的总体方案设计是对调查工作各个方面和全部过程的通盘考虑,包括了整个调查工作过程的全部内容。调查总体方案是否科学可行,是整个调查成败的关键。市场调查总体方案设计程序,如图 8-2 所示。

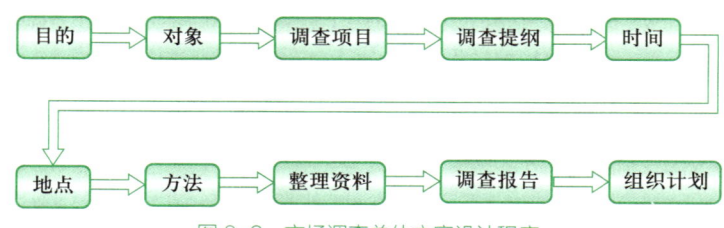

图 8-2　市场调查总体方案设计程序

(一) 确定调查目的

明确调查目的是调查设计的首要问题,只有确定了调查目的,才能确定调查的范围、内容和方法。创业项目的调查目的主要有:探索性调研、因果关系调研和预测性调研。

(二) 确定调查对象和调查单位

明确了调查目的之后,就要确定调查对象和调查单位,这主要是为了解决向谁调查和由谁来具体提供资料的问题。

（三）确定调查项目

调查项目是指对调查单位所要调查的主要内容,确定调查项目就是要明确向被调查者了解些什么问题,在创业项目调查中主要包括以下内容。

1. 市场状况调查

市场状况调查包括:调研产品、调查市场规模、确定目标市场、确定地理区域的目标市场、考虑消费限制条件、计算每位顾客每年平均购买量、计算产品的平均价格、计算购买的总金额等。

2. 宏观营销环境调查

宏观营销环境调查包括:人口环境、经济环境、社会文化环境、政治法律环境、科学技术环境、自然物质环境等。

3. 对消费者及其购买行为调查

对消费者及其购买行为调查包括:消费者的构成、消费者的购买动机、消费者的购买行为特点、影响消费者进行购买的信息渠道、消费者使用产品的行为特征、消费者购买后的行为分析等。

4. 对竞争者的调查

对竞争者的调查包括:主要的竞争者、竞争对手的销售情况、竞争对手的目标市场、竞争对手的产品情况、竞争对手的市场营销情况、竞争对手的营销目标等。

5. 选址调查(开店项目)

选址调查包括:所选店址的交通状况、所选店址的商圈状况(如固定人群消费分析、流动人群分析、商圈竞争状况分析)等。如果采用电子商务模式,还要做好电商平台的对比。

（四）制定调查提纲和调查表

当调查项目确定后,可将调查项目科学地分类、排列,构成调查提纲或调查表,方便调查登记和汇总。

（五）确定调查时间和调查工作期限

调查时间是指调查资料所属的时间。具体就是要确定调查对象的所属时期或时点,目的就是要提高信息资料的时效性。

（六）确定调查地点

在进行创业项目调查时要根据调查目的和内容,选择合适的调查地点,具体可以采用街头定点访问、厅堂测试、入户访问、拦截式访问、网络调研等。

（七）确定调查方式和方法

搜集调查资料的方式包括：普查、重点调查、典型调查、抽样调查等。具体调查方法包括：文案法、访问法、观察法和实验法等。在调查时，要判断创业项目采用何种方式、方法能够更有效地获取数据，并要注重多种调查方式的结合运用。

（八）确定调查资料整理和分析方法

采用实地调查方法搜集的原始资料大多是零散的、不系统的，只能反映事物的表象，无法深入研究事物的本质和规律性，这就要求对大量原始资料进行加工汇总，使之系统化、条理化。

（九）确定调查报告的形式

确定调查报告的形式主要包括：报告书的形式、基本内容，以及报告书中图表量的大小等。

（十）制订调查的组织计划

调查的组织计划，是指为确保实施调查的具体工作计划。主要是指调查的组织领导、调查机构的设置、人员的选择和培训、工作步骤及其善后处理等。

知识链接

市场调查各阶段时间分配

市场调查各阶段时间分配，如表 8-1 所示。

表 8-1　市场调查各阶段时间分配表

时间进度		10%	20%	30%	40%	50%	60%	70%	80%	90%	100%
项目准备	抽样方案设计实施 调查问卷设计/预调查/印刷 调查员招聘/培训	10%～20%									
项目实施	实地调查			10%～20%							
数据处理	数据、资料的编码/计算机录入/统计分析					10%～20%					
研究报告	报告撰写/修改/制作							20%～30%			
项目总结	汇报/演示/建议										10%

二、市场调查问卷设计

（一）问卷的结构

一份完整的调查问卷通常包括标题、问卷说明、被调查者基本情况等内容。

（1）标题应简明扼要，以引起回答者的兴趣。如"大学生餐饮消费状况调查"。

（2）问卷说明要放在问卷开头，包括本次调查的目的、填写者的受益情况、主办单位、感谢语。如果有涉及个人资料，应该有"隐私保护说明"。

（3）被调查者基本情况属于特征调查，便于对调查资料进行统计分组、分析。如在消费者调查中，消费者的性别、年龄、家庭人口、职业、收入、所在地区等；又如对企业调查中的企业名称、地址、所有制性质、商品品类、产量等情况。

（二）问卷中问题设计的注意事项

问题设计时要注意以下几个方面内容。

（1）要有明确的主题。要根据调查目的和内容设计题目，重点突出，避免可有可无、模棱两可的问题，即需要把主题分解为具体的问题供被调查者回答。

（2）逻辑顺序要严密。在排列问题时应遵循先简后繁、先易后难、先具体后抽象的原则。同一类别的问题要放在一起，避免应答者逻辑混乱。例如，行为性问题容易回答放在前面；态度性问题较难回答放在中间；敏感性问题如动机性、涉及隐私等放在后面。还有，封闭性问题放在前面；开放性问题放在后面。

（3）问题的内容要单一且具体。例如，"您对某产品的价格和质量是否满意？"这个问题属于一题两问，让消费者无法作答。"您对我公司某产品的建议是什么？"这个问题太过宽泛，不够具体，不如换成"您对我公司某产品的包装有何建议？"

（4）通俗易懂。有些问卷涉及一些专业词汇应转化为应答者能理解的通俗说法，使应答者愿意配合。问卷中语言要精练、语气要诚恳，问题不能带有暗示性。例如，"吸烟有害健康，你对吸烟有什么看法？"

（5）避免使用不确切用词。类似"通常""经常""大多数"这类词汇，每个人理解会有较大差异，要避免使用。例如，面对"您是否经常购买××产品？"这样的问题，即使消费者作答也不确切，不如换成"您上个月购买了几次××产品？"另外，这里的时间尽量要短，如果用"您去年购买了几次××产品？"，消费者可能较难回忆起来进而不愿作答。

（6）不宜过长。一个太长的问卷会让消费者产生浪费时间的感觉，从而导致放弃回答，如果有特别需要，必须要设置很多问题时，可以将一个问卷分成两个问卷进行调查。

(7) 便于统计分析。问题的设计要充分考虑后期数据的统计,并结合调查目的对每一问题要统计的结果作出判断分析。

此外,问题的答案设计可以采用是非选择、多项选择、排序法、程度比较法等。

任务三　市场环境分析

一、市场环境的内涵

任务提示

>> 本分项任务将引领同学们完成市场环境的分析评估任务。

任务先行

>> "识时务者为俊杰",结合前期的市场调查报告需要创业者对创业项目所进入的市场环境进行系统分析,这是企业开展经营的立足点和根本前提。但具体要分析哪些内容?又该如何开展呢?让我们一起在本分项任务中进行探究。

市场环境是影响企业市场营销活动的各种因素的集成,包含宏观环境和微观环境。市场环境在不断创造新机会的同时产生危机,因此,企业的运营需要持续地监视和适应环境变化。

宏观环境是企业的不可控因素,包括经济、政治法律、技术、文化、人口、自然等因素;微观环境是直接影响制约企业经营的各种因素,包括企业自身、目标顾客、竞争者、渠道商及公众。对环境的认识和分析过程也就是不断发现机会、识别威胁,使企业可控制的因素同外界不可控制的因素相适应的过程(图 8-3)。

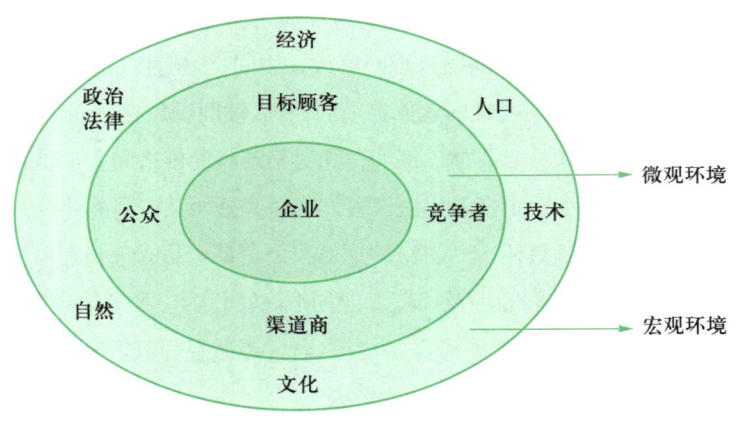

图 8-3　市场环境关系

(一) 宏观环境

创业企业进行宏观环境的分析,主要用于判断所处行业的发展前景,未来发展方向,具体就是通过分析地区经济发展水平、政府针对行业发展的相关政策法规,以及技术变革、文化土壤对行业发展的影响等。

1. 人口环境

人口环境主要考察目标市场的人口总量、人口结构、人口分布及迁移情况。

人口的多少直接决定市场容量,人口多,市场规模就大。而人口的年龄结构、职业结构、家庭结构、地理分布、迁移情况等都会引起需求结构、消费习惯的变化。

2. 经济环境

一个地区整体经济发展水平主要从经济发展状况、市场繁荣程度、交通和通信的便捷程度、消费者收入水平、消费支出模式等角度进行判断,消费者收入水平的高低制约了消费者支出的多少和支出模式,从而影响了市场规模的大小和对某类产品的需求状况。此外,消费者支出模式除了受消费收入的影响外,家庭生命周期阶段和家庭所在区域的不同也会造成不同的消费结构。

3. 政治法律环境

政治法律环境主要调研政府制定的与行业相关的政策法规,如能源政策、物价政策、税收政策、信贷政策等。如为营造良好的创业环境,国家势必会在保护知识产权、规范电子商务行业规范等方面出台越来越严格的政策法规,企业需尽早规范经营。

4. 自然环境

对自然环境的分析,首先要从目标市场的资源优势出发,结合所在行业分析可能利用到的资源,如从矿产、森林、海洋、草原、地方农特产品等资源出发进行相关产品开发;其次要考虑由自然资源短缺带来的产业变化及政府出台的监管措施,如"禁塑令"对奶茶、商超外卖等行业带来的影响较大,需要企业积极响应并制定对策。

5. 技术环境

当前的新技术革命,给企业经营创造了机会,也带来了威胁。企业的机会在于寻找或利用新的技术,满足新的需求,而它面临的威胁则可能有两个方面:一方面,新技术的突然出现,使企业现有产品变得陈旧;另一方面,新技术也带来了企业人员价值观的改变。

6. 文化环境

考察目标市场的文化环境通常要从受教育程度、宗教信仰、消费习俗、价值观、审美观的角度分析。文化环境决定了目标市场成熟度、消费观念如何,决定了目标市场能否接纳自己的创业项目。

总之,对宏观环境分析要结合其对企业产生的影响,主要从两方面进行:一是对企业经营有利的因素,即环境机会;二是对企业经营不利的因素,即环境威胁。对机会和威胁,企业都必须采取适当的应对措施,才能在环境变化中生存下来。

(二) 微观环境

微观环境指对企业经营带来直接影响的各种力量,包括企业自身、渠道商、目标顾客、竞争者和社会公众等。这些因素与企业有着双向的作用关系,在一定程度上,企业可以对其进行控制或施加影响。

1. 企业自身

企业自身主要是指企业拥有哪些资源优势(如技能人才、市场渠道等),经营中存在哪些短板,在分析时要结合企业外部环境实施相应的调整措施。

2. 目标顾客

这主要是指从顾客的需求特点、购买动机、购买行为特征几个方面具体分析,只有做到对目标顾客的充分了解,才能采取有效的市场营销策略。

3. 竞争者

对竞争者的分析要从竞争者的产品定位入手,掌握竞争者的目标消费群体及其消费偏好等有效信息,在制定竞争策略时既要明确自身优势,又要找准自身产品的定位以有效规避竞争。

4. 渠道商

渠道商包括了企业上游的供货商、下游的代理商经销商,以及物流仓储企业,渠道商是否和企业有效匹配,决定了企业的成本和效率是否具有优势。

5. 公众

公众包括金融、媒体、政府、社区和企业内部公众。企业会与银行、媒体、政府等机构单位发生资金往来、广告宣传、税收及部门监管等事务。因此,处理好与公众的关系对营销策略的顺利实施非常重要。

二、市场环境 SWOT 分析评估

(一) SWOT 分析法

SWOT 分析法是战略分析中最常用的方法之一,创业者用其对市场内外部环境进行分析评估,可以明确自身优劣势以及外部环境的威胁与机遇,以此制定企业发展战略。进行 SWOT 分析,主要围绕以下几方面因素。

1. 外部环境(客观因素)

(1) 机会(opportunities,O)——外部环境对企业造成的有利因素,具体包括:新产品、新市场、新需求、外国市场壁垒解除、竞争对手失误等。

(2) 威胁(threats,T)——外部环境对企业造成的不利因素,具体包括:新的竞

云端映像:
消费者购买
行为分析

品文酌理:
市场竞争的
层次

小试身手:
市场 SWOT
分析

争对手、替代产品增多、市场紧缩、行业政策变化、经济衰退、客户偏好改变、突发事件等。

2. 内部条件（主观因素）

（1）优势（strengths，S）——企业自身存在的积极因素，具体包括：有利的竞争态势、充足的财政来源、良好的企业形象、技术力量、规模经济、产品质量、市场份额、成本优势、广告攻势等。

（2）劣势（weaknesses，W）——企业自身存在的消极因素，具体包括：设备老化、管理混乱、缺少关键技术、研究开发落后、资金短缺、经营不善、产品积压、竞争力差等。

在调查分析这些因素时，不仅要考虑到历史与现状，而且更要考虑未来发展问题，具体的分析内容，如表 8-2 所示。

表 8-2　SWOT 分析模型

因素	积极因素	消极因素
内部条件	潜在内部优势（S）： 产权技术； 成本优势； 具有规模经济； 良好的财务资源； 高素质的管理人员	潜在内部劣势（W）： 设备老化； 产品线范围太窄； 技术开发滞后； 营销能力低于竞争对手； 不明原因导致的利润率下降
外部环境	潜在外部机遇（O）： 纵向一体化； 市场增长迅速； 能争取到新的用户群； 有能力进入更好的企业集团； 在同行业竞争业绩优良； 出台扶持性政策	潜在外部威胁（T）： 市场增长比较慢； 竞争压力大； 不利的政府政策； 新的竞争进入行业； 替代产品销售额正在逐步上升； 用户议价能力增强

（二）SWOT 分析矩阵

SWOT 分析法的优点在于考虑问题的全面性，它是一种系统思维，而且可以把对问题的"诊断"和"开处方"紧密结合在一起，即将调查得出的各种因素根据轻重缓急或影响程度等排序，构造条理清楚的 SWOT 矩阵（表 8-3），便于检验。

表 8-3　SWOT 业务策略矩阵

因素	优势（S）	劣势（W）
机会（O）	SO 战略： 增长型战略（依靠内部优势，利用外部机会，创建最佳业务状态）	WO 战略： 扭转型战略（利用外部机会，克服内部劣势，机不可失）

171

续表

因素	优势（S）	劣势（W）
威胁（T）	ST 战略： 多种经营战略（依靠内部优势，回避外部威胁，果断迎战）	WT 战略： 防御型战略（减少内部劣势，回避外部威胁，休养生息）

任务四　市场细分与定位

一、市场细分

（一）市场细分的内涵

市场细分是企业根据消费者需求的不同,把整个市场划分成若干细分子市场的市场分类过程,每一个子市场都是一个具有同样需求和欲望的消费者群,而不同的子市场之间,需求存在明显的差异性,这也是市场细分的前提。

市场细分的主要作用在于:有利于企业发掘和开拓新的市场机会;有利于企业集中资源优势用到目标市场;有利于企业制定有针对性的营销策略;有利于企业规避激烈的市场竞争。

知识链接

市场细分概念的由来

市场细分是美国市场营销学家温德尔·史密斯在 1956 年提出来的。这是他在总结了企业营销活动实践的基础上提出来的新概念。他主张凡是市场上的产品或劳务的购买者超过两人者,这个市场就有被细分为若干子市场的可能。该观点顺应了第二次世界大战后美国众多产品由卖方市场转变为买方市场这一新的市场形势,是企业贯彻"以顾客需求为中心"的现代市场营销观念的必然产物。

（二）市场细分的标准

市场细分能否顺利进行并取得好的效果,取决于选定的划分标准是否合理有效。不同的企业,因营销环境不同,其细分标准的选择就不一样。那么,市场细分的基本标准有哪些? 具体来说,可以概括为以下四大类。

1. 地理环境因素

以地理环境为标准划分市场是最传统、最常用的市场细分方式,主要包括:国

任务提示

>> 本分项任务将引领同学们完成创业项目目标市场的细分与定位。

任务先行

>> 通过前期的市场环境分析与评估,下一步就要确定目标市场了,但市场复杂多变,购买者分布广泛且需求各异,初创企业很难有效地满足市场的所有需求。正确合理的市场定位是取得创业成功的前提和保证,那么,企业应该如何确定自己的目标市场呢? 结合自身的竞争优势进入哪个细分子市场对我们更有利? 在本分项任务中,我们一定能找到满意的答案。

品文酌理:
餐饮市场的
细分

别、区域、城乡、地区、地形、气候、城市大小、人口密度、交通条件等。

2. 人口环境因素

以人口环境为标准划分市场,主要包括:年龄、性别、职业、收入、受教育程度、家庭结构与家庭生命周期等。企业通常会依据两个或两个以上的人口因素来细分市场。例如,皮鞋市场可以以性别、年龄和收入三个因素将市场划分为多个细分子市场,可以命名为高档青年女鞋、低档老年女鞋等。

3. 消费心理因素

以消费心理为标准划分市场,主要包括:消费者的生活态度、个性、爱好、购买动机等。其中,购买动机对购买行为的影响极大,要做重点分析。购买动机又分为追求产品的经济性、安全性、耐用性,以及满足自尊需要等多种类型。

4. 购买行为因素

以购买行为标准划分市场,主要包括:消费者购买或使用产品的时机、消费时追求的利益、对产品的使用率(少量或大量使用)、对品牌的忠诚度、对产品的态度等。

(三) 细分市场的评估

企业先选择合适的标准按照消费者需求的差异性将市场细分为若干个子市场,但这些子市场中只有那些既能提供足够的获利机会又能发挥企业优势的子市场,才值得企业去占领。因此,企业必须对每一个细分子市场的获利性进行评估。评估细分子市场主要有三个条件。

云端映像:
创业项目选择

1. 市场规模和发展潜力

规模大的市场往往竞争激烈,而规模小的市场对于有实力的企业则没有开发价值,因此市场规模要与企业的发展目标、企业实力相匹配;市场发展潜力的大小,则关系到企业利润的增长和未来的发展方向。

2. 市场吸引力

品文酌理:
做"最大"的
市场

市场吸引力通常指长期获利率的大小。例如,有的市场规模虽然大,但竞争企业数量多、商品竞价激烈,价格透明度高,因而缺乏吸引力。有的市场利润率虽然高,但资本投入巨大,项目运行周期长,现金流不能有效保障,导致市场吸引力差;而像服务业、零售业等不需要大的固定资产投资、直接收现金的行业,现金流会比较充足,其市场吸引力自然较高。

如火如荼的"盲盒经济"

盲盒经济的兴起,为商业市场开辟了一片新天地,而其中细分市场的发展更是展现出独特的魅力与潜力。

在盲盒经济的大框架下,IP形象是一个关键的细分维度。从知名动漫角色到原创萌宠形象,不同的IP吸引着特定粉丝群体,他们愿意为集齐喜爱角色而反复购买。而一些具有独特艺术风格的原创IP盲盒,也能在小众艺术爱好者中收获高人气,形成专属的消费圈。

盲盒的品类细分同样丰富多样。除了常见的潮流玩具盲盒,还有文具盲盒、美妆盲盒、零食盲盒等。文具盲盒针对学生群体和文具爱好者,将实用文具与惊喜元素相结合,在学习用品市场中独树一帜。美妆盲盒则满足了女性消费者对于尝试新美妆产品的好奇心,以较低的价格提供多种品牌小样的组合,既降低了消费者的试错成本,又增加了购物乐趣。零食盲盒则能让吃货们在享受美味的同时体验开箱的惊喜,不同地区特色零食的组合更是拓宽了消费群体的范围。

此外,盲盒的价格区间也形成细分市场。有高端限量版盲盒,其精美的设计、稀缺的数量以及较高的收藏价值,吸引着资深收藏家和高消费能力者。而中低端价格的盲盒则以亲民的价格和丰富的款式,面向广大普通消费者,尤其是学生和年轻上班族,让更多人能够参与到盲盒消费中来。

盲盒经济中的细分市场通过精准定位不同消费者的需求、兴趣和消费能力,在这个充满创意与惊喜的商业领域中各显神通,不仅为消费者提供了多元化的选择,也为商家创造了更多的盈利机会,推动着盲盒经济持续繁荣发展。

3. 企业资源和目标

有的市场尽管规模适合,也具有足够吸引力,但还必须考虑两方面因素:一是企业是否具备占领该市场所必需的能力和资源,是否在竞争中具备一定的优势;二是目标市场是否符合企业的长远目标,如果不符合,也不得不放弃该目标市场。

二、市场定位

(一)市场定位的内涵

企业根据自身的资源特点,选择了目标市场后,需要树立鲜明的形象进入市场,这就是市场定位。所谓市场定位,就是勾画企业产品在目标市场即目标顾客

云端映像:
市场定位

心目中的形象,使企业所提供的产品具有一定特色,适应一定顾客的需要和偏好,并与竞争者的产品有所区别。

(二)市场定位的作用

1. 市场定位是企业制定营销策略的依据

企业及产品有了清晰的市场定位,接下来就要围绕所要树立的形象,设计产品,制定价格策略,选择最有效的分销渠道,有针对性地进行广告宣传。

2. 市场定位能引起消费者特别注意

市场定位使产品有别于竞争对手的形象,通过把定位信息有效传递给消费者,就会引起消费者对产品鲜明的印象。

3. 市场定位有助于企业形成竞争优势

通过市场定位,明确竞争者的地位及特点,企业能够找到可行的竞争优势,避免盲目竞争。

应用案例

科学的市场定位

凉茶品牌王老吉的营销人员在市场调研中发现,广东、浙南等地的消费者饮用红罐王老吉主要在烧烤、登山、外出就餐、聚会和家庭消费上,这些地区的消费者对于"上火"的担忧较多,而他们对红罐王老吉的评价是"健康,小孩老人都能喝,不会引起上火"。消费者的认知和购买行为表明,他们对红罐王老吉并无"治疗"要求,而是作为一个功能饮料购买,购买红罐王老吉的真实动机是用于"预防上火"。

接下来研究竞争对手,发现红罐王老吉的直接竞争对手,如菊花茶、清凉茶等由于缺乏品牌推广,并未占据"预防上火的饮料"的定位。而可乐、茶饮料、果汁饮料、矿泉水等明显不具备"预防上火"的功能,仅仅是间接的竞争。

最后,研究人员对于企业、产品在消费者心中的认知进行了研究,结果表明,红罐王老吉的"凉茶始祖"身份、神秘中草药配方、近200年的品牌历史等,与"预防上火的饮料"这一定位匹配。后期通过二手资料调查,几千年中医"上火"的概念也在各地深入人心,这就使红罐王老吉突破了凉茶概念的地域局限。

经过以上调研,公司确定其品牌定位——"预防上火的饮料";独特的价值在于——喝红罐王老吉能预防上火,让消费者无忧无虑地尽情享受美食与生活(图8-4)。这样定位红罐王老吉,是从现实格局通盘考虑,主要益处有:一是利于红罐王老吉走向全国市场；二是避免红罐王老吉与国内外饮料巨头直接竞争，形成独特区隔；三是成功地将红罐王老吉产品的劣势转化为优势，即淡淡的中药味转变为"预防上火"的有力支撑。三四元的零售价格，因为"预防上火"的功能，不再"高不可攀"。

图 8-4　"王老吉"广告语

启悟：深入剖析消费者需求、洞察竞争对手短板、契合自身优势与市场认知进行科学的市场定位，能助力企业开辟独特市场空间，化解竞争压力，变劣势为优势，实现市场突围与长远发展。

（三）市场定位的步骤

市场定位的步骤，具体包括：选择可行的竞争优势；初步确定定位方案；试运行后调整定位方案；再定位；找准媒介，准确传播企业的定位理念。

任务五　市场营销策略制定

一、4P 营销理论的内涵

随着市场竞争日益激烈，影响消费决策的因素越来越多。不同企业、不同产品针对不同细分市场，所采用的营销模式可谓五花八门、门类繁多。但国际上普遍认同的是 4P 营销理论。

美国学者杰罗姆·麦卡锡于 1960 年在其第一版《基础营销学》中，将企业的营销要素归结为产品（product）、价格（price）、分销（place）、促销（promotion）四个基本策略的组合，这四个角度是其从复杂的营销变数中找到最为重要的因素，并相互配合形成的一组策略体系，因而能更好地适应日益复杂的营销环境。这就是著名的 4P 营销理论（表 8-4）。

表 8-4　4P 营销理论

策略	特点
产品	注重开发的功能，要求产品有独特的卖点，把产品的功能诉求放在第一位

任务提示

>> 本分项任务将引领同学们制定合理的市场营销策略。

任务先行

>> 确定了目标市场，做好了市场定位，现在我们要考虑的是：通过什么样的营销策略，才能让我们在激烈的市场竞争中脱颖而出？又应该从哪些方面入手呢？我们一起在本分项任务中求解。

续表

策略	特点
价格	根据不同的市场定位，制定不同的价格策略，产品的定价依据是企业的品牌战略，注重品牌的含金量
分销	企业并不直接面对消费者，而是注重经销商的培育和销售网络的建立，企业与消费者的联系是通过分销商来进行的
促销	企业注重销售行为的改变来刺激消费者，以短期的行为（如让利、买一送一、营销现场气氛等）促成消费的增长，吸引其他品牌的消费者或导致提前消费来促进销售的增长

4P 营销理论自提出以来，对市场营销理论和实践产生了深刻的影响。至于后来的 4C 和 4R 等都是概念的演绎，对企业最有用的还是这个 4P。

二、4P 营销组合策略的制定

（一）产品策略

产品策略是整个营销组合策略的基础。市场营销的其他策略都是围绕产品策略展开的，产品策略在很大程度上决定着市场营销的成败。企业间的市场竞争集中体现在产品上，消费者最终也是从产品上感受到企业的风格与实力，进而产生对企业是否满意的感受。

产品策略主要是指企业以向目标市场提供各种适合消费者需求的有形和无形产品的方式来实现其营销目标，其中包括对同产品有关的品种、规格、式样、质量、包装、特色、商标、品牌以及各种服务措施等可控因素的组合和运用。

1. 产品的整体概念

产品整体概念包含核心产品、形式产品、附加产品三个层次，如图 8-5 所示。

小试身手：认识市场营销策略

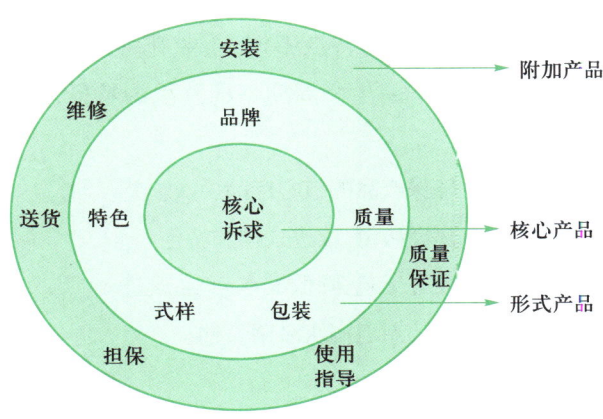

图 8-5　产品的整体概念

（1）核心产品。核心产品是指产品能够提供给购买者的基本效用或益处，是购买者的核心诉求。

（2）形式产品。形式产品是产品在市场上出现时的具体物质外形，主要指质量、式样、特色、包装、品牌等，核心产品需要通过有形产品才能体现出来。

（3）附加产品。附加产品指顾客购买产品所得到的各种附加利益的总和，包括安装、使用指导、质量保证、维修、送货、担保等售前售后服务。

产品的整体概念体现了以消费者需求为中心的营销观念，从消费者的实际需要出发，以满足消费者的消费需求为目的，向消费者提供某种效用或利益，同时通过附加利益或服务，增加产品的价值，使消费者的需求得到最大程度的满足。

2. 产品生命周期策略

产品生命周期是指一种新产品从开始进入市场到被市场淘汰的整个过程。就产品而言，要经历一个开发、引进、成长、成熟和衰退的阶段。典型的产品生命周期按照产品的销售量和利润额的变化、购买者多寡、市场竞争状况为标志分为导入期、成长期、成熟期、衰退期四个阶段。产品生命周期各阶段的特征可用表 8-5 概括。

表 8-5　产品生命周期各阶段特征表

特征	导入期	成长期	成熟期		衰退期
			前期	后期	
销售量	低	快速增长	继续增长	有降低趋势	下降
利润	微薄或负	大	高峰	逐渐下降	低或负
购买者	爱好新奇者	较多	大众	大众	后期追随者
竞争	甚微	兴起	增加	甚多	减少

由于产品生命周期各阶段的特点不同，企业在各阶段的经营决策的内容也不甚相同，企业应针对产品生命周期不同阶段的特征，制定相应的营销策略。

（1）导入期产品策略。确保产品的核心产品层次。

（2）成长期产品策略。提高质量、改进式样和特色。

（3）成熟期产品策略。改进工艺、降低成本、产品改进。

（4）衰退期产品策略。有计划地淘汰滞销品种。

（二）价格策略

价格策略是企业通过制定价格和调整价格等方式来实现其营销目标，是对各

云端映像：
价格的真相

178

种定价方法和定价技巧等可控因素的组合和运用。产品价格的高低,受诸多因素的制约和影响,企业在给产品定价时必须对这些主要因素给予充分的考虑。这些影响因素包括:产品成本、产品的需求价格弹性、市场竞争状况、消费者对产品的认知价值。

1. 定价方法

(1) 成本导向定价法。这是以产品的成本为依据,分别从不同的角度制定对企业最有利的价格的定价方法。主要方法包括:总成本加成定价法、盈亏平衡定价法、目标投资收益率定价法、边际贡献定价法等。

(2) 需求导向定价法。这是以消费者对产品价值的理解和需求强度为基础来制定价格的方法。它是以目标市场的消费者所能接受的价格来定价的,因而能够适应市场需求及其变化情况。主要方法包括:理解价值定价法、心理定价法和差别定价法等。

(3) 竞争导向定价法。这是指企业通过研究竞争对手的生产条件、服务状况、价格水平等因素,依据自身的竞争实力,参考成本和供求状况来确定产品价格的一种定价方法。主要方法包括:随行就市定价法、密封投标定价法、拍卖定价法等。

2. 价格折扣策略

这是指企业根据产品的销售对象、成交数量、交货时间、付款条件等因素的不同,给予不同价格折扣的一种定价决策,其实质是减价策略。这是一种舍少得多,鼓励消费者购买,提高市场占有率的有效手段。主要策略包括:现金折扣、数量折扣、交易折扣、季节折扣以及折让等。

3. 心理定价策略

心理定价策略是企业根据顾客购买商品时的心理动机相应采取的定价策略。这种定价策略主要应用于各种促销活动中。常用的策略包括:尾数定价、整数定价、声望定价、招徕定价和习惯定价等。

4. 产品生命周期各阶段定价策略

(1) 导入期定价(新产品定价)策略。新产品的定价是否合理,关系到新产品的开发与推广,在确定新产品的价格时,最重要的是充分考虑消费者愿意支付的价格,可采用撇脂定价策略、渗透定价策略和满意定价策略等。

(2) 成长期定价策略。在产品进入成长期后,企业生产规模逐渐扩大,销售量迅速增长,利润也随之增加,向供求两旺发展可选择适合竞争条件,能保证企业实现目标利润或目标报酬率为目的的目标定价策略,视情况可适当周价。

(3) 成熟期产品策略。当产品进入成熟期后,市场需求呈饱和状态,销量已达顶点,并在保持一段时间后开始呈下降趋势,市场竞争日趋尖锐激烈,仿制品和替代品日益增多,企业利润达到顶点,一般采用竞争定价策略。

(4)衰退期定价策略。在衰退期,产品的市场需求和企业销售量开始大幅度下降,市场已发现了新的替代品,利润也日益缩减,此时应果断地采取降价的策略,若同行业的竞争者都已退出市场,或者是经营的商品有保存价值,也可以维持原价,甚至提高价格。

(三)分销策略

分销策略是指企业以合理选择分销渠道和组织商品实体流通的方式来实现其营销目标,其中包括对同分销有关的渠道覆盖面、商品流转环节、中间商、网点设置以及储存运输等可控因素的组合和运用。

1. 分销渠道的作用

制造商通过分销渠道将商品转移到消费者手里,在这个过程中,它弥合了产品或服务与其使用者之间的缺口,这些缺口主要包括:时间、地点和持有权等。分销渠道在市场营销中发挥了一系列重要的功能作用,如表8-6所示。

表8-6　分销渠道的作用

渠道的作用	作用描述
信息收集与传播	收集和传播有关潜在顾客、现行顾客、竞争对手和其他参与者的营销调研信息
实体占有与转移	从制造商到最终顾客的连续的储运工作与转移工作
所有权转移	产品物权通过渠道成员从制造商最终转移到消费者
分担风险	渠道成员分担各种经营风险
付款(回款)	通过银行和其他金融机构向生产者承付销售账款
订货	渠道成员向制造商进行有购买意图的反向沟通行为
促销	通过渠道成员传播有关产品的富有说服力的沟通材料,吸引更多的顾客购买
谈判	相互协商以达成有关产品的价格和其他条件的最终协议
融资	渠道成员间通过汇集和分散资金,以负担渠道工作所需费用
服务	售前、售中、售后服务及管理咨询服务

2. 分销渠道的基本模式

由于个人消费者与生产性用户消费的主要商品不同,消费目的与购买特点等具有差异性,因此分销渠道构成两种基本模式,即对个人消费者分销渠道模式和对生产性用户的分销渠道模式。

（1）消费品分销渠道模式。消费品市场产品分销渠道,概括起来有五种模式,如图 8-6 所示。

（2）生产资料分销渠道模式。生产资料商品分销渠道主要有四种模式,如图 8-7 所示。

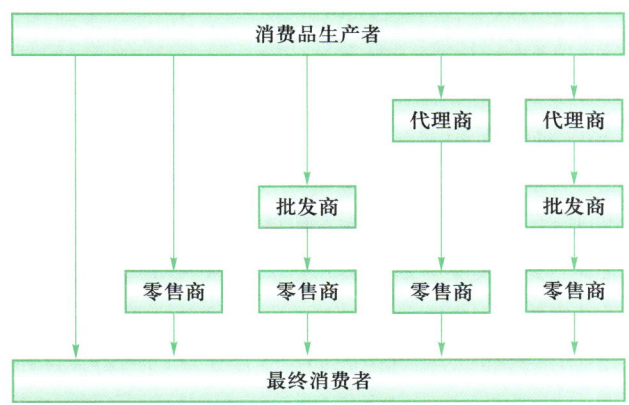

图 8-6　消费品分销渠道模式

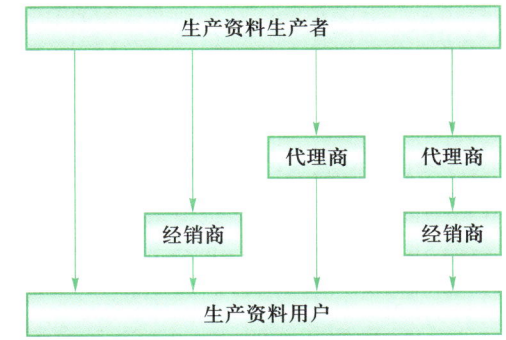

图 8-7　生产资料分销渠道模式

3. 产品生命周期各阶段的分销策略

（1）导入期分销策略。开始建立与中间商的联系。

（2）成长期分销策略。选择有利的分销渠道。

（3）成熟期分销策略。充分利用并扩大分销网络。

（4）衰退期分销策略。处理淘汰产品的存货。

(四) 促销策略

促销策略主要是指企业以利用各种信息传播手段刺激消费者的购买欲望,从而促进产品销售方式来实现其营销目标。

1. 促销组合策略

人员推销、广告、营业推广及公共关系这四种基本促销手段各有特点，它们具有各自的沟通特性。

（1）人员推销。以交际、人际关系、面对面交谈为沟通特点，特别具有针对性、人情味和灵活性。

（2）广告。将企业商品、服务或观念的信息，通过艺术加工，在图像(画)、语言、文字、声音、色彩、气味等多种元素的精彩组合下，借助各种媒介持续反复地进行高度渗透的信息传播，具有影响力强和传播范围广的特点。

（3）营业推广。其最显著的特点是在活动策划本身就是以强调利益、实惠、方便为吸引顾客的基点，具有很强的诱惑力和吸引力。

（4）推销形象。公共关系具有注重塑造形象，推销形象；增进感情，引发共情，提高信任度，拉近与消费者的距离的特点。

由于各种促销手段的特点不同，它们着力解决的问题也不尽相同，有效时间的长短也不一样，所以在实际的运用过程中，在解决短期目标和长期目标的侧重上也有所不同。比如，广告和其他促销宣传活动通常是一件长期的工作，不能指望通过做一两次广告，组织一两次促销宣传就能马上见到成效，但它们在广泛传播和充分展示商品的功能和形象上却具有明显的效果。所以，像这类促销手段更适合于配合企业的战略目标的实现。而像营业推广这一类促销手段，则适合于帮助企业实现短期目标。因此，企业在解决实际市场问题的时候，根据商品、市场的性质的不同将长期和短期促销、人员和非人员促销、直接和间接促销加以灵活选择、巧妙组合和综合应用，以达到最佳的促销目的。

2. 促销预算

对促销活动的费用开支，应该做好预算。一般来说企业根据总体的战略目标，有长期的费用预算，也有短期的费用预算。一年以上的促销预算称作长期预算，一年以内的促销预算称为短期预算。安排促销费用预算的方法很多，如上年销售额百分比法(根据年度销售额或单位产品售价的一定比率来确定促销预算的方法)；量入为出法(根据企业财务的承受能力确定促销预算的方法)；竞争对等法(以主要竞争对手的大致促销费用支出为基准，确定足以与其抗衡的支出额的方法)；目标任务法(根据促销目的和任务而确定促销预算的方法)等。但促销费用的多少，终归要看产品属于生命周期的哪个阶段、顾客对商品的需求情况、企业能对费用的负担程度以及竞争者的促销策略等。

3. 产品生命周期各阶段的促销策略

(1) 导入期促销策略。为使产品尽快进入市场,产品的营销沟通除了以提升知名度的品牌广告或公关活动外,开展针对消费者或通路的促销是十分必要的。促销策略主要包括:通路激励、免费试用、附送赠品、退费优待等。

(2) 成长期促销策略。当产品进入成长期,品牌广告和公关活动担负着提升品牌形象的任务,此时销售促进应以建立品牌偏好为主。促销策略主要包括:公关赞助、竞技、联合促销、抽奖、有奖竞赛等。

(3) 成熟期促销策略。产品步入成熟期,企业经营策略重心应努力使产品生命周期出现再循环的局面。此时的营销沟通应以销售促进和人员推广为主,使企业获取更大的利润空间。促销策略主要包括:集点换物、促销游戏等。

(4) 衰退期促销策略。产品步入衰退期,营销目标应该是压缩开支、榨取品牌价值,最有效的促销策略是公共关系。

▶ 润心好文

以慧眼洞察市场变化

在创业的宏伟征程中,精准研判创业市场是决定成败的关键第一步。

深入的行业调研是研判市场的基石

创业者需要对目标行业的历史发展脉络、现状格局及未来趋势进行全面梳理。以新兴的智能家居行业为例,回顾其发展历程,从早期简单的智能单品如智能灯泡、智能插座的出现,到如今全屋智能系统的逐步兴起,我们可以看到技术突破、消费者需求变化对行业演进的深刻影响。分析现状时,要关注行业内的主要竞争企业,如海尔、华为等在智能家居领域的产品布局、市场份额及核心竞争力。海尔智家依托其在家电领域深厚的品牌底蕴与庞大的用户基础,通过整合旗下丰富的家电产品线与智能化技术,在中高端智能家居市场收获了显著份额;华为则凭借强大的通信技术优势,在智能中控系统等高端领域发力。洞察未来趋势更为关键,随着5G技术的普及,智能家居产品的互联互通将更加高效,人工智能的深度应用将使家居设备更加智能便捷,创业者若能提前布局相关技术研发或服务提供,就有可能在未来市场竞争中占据有利位置。

精准把握消费者需求是市场研判的核心

创业者要运用多种调研方法,如问卷调查、用户访谈、焦点小组等,深入了解消费者的显性需求和潜在痛点。在餐饮行业，表面上消费者是为了满足口腹之欲，但深入探究会发现不同消费群体有着截然不同的需求。年轻上班族可能更注重快捷方便、健康营养且价格适中的餐饮选择，于是便有了众多轻食沙拉店和便捷快餐店的兴起；而对于商务宴请或家庭聚会，消费者则更看重餐饮环境、菜品品质和特色服务，高档中餐厅和特色主题餐厅则能更好地满足这部分需求。

竞争态势分析不可或缺

创业者需明确在目标市场中自己与竞争对手的优劣势。在电商领域，当新的电商平台创业时，面对淘宝、京东等行业巨头，不能仅看到其强大的品牌影响力和庞大的用户基础等优势，也要分析其可能存在的劣势，如淘宝因商家众多导致的商品质量参差不齐问题，京东在社交电商拓展方面相对薄弱的环节。同时，要关注潜在进入者和替代品的威胁。例如，社区团购的兴起对传统生鲜超市和电商生鲜业务都带来了一定冲击，创业者如果能提前预判到这类新兴商业模式的威胁，并提前做出应对策略，如优化自身供应链、加强社区营销等，就能在竞争中保持主动。

宏观环境因素对市场的影响不容忽视

政策法规、经济形势、社会文化和技术发展等都会在不同程度上塑造创业市场。以新能源汽车行业为例，近年来各国政府为了应对环境污染和能源危机，纷纷出台补贴政策和排放法规，大力扶持新能源汽车发展，这为新能源汽车创业企业提供了良好的政策环境；经济的持续发展使得消费者购买力增强，也有利于新能源汽车的市场推广；社会环保意识的提升促使消费者更倾向于选择绿色出行方式，新能源汽车契合了这一社会文化趋势；而电池技术、自动驾驶技术等的快速发展则为新能源汽车的创新提供了技术支撑。创业者要密切关注宏观环境的变化，顺势而为，及时调整创业策略。

综上，创业者在研判创业市场时，需要运用多种方法和视角，全面深入地了解行业、消费者、竞争对手及宏观环境等多方面因素，从而发现市场机会，评估风险，制定出科学合理的创业战略。

▶ 深思勤践

一、案例分析

市场细分见奇效

著名的钟表公司几乎都是以生产名贵手表为目标,而且主要通过大型百货商场推销。但是,天美时(TIMEX)钟表公司通过市场调研发现,实际上钟表市场可划分为三类:第一类消费者希望能以低价购买能计时的手表,他们追求低价位的实用品,这类消费者占23%;第二类消费者希望能以较高的价格购买计时准确、更耐用或式样好的手表,他们既重实用,又重美观,这类消费者占46%;第三类消费者想买名贵的手表,主要将用其作为礼品馈赠他人,他们占整个市场的31%。

公司由此发现,以往提供的产品仅是以第三类消费者为对象的。于是根据第一、二类消费者的需要,制造了一款物美价廉的手表,一年内保修,而且利用新的销售渠道,广泛通过商超、廉价商店,甚至药房等各种类型的商店大力推销,结果很快提高了市场占有率,成为世界上最大的钟表公司之一。

分析与思考

(1) 天美时钟表公司使用了哪两种细分标准对市场进行了分类?

(2) 天美时钟表公司的目标市场是如何选择的? 其营销策略又是如何匹配市场定位的?

二、模拟实践

麦田蜜语蛋糕坊的创业市场环境评估

实训目的

使用 SWOT 分析法评估市场环境。

实训内容与方式

项目背景:

创业项目——麦田蜜语蛋糕坊的地址设在四位主创成员所在院校的新校区,该校区位于市郊,总面积达 600 余亩,能直接往返学校的公交车只有两路,距离最近的商业中心蛋糕店约 30 分钟车程,交通不便、路程较远。新校区目前的在校学生为 7 153 人,其中男生 4 104 人,女生 3 049 人。整个校区内除两个大型食堂外,内设一家小型超市,一家奶茶店。超市销售面包,奶茶店饮品种类丰富,但价格高,且目前尚无西点。据了解,超市和奶茶店的面积都为 50 平方米,租金为 4 万元 / 年。

蛋糕坊选址位于学院新校区校园服务中心一楼底商,毗邻学生宿舍楼与教职工公寓楼,来往人群十分密集,地理位置优越。房屋占地约 80 平方米,面向的目标消费群体主要是新校区在校的大学生及教职工,同时也面向校外来访者。创业团队要与校园服务中心开发商签订承租合同。需要一次性交清一年房租 3.4 万元,并于当月开始装修,装修及采购设备款约 16 万元。经统计,学校一年当中寒暑假和节假日时间约为 3 个月,因此一年中实际经营时间也就 9 个月。

根据 SWOT 分析模型,对以上市场环境作出评估。

(1)麦田蜜语蛋糕坊有哪些机遇和威胁?

(2)麦田蜜语蛋糕坊有哪些优势和劣势?

(3)结合自身优势,麦田蜜语蛋糕坊该如何利用机会?又该如何规避风险、克服劣势?

实训成果

外部环境从经济因素、社会因素、交通现状的角度分析利弊,内部环境从顾客因素、竞争对手、企业自身的角度分析利弊,完成表 8-7 的填写。最终形成 SWOT 分析报告。

表 8-7　SWOT 分析报告

因素	积极因素	消极因素
外部环境	潜在外部机遇(O):	潜在外部威胁(T):
内部条件	潜在内部优势(S):	潜在内部劣势(W):

模块九　制订创业计划

▶ **思想领航**

凡事豫则立,不豫则废。言前定则不跆,事前定则不困,行前定则不疚,道前定则不穷。

——《礼记·中庸》

▶ **学习目标**

- 知识目标

（1）理解创业计划书的作用及构成内容。

（2）认识商业模式并了解其构成要素。

（3）熟知创业计划书的基本框架、撰写步骤及要点。

（4）掌握商业模式的组合设计。

（5）掌握路演有关技巧。

- 能力目标

（1）能够为自己的创业项目撰写一份合格的创业计划书。

（2）能够在路演中清晰阐述创业计划。

（3）能够运用商业模式画布为自己的企业设计商业模式。

- 素质目标

在制订创业计划过程中,通过全面剖析市场风险、合理规划资源配置,逐步树立统筹全局、未雨绸缪的精神品质,确保创业计划的科学性与前瞻性。

▶ **导师寄语**

选定创业目标并且确定创业动机后,当资金、人脉、市场等方面条件准备就绪或已经积累足够实力时,你必须拥有一份完整的创业计划书。从企业成长经历、产品服务、市场、营销、管理团队、股权结构、组织人事、财务、运营到融资方案,只有内容翔实、数据丰富、体系完整、装订精致的创业计划书才能吸引投资者,让他们看懂你的项目及商业运作计划,这样才能使你的融资需求成为现实。

通过本模块的学习,希望同学们都能编制出一份优秀的创业计划书,为创业点亮精准导航的灯塔。

▶ 学前导读

字节跳动成功的导航星

图 9-1　字节跳动办公楼

从今日头条的崭露头角到抖音的风靡全球,字节跳动(现更名为抖音集团)(图 9-1)的辉煌成就背后,其创业计划书犹如一颗精准导航的星斗,发挥着不可替代的关键引领作用。

字节跳动创立之初,正值互联网信息爆炸式增长的时代,信息的海量与无序成为用户面临的痛点。其创业计划书以犀利的市场洞察力,明确指出个性化信息推荐领域存在的巨大蓝海。通过对不同年龄、地域、兴趣群体的信息消费习惯进行细致入微的调研与分析,字节跳动精准定位以技术驱动、满足用户个性化信息需求的市场切入点。

首先,创业计划书是构建清晰、可持续商业模式的蓝图。字节跳动的创业计划书前瞻性地规划了多元化的内容生态与创新盈利模式的有机融合。一方面,构建涵盖短视频、新闻资讯、问答、图片等丰富多样的内容矩阵,这些产品相互协同、彼此引流,构建起一个极具黏性与活力的内容生态系统;另一方面,在盈利模式上,以精准广告投放为核心,借助大数据分析与用户画像技术,实现广告与用户兴趣的高度契合,极大提高了广告主的投放效果与回报率。同时,积极探索电商带货、直播打赏、知识付费等多元变现途径,使字节跳动在不同市场环境与业务发展阶段都能拥有稳定且多元的收入来源,保障了企业的可持续盈利与扩张能力。

再者,创业计划书明确了技术研发与创新在企业核心竞争力塑造中的关键地位。字节跳动自始至终将大量资源倾注于算法研发、数据挖掘、人工智能等前沿技术领域。创业计划书中清晰规划了技术团队的组建、技术研发的路线图以及技术创新的迭代周期。其核心算法不断优化升级,使得产品始终处于行业领先地位,能够快速响应市场变化与用户需求的演变,不断推出具有创新性与差异化竞争优势的产品功能与服务体验。

此外,创业计划书在团队组建与资源整合方面为企业绘制了清晰的路线图。字节跳动的创业计划书明确了所需各类专业人才的技能要求与岗位配置,以极具吸引力的企业愿景与发展前景,吸引了一大批来自全球顶尖科技企业与高校的技术精英、产品设计大师、运营管理专家以及市场营销人才汇聚一堂。通过全方位的资源整合与战略合作伙伴关系的构建,字节跳动编织起一张强大的商业生态网络,为企业的快速发展提供了源源不断的动力与支持。

综上,字节跳动的成功历程深刻诠释了创业计划书对于企业创立与发展的重要性。

思辨与探究

(1)创业可以不写创业计划书吗?

(2)创业计划书和商业计划书一样吗?

(3)创业计划书对字节跳动的成功起到了哪些作用?

任务一　创业计划书认知

一、创业计划及创业计划书的内涵

创业计划是创业者对未来创业活动的整体规划，是一种基于愿景、目标、战略和行动方案的思考框架，是市场营销计划、生产和销售计划、财务计划、人力资源计划等的集成，同时也是提出创业的前五年内所有中期和短期计划及实施方案。

创业计划书是创业计划的书面呈现形式，是创业者在初创企业成立之前就某一项具有市场前景的新产品或服务，向潜在投资者、风险投资公司、合作伙伴等游说以取得合作支持或风险投资的可行性商业报告，用以描述创办一个新的风险企业时所有相关的内部和外部要素。

创业计划书是整个创业过程的灵魂。犹如一部功能强大的计算机，它可以帮助创业者记录许多创业的内容、创业的构想，也能帮助创业者擘画成功的蓝图，而整个营运计划如果翔实清晰，对创业者和参与创业的伙伴，以及投资者而言，更能达成共识、集中力量，帮助创业者向成功迈进。

二、创业计划书的作用

如果你有成功创业的经验，即使是最保守的投资人可能也不会担心你的下一个商业计划的质量。但是，对大多数创业者来说，千万别相信所谓的"硅谷神话"——把你价值百万美元的点子写在餐巾纸的背面，投资人就会蜂拥而至。因为，大多数投资者认为，把资本投在一个没有创业计划书或仅有一份糟糕的创业计划书的初创企业身上的行为，不亚于一种"奢侈的爱好"。

在创业之初，一份详尽的创业计划书如同业务发展的路线图，它会时刻提醒创业者应该注意什么问题，规避什么风险，并最大限度地帮助创业者获得来自外界的帮助。一份合格的创业计划书至少具备以下三方面作用。

（一）自我评价，理清思路

在创业融资之前，创业计划书首先应该是给创业者自己看的，办企业不是"过家家"，创业者应该以认真的态度对自己所有的、已知的市场情况和初步的竞争策略做尽可能详尽的分析，并提出一个初步的行动计划，通过创业计划书做到心中有数。另外，创业计划书还是创业资金准备和风险分析的必要手段。对初创的风险企业来说，创业计划书的作用尤为重要，一个酝酿中的项目，往往很模糊，通过制订创业计划书，把正反理由都书写下来，然后再逐条推敲，创业者就能对这一项

任务提示

>> 本分项任务将引领同学们认识创业计划书。

任务先行

>> "做事没计划，盲人骑害马"，有人说"好的创业计划书是创业之路上的'行动指南'"，也有人说"好的创业计划书是创业者获得资本的'金钥匙'"。那么，何谓创业计划书？创业计划书的真正作用何在？我们一起在本分项任务中寻找答案。

品文酌理：
创业计划书与商业计划书的区别

目有更加清晰的认识。

（二）凝聚人心，有效管理

一份好的创业计划书可以增强创业者的自信，使创业者明显感到对企业更容易控制、对经营更有把握。因为创业计划提供了企业全部的现状和未来发展的方向，使管理层和员工明确要从事什么项目和活动，将要充当什么角色，完成什么工作，以及自己是否胜任这些工作，从而对企业及个人的未来发展充满信心，也为企业提供了良好的效益评价体系和管理监控指标。创业计划书使得创业者在创业实践中有章可循。

（三）对外宣传，获得融资

创业计划书作为一份全方位的项目计划，它不仅是对即将展开的创业项目进行可行性分析，也是在向风险投资者、银行、客户和供应商宣传拟建的企业及其经营方式，包括企业的产品、营销、市场及人员、制度、管理等各个方面。在一定程度上也是拟建企业对外进行的宣传和包装文件。

一份完美的创业计划不但会增强创业者自己的信心，也会增强风险投资家、合作伙伴、员工、供应商、分销商对创业者的信心。而这些信心，正是企业走向创业成功的基础。

任务二　创业计划书撰写

一、创业计划书的内容

那些既不能给投资者带来充分的信息也不能使投资者激动起来的创业计划书毫无价值可言。为了确保创业计划书能起到应有的作用，其应该涵盖一些核心内容（表9-1）。

表9-1　创业计划书核心内容表

关键点	内容	目的
关注产品	产品正处于什么样的发展阶段？ 产品的独特性怎样？ 企业分销产品的方法是什么？ 谁会使用企业的产品，为什么？ 产品的生产成本是多少，售价是多少？ 企业发展新产品的计划是什么	要让出资者相信企业的产品影响力（有事实论据）；要让出资者感叹：噢！这种产品是多么美妙、多么令人鼓舞啊

任务提示
>> 本分项任务将引领同学们学习如何在创业前做好规划并将其形成创业计划书。

任务先行
>> 通过前面对创业市场的调研与分析，同学们对自己的创业项目是否可行及未来的市场前景已经有了一定的预判，接下来需要将你的想法进一步梳理，形成创业计划书，并选择合适的商业模式，快来和我们一起完成相关任务吧！

续表

关键点	内容	目的
敢于竞争	竞争对手都是谁？ 竞争对手的产品表现力如何？ 与竞争对手的产品相比，有哪些异同点？ 竞争对手所采用的营销策略是什么	要使投资者相信：这个企业不仅是行业中的有力竞争者，而且将来还会是确定行业标准的领先者
了解市场	还需要什么生产资源？ 生产和设备的成本是多少？ 企业是购买还是租赁设备	要给投资者提供企业对目标市场的深入分析和理解。要细致分析解释与产品组装、储运有关的固定成本和变动成本的情况
展示团队	主要成员具备哪些专业技术知识和工作经验？ 主要成员拥有怎样的管理才能，承担哪些职责？ 每位管理人员的特殊才能、特点和造诣如何？他们将对公司作出何种贡献	要给投资者这样一种感觉：看！这支队伍里都有谁！如果这个公司是一支足球队的话，他们就会一直杀入世界杯决赛
计划摘要	公司内部的基本情况怎样？ 公司具备哪些能力又存在哪些局限性？ 公司的竞争对手有哪些？其营销和财务战略分别是什么？ 公司管理队伍的情况如何	要让投资者有兴趣并渴望得到更多的信息，它能给读者留下长久的印象。它会对创业者产生这样的印象：这个公司将会成为行业中的"巨人"，我已迫不及待要去读计划书的其余部分啦

二、创业计划书的基本框架

一份好的创业计划不必长篇累牍，也不一定要附上大量的财务报表。但需要详尽地介绍你的创业计划的内容、时间、地点以及具体实施步骤。计划必须简明扼要地回答所有你能想到的来自你的团队、你的合伙人和投资人的问题。

虽然没有什么神奇的万能公式可套用，让你轻松拥有完美的创业计划，但参照表9-2中列示的十个要点，顺序陈述相关内容，可以帮助你提升创业计划书的完整性。

表9-2　创业计划书的基本框架内容表

标题	作用	内容	注意事项
封面	介绍项目名称	企业名称、项目、公司地址、电话、传真、电子邮箱、联系人等信息	有创意，图文结合

191

续表

标题	作用	内容	注意事项
目录	方便读者	标明各部分内容及页码	确保目录页码和内容匹配
计划摘要	浓缩的精华	企业所处的行业，以及经营的性质和范围。 企业主要产品的内容。 目标市场，顾客及其需求。 企业的合伙人、投资人。 企业的竞争对手，以及竞争对手对企业发展的影响	尽量简明生动
产品介绍	投资人最关心的问题之一	顾客希望产品解决的问题，能从中获得的好处。 与竞争对手的产品相比有哪些优缺点，顾客选择本企业的产品的原因。 产品拥有的专利、许可证，或与已申请专利的厂家达成的协议。 产品的定价优势。 质量、性能的改进措施和方案，企业对发展新产品的计划等	详细、准确，通俗易懂，非专业人士也能明白；兑现企业承诺
人员结构	对管理团队评估	主要成员介绍：能力、职务和责任；他们过去的详细经历及背景。 公司结构概要：公司的组织机构图；各部门的功能与责任；各部门的负责人及主要成员；公司的报酬体系；公司的股东名单，包括认股权、比例和特权；公司的董事会成员；各位董事的背景资料	管理人员能力互补、团结合作
市场预测	投资者了解真实的市场及风险	要对需求进行预测：市场是否存在对这种产品的需求；需求程度是否可以给企业带来所期望的利益；新的市场规模，需求发展的未来趋向及其状态；影响需求的因素。 要对市场竞争情况进行预测：市场中主要的竞争者；是否存在有利于本企业产品的市场空当；本企业预计的市场占有率；本企业进入市场会引起竞争者的反应以及带来的影响	尽量扩大收集信息的范围，重视环境预测，方法科学；市场预测不能凭空想象，对市场要有准确的认识；表现形式多样化，图文并茂

续表

标题	作用	内容	注意事项
营销策略	明确营销成本和营销效益	市场机构和营销渠道的选择。 营销队伍和管理。 促销计划和广告策略。 价格决策（对初创企业来说，由于产品和企业的知名度低，很难进入其他企业已经稳定的销售渠道中去）	根据企业发展阶段制定营销策略
制造计划	增大企业在投资前的评估价值	产品制造和技术设备现状。 新产品投产计划。 技术提升和设备更新的要求。 质量控制和质量改进计划	尽量使生产制造计划更加详细、可靠
财务规划	财务规划是对创业计划书的支持和说明	创业计划书的条件假设。 产品在每一个期间的发出量。 开始产品线扩张的时间。 每件产品的生产费用。 每件产品的定价。 使用的分销渠道，所预期的成本和利润。 需要雇佣的人员类型。 雇佣时间及工资预算。 预计的资产负债表。 预计的损益表。 现金收支分析	要对企业做远景规划，企业的财务规划应保证和创业计划书的假设相一致
假定利益	创业计划书的"卖点"	总体资金的需求。 使用资金方式。 获得的回报。 退出策略	财务预测的设想要先于实际的数字且可行，预期回报要合理

三、创业计划书的检验

创业计划书撰写完毕之后,创业者需对计划书进行检查,看看该计划书是否能清晰准确回答投资者的疑问,以争取投资者对本企业的信心。通常,可以从以下几个方面对计划书进行检查。

（1）公司的管理能力。如果自身管理能力薄弱,那么一定要明确说明,已经聘请高素质人才管理公司。

（2）偿还借款的能力。要保证给预期的投资者提供一份完整的比率分析。

品文酌理:
"绿享智能垃圾分类回收系统"创业计划书（节选）

（3）完整的市场分析。要让投资者坚信你在计划书中阐明的产品需求量是真实确切的。

（4）语言通俗易懂。创业计划书应该备有索引和目录，以便投资者可以较容易地查阅各个章节。此外，还应保证目录中的信息流是有逻辑性的和现实的。

（5）开篇是否有计划摘要。计划摘要相当于公司创业计划书的"门面"，投资者首先会看它，为了保持投资者的兴趣，计划摘要应写得引人入胜。

（6）文法是否正确。如果你不能保证语法正确、逻辑合理，那么最好请专业人士帮你把关。计划书的文法错误和排印错误都能很快使创业者的被投资机会丧失。

（7）能否打消多方对产品的疑虑。如果需要，你可以准备一件产品模型或样品。

四、创业计划书的展示

路演作为创业计划书的一种展示方式，但它又不仅仅是简单地展示计划书内容。路演是一种动态的、互动性很强的展示活动。在路演过程中，创业者需要提炼创业计划书的核心要点，包括项目的创新性、市场机会、商业模式、团队优势、财务规划及发展前景等重要元素，并以简洁明了、富有感染力的方式进行呈现。这要求创业者能够在有限的时间内，用生动的语言、直观的演示（如 PPT、实物展示、视频等）来吸引听众，如潜在投资者、合作伙伴或评委的注意力，使他们快速理解项目的价值。

与单纯的计划书文本相比，路演更强调现场的表现力和沟通能力。创业者要能够当场解答疑问、应对质疑，根据观众的反馈及时调整展示重点，并且通过自身的热情、自信和专业素养来增强观众对项目的信心，从而推动项目获得资金支持、合作机会或者竞赛奖项等。所以，路演是创业计划书的精华展示和现场演绎，是将书面计划转化为有吸引力的现场演讲的过程。

品文酌理：
中国国际大学生
创新大赛（2024）
国赛金奖路演
（节选）

知识链接

中国国际大学生创新大赛项目路演注意事项

路演的目的是帮助项目团队成员统一思想、共同梳理展示商业逻辑思路，路演脚本要关注技术逻辑和商业逻辑，讲清楚你是怎么解决问题的。路演内容基本要求是展示的内容逻辑思路清晰、文字精简、段落美观，讲解与互动专业且自然。

内容方面

清晰简洁地展示核心内容:包括项目名称、团队成员、市场痛点、解决方案、商业模式、竞争优势、财务规划等主要信息。例如,若项目是一款新型的健身 App,要讲清它能解决健身者难坚持、缺少专业指导等痛点。结合中国国际大学生创新大赛的要求,路演时还应注重体现以下几方面内容。

(1) 创新性和可行性。明确指出项目的创新点在哪里,着重于加工工艺与实用技术层面的创新实践,聚焦产品(技术)的改良升级、应用性的优化拓展,以及民生领域创意的挖掘与呈现。以培育"大国工匠"与能工巧匠为导向,积极探索在产教融合模式、校企合作模式、工学一体模式等方面的创意与创新路径。同时,用数据、案例等来展示项目在实际操作中的可行性,比如市场调研的数据支持产品有足够的需求。

(2) 团队建设。路演时重点说明团队在组织构建、人员布局、职能分工、能力构成、专业搭配及协作模式等维度的合理性与科学性。剖析团队与项目之间关联的真实性与紧密程度,阐述对项目在人力、物力、财力等多方面的投入状况。介绍支撑项目推进的外部合作方等资源的运用情形以及它们与项目相互依存的关系格局。

(3) 商业模式。着重凸显商业模式构建的完整性、创新性与切实可行性。全面洞悉所处产业(行业)的规模体量、增长速率、竞争态势、发展趋向及政策导向等要素。精准锚定目标市场定位,对目标市场的特质与需求具备透彻清晰的认知。规划出合理的市场营销、业务运营、财务管控等方案计划。详尽阐述项目的实际落地推进状况、对推动区域经济发展以及产业转型升级所发挥的作用效能,以及当前业已具备的盈利能力或潜在的盈利前景。

(4) 社会价值。路演需全面展现出项目直接创造就业岗位时在数量上的充裕性与质量上的优越性,以及间接撬动就业方面所具备的强大能力与可观规模;同时彰显项目于社会文明、生态文明和民生福祉等诸多领域所起到的积极促进与有力推动效能。

展示方面

(1) 制作有吸引力的 PPT。PPT 风格要简洁大方,文字和图表搭配合理。图表能更直观地展示数据变化、市场规模等信息,避免满屏文字。配色协调,并且内容的逻辑顺序要清晰。

(2) 合理运用辅助工具。如果有产品实物或模型可以展示,会让评委更直观地了解项目；也可以适当加入视频来展示产品的功能或生产流程等。

表达方面

（1）语言流畅自然。提前练习路演内容，做到脱稿演讲，并且要控制语速，让评委能轻松跟上思路。

（2）肢体语言得体。保持微笑，眼神要和评委有交流，同时运用手势来辅助表达，但不要过于夸张。

时间和问答环节的把控

（1）严格遵守时间限制。提前熟悉比赛规则中的时间要求，对路演内容各部分合理分配时间，确保在规定时间内完整呈现项目。

（2）充分准备问答环节。提前预测评委可能会问到的问题，比如关于市场竞争、技术壁垒、盈利模式等方面的问题，准备好清晰、有条理的回答策略。

任务提示

>> 本分项任务将引领同学们认识商业模式及其设计与创新路径。

任务先行

>> 我国"商业模式研究第一人"李振勇在《商业模式：企业竞争的最高形态》一书中提到，很多企业表面靠品牌盈利，实际是靠看不见的商业模式。仅有商业模式不一定能走远，但没有商业模式的企业一定走不动。那么，何谓商业模式？成功的商业模式又该如何设计与创新呢？让我们开启关于商业模式的探索之旅。

任务三　商业模式设计与创新

一、商业模式的内涵

（一）商业模式的概念

商业模式（Business Model，BM），即企业与企业之间，企业的部门之间，乃至企业与顾客之间、渠道之间存在的各种各样的交易关系和联结方式。波士顿咨询公司在其编写的《商业模式创新白皮书》中将商业模式概括为"一个由客户价值主张、企业资源和能力、盈利方式构成的三维立体模式"。其中，"客户价值主张"是指在一个既定价格上企业向其客户或消费者提供服务或产品时所需完成的任务；"企业资源和能力"是指支持客户价值主张和盈利模式的具体经营模式；"盈利方式"是指企业用以为股东实现经济价值的过程。

（二）商业模式的特征

1. 具有创新性特点

一个成功的商业模式不一定是在技术上的突破，而是可能在某一个环节的改进，或是对原有模式的重组、创新，甚至是对整个游戏规则的颠覆。商业模式的创新形式贯穿于企业经营的整个过程，贯穿于企业资源开发、研发模式、制造方式、营销体系、市场流通等各个环节，也就是说在企业经营的每一个环节上的创新都可能变成一种成功的商业模式。

应用案例

直播经济成为中国商业模式创新的试验场

2020年4月26日，由中国科学院大学网络经济与知识管理研究中心、新华网、抖音主办的"直播塑造的数字经济新业态"论坛通过飞书线上举行，会上发布了国内首份《推动经济新业态成为新常态——抖音直播助力经济复苏白皮书》（以下简称《白皮书》）。来自中国科学院大学、清华大学、国务院发展研究中心等高校院所的专家就直播经济商业模式、发展趋势进行演讲，并围绕白皮书做详尽点评。

会上，中国信息经济学会常务副理事长、北京邮电大学教授吕廷杰表示，"直播经济现象确实有可能成为中国商业模式创新非常典型的案例，直播的前景非常大，它不仅能够带实物商品的货，它还有很广阔的发展空间，那就是技术驱动。直播业态远远不是今天看到的带货，未来直播的形态非常值得关注。"他认为，作为一种新的商业业态，直播市场潜力巨大。当直播和场景结合，直播就不再是"摇钱树"，而是"摇钱树"的土壤。他介绍说，5G技术到来，支持虚拟现实、增强现实、全息影像、云游戏等，5G也会直接影响直播行业，因为技术的驱动会催生新的直播业态。

《白皮书》由来自中国科学院大学网络经济与知识管理研究中心的学者与抖音的实操者，联合组成研究和调研团队，分析涉及教育、农业、零售、旅游、地产、汽车等行业近百个抖音直播经济活动案例，梳理直播重塑疫后四大生产经营场景，总结直播服务经济活动五大要素，提出传统产业可借鉴四大"直播+"商业模式，阐释直播带货不仅是救急工具，也是"直播经济"全面发展的开端。

启悟：新经济业态（如直播）蕴含着巨大商机，各行业都应该突破思维局限，积极探索创新商业模式，大胆整合线上线下资源，重塑消费场景与用户体验流程，深度挖掘数据价值，灵活构建多元价值网络与盈利途径，勇于引入新兴技术赋能商业运营环节，从而在动态变化的市场环境中打造独特且可持续的竞争优势。

2. 具有盈利性特点

企业要在充分的市场竞争中，凭借其独到的商业模式，成功进入阳光下的利润区，并在利润区停留较长时间，创造出了长期持续的、高于行业平均水平的利润，就要做到量入为出、收支平衡。这个看似不言而喻的道理，要想年复一年、日复一日地做到，却并不容易。现实当中的很多企业，不管是传统企业还是新型企业，对于自己的盈利从何而来，为什么客户看中自己企业的产品和服务，乃至有多少客户实际上不能为企业带来利润而在侵蚀企业的收入等关键问题，都不甚了解。

3. 具有客户价值挖掘能力

企业除了盈利能力，还需要关注其背后对客户价值的把握。对于企业，暂时的盈利或亏损都是正常的。一家拥有好的商业模式的公司并不是不会亏损，而是它有能力转亏为盈。

4. 具有风险控制能力

好的商业模式还能经得起风险的考验。设计得再精巧、修筑得再伟岸的大厦都有一个必要前提，那就是其稳定性，否则大厦将倾，其他都无从谈起。

5. 具有持续发展能力

好的商业模式不是靠抓住偶然的机会，"一不小心"成功。把一朝成功的偶然当成必然，将错误进行到底，是经不起时间考验的。即使是"一招鲜，吃遍天"，也要能找到得到这种机会的核心逻辑，从而完善商业模式。

6. 具有整体协调能力

一个商业模式的成功，需要在企业内部与企业的经营管理系统进行有机整合，并与企业自身状况融为一体，形成内外匹配、行之有效的模式。商业模式的子模式之间必须有内在联系，这个内在联系把各组成部分有机地关联起来，使它们互相支持，共同作用，形成一个良性的循环。

7. 具有行业领先优势

在市场上处于领先地位并拥有主导性的份额是能够持续盈利的先决条件。因此，好的商业模式是企业持续竞争优势之源，商业模式的建立和维护对于确立企业的市场领导地位和竞争实力是极为重要的。

二、商业模式的常见类型

(一) 店铺模式

最古老也是最基本的商业模式就是"店铺模式"，具体来说，就是在具有潜在消费者群的地方开设店铺并展示其产品或服务。

(二) "饵与钩"模式

"饵与钩"模式，也称为"剃刀与刀片"模式，或是"搭售"模式，出现在 20 世纪早期。在这种模式里，基本产品的出售价格极低，通常处于亏损状态，而与之相关的消耗品或是服务的价格则十分昂贵。比如说，剃须刀(饵)和刀片(钩)，手机(饵)和通话时间(钩)，打印机(饵)和墨盒(钩)等。

(三) 互联网免费模式

近年来，计算机技术、互联网技术、人工智能技术等已经渗透到人们生活和工作的各个角落,对于各行各业均产生了极大的影响。所以,竞争的格局也出现了较大的变化,许多旧的、传统的商业模式,已经难以满足现代化的需求,并且不适应企业的发展。在实践的工作过程中,需要一种全新的商业模式,开创出全新的商业设计理念,随着互联网的发展,传统企业的盈利模式受到了新型互联网企业盈利模式的挑战。但在互联网发展早期,并不是我们现在看到的场景,收费软件大行其道,如早期的杀毒软件和打字软件等。但是最终免费模式取得了碾压性的胜利,奇虎 360 免费商业模式击败卡巴斯基等杀毒软件厂商,一跃成为杀毒软件业霸主;腾讯免费 OICQ 打败 MSN;等等。

(四) 电子商务模式

电子商务模式是以信息网络技术为手段,买卖双方不谋面地进行各种商贸活动,实现消费者的网上购物、商户之间的网上交易和在线电子支付以及各种商务活动、交易活动、金融活动和相关的综合服务活动的一种新型的商业运营模式。电子商务是利用计算机技术和互联网技术进行的商务活动。各国政府、学者、企业界人士根据自己所处的地位和对电子商务参与的角度和程度的不同,给出了许多不同的定义。电子商务模式主要包括:B2B、B2C、C2C、F2C、C2M、O2O 等(表 9–3)。

表 9–3　主要电子商务模式分类表

类型	特点	典型企业
B2B (Business to Business)	B2B 是指企业与企业之间通过互联网进行产品、服务及信息的交换。主要包括：发布供求信息,订货及确认订货,支付过程及票据的签发、传送和接收,确定配送方案并监控配送过程等	阿里巴巴
B2C (Business to Customer)	B2C 模式是我国最早产生的电子商务模式,是企业对消费者的电子商务模式,以网络零售业为主。以 8848 网上商城正式运营为标志	当当网
C2C (Customer to Customer)	C2C 是消费者对消费者的模式,就是通过为买卖双方提供一个在线交易平台,使卖方可以主动提供商品上网拍卖,而买方可以自行选择商品进行竞价	淘宝
F2C (Factory to Customer)	F2C 是品牌公司把设计好的产品交予工厂代工后通过终端送达消费者,确保产品合理,同时质量服务都有保证,它们为消费者提供了高性价比的产品	网易严选
C2M (Customer to Manufacturer)	C2M 是指用户直连制造商,即消费者直达工厂,强调的是制造业与消费者的衔接。C2M 模式最大的特点是按需生产,有助于企业消除库存顽疾	拼多多

续表

类型	特点	典型企业
O2O （Online to Offline）	O2O 是近年来新兴起的一种电子商务新商业模式，即将线下商务的机会与互联网结合在一起，让互联网成为线下交易的前台。这样线下服务就可以用线上来揽客，消费者可以在线上筛选服务，完成交易并结算，很快达到规模。该模式最重要的特点是推广效果可查，每笔交易可跟踪	美团

三、商业模式的设计

（一）商业模式解决的基本问题及其核心要素

近年来，商业模式已经成为挂在创业者和风险投资者嘴边的一个热门词汇。几乎每一个人都确信，拥有好的商业模式，意味着创业成功已有一半保障。一个好的商业模式，必须能回答以下三个基本问题。

（1）企业的顾客是谁？

（2）企业能为顾客提供怎样的、独特的价值和服务？

（3）企业如何获得合理的利润？

上述问题中的三个关键词——顾客、价值和利润其实正是商业模式的核心三要素。顾客就是我们要分析客户需求，找准定位；价值就是企业的资源和能力，是企业的核心竞争力；而企业如何以合理的价格为顾客提供这些价值，从而实现利润，则是商业模式研究的重点。

应用案例

海底捞商业模式设计

用户定位与价值主张

海底捞瞄准追求用餐体验、注重服务品质的消费者，尤其以年轻人和家庭为主。其价值核心在于提供极致服务，如免费小吃、美甲、头绳、眼镜布等贴心服务，还有儿童游乐区专人照料，以独特"海底捞式服务"与同行区分，让顾客在美食之外更享关怀尊重，收获差异化体验。

产品策略

火锅菜品注重新鲜与品质，选用优质食材并推新以迎合多样口味，调料丰富。锅底研发不断创新，除经典口味，特色如番茄、菌汤锅底深受欢迎，还依季节地域推限定款,增添产品新意与吸引力。

服务策略

个性化服务是亮点,服务员主动关注需求,依人数与口味偏好荐菜荐锅,为特殊日子庆祝,使顾客倍感重视。高效服务流程通过优化实现,智能排队叫号并提供等候福利,就餐中快速响应,保障体验流畅。

门店运营与管理

门店布局合理舒适,开放式厨房显得透明安全,环境整洁时尚温馨。员工培训管理体系完善,岗前系统培训涵盖服务、沟通与食品安全等,激励晋升机制激发工作热情与创造力,提升员工忠诚度稳定性。

盈利模式

海底捞主要盈利靠火锅菜品与锅底销售。增值服务拓展收入,特色小吃、饮料、礼品周边售卖,外卖与团建服务也涵盖其中。随着品牌影响力扩大,采用品牌授权加盟方式扩张,加盟商支付品牌使用与加盟费,依标准运营管理,达成品牌与加盟商双赢,实现盈利增长与品牌拓展协同发展。

启悟:商业模式需要精准定位目标用户并明确价值主张,从产品、服务、运营管理多维度发力,构建合理盈利模式,以解决满足用户需求、创造价值、实现盈利等基本问题,各核心要素协同配合才能缔造成功的商业模式。

(二) 以商业模式画布为工具的商业模式设计

小试身手:
设计商业模式

随着时代的发展,商业模式也呈现出不同的类型,不同的企业有不同的商业模式,我们在创业的过程中,并不能照搬别人的商业模式,而是要根据自身的实际情况量身打造属于自己的商业模式。那么,有没有一种方法可以帮助创业者用一些既定的元素设计商业模式呢?回答是肯定的,许多企业的巨额利润都源自他们成功的商业模式,而其中的奥秘之一就是他们都遵循一个基本框架,这就是在设计商业模式时常用的工具——商业模式画布。

商业模式画布(The Business Model Canvas)是瑞士著名商业模式创新作家、商业顾问亚历山大·奥斯特瓦德和瑞士洛桑大学教授伊夫·皮尼厄在《商业模式新生代》(2008年出版)中提出的一种用来描述商业模式、可视化商业模式、评估商业模式以及改变商业模式的通用语言。

在创业项目和大公司中,商业模式画布都起到了健全商业模式、将商业模式可视化及寻找已有商业模式漏洞的作用,在项目运作前通过头脑风暴避免错误,减少失败决策带来的损失。商业模式画布常被用于设立创新型项目或打造与众不同的商业模式。

商业模式画布由九个基本构造块构成,分别为价值主张,客户关系、渠道通路、客户细分,关键业务、核心资源、重要伙伴,成本结构和收入来源,涵盖了提供物、客户、基础设施以及财务四个维度(图9-2)。商业模式画布可以方便地描述和使用商业模式,来构建新的战略性替代方案。

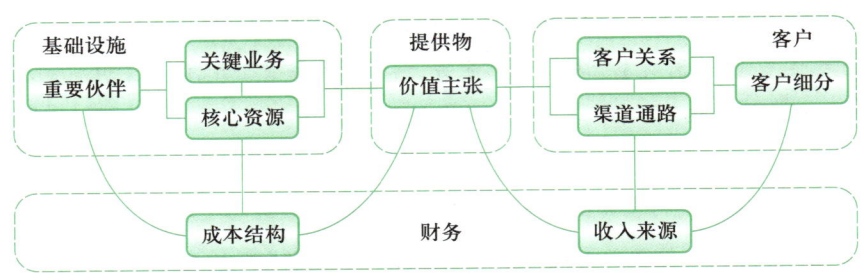

图 9-2　商业模式画布的框架

商业模式并不是简单地罗列这九个构造块,对于初学者而言,需要把他们按照一定的逻辑顺序组合起来(图9-3)。首先要了解我们的目标用户群,再确定他们的需求,思考如何与他们建立和维护关系,并满足他们的需求,实现盈利;凭借哪些关键资源和业务流程实现盈利,谁是与你并肩作战的合伙人,以及在这个过程中,所需消耗的成本构成,每一个构造块都代表着成千上万种可能性和替代方案,你要做的就是找到最佳的那一个。有关构造块的详细解读,如表9-4所示。

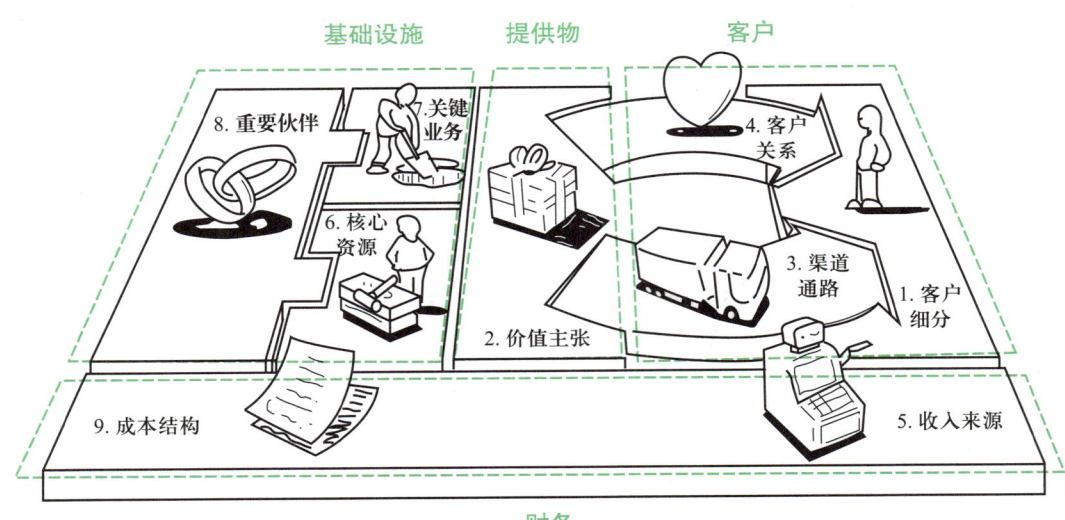

图 9-3　商业模式画布构造图

表 9-4　商业模式画布的构造块解读

逻辑顺序	构造块	内涵	具体设计
1	客户细分	目标用户群，一个或多个集合	我们正在为谁创造价值？ 谁是我们最重要的客户
2	价值主张	客户需要的产品或服务，用来描绘为特定客户细分创造价值的系列产品和服务	我们该向客户传递什么样的价值？ 我们正在帮助我们的客户解决哪一类难题？ 我们正在满足哪些客户需求？ 我们正在提供给客户细分群体哪些系列的产品和服务
3	渠道通路	你和客户如何产生联系，描绘公司如何沟通接触其客户细分而传递其价值主张	通过哪些渠道接触客户细分群体？ 渠道如何整合？ 哪些渠道最有效、成本效益最好？ 如何把我们的渠道与客户的例行程序进行整合
4	客户关系	描绘公司与特定客户细分群体建立的关系类型	我们希望与每个特定客户群体建立和保持何种关系？ 我们已经建立了哪些关系？ 这些关系成本如何？ 如何将客户关系与商业模式其余部分进行整合
5	收入来源	描绘公司从每个客户群体中获取的现金收入（扣除成本）	什么样的价值能让客户愿意付费？ 他们现在付费买什么？ 他们是如何支付费用的？ 他们更愿意如何支付费用？ 每个收入来源占总收入的比例是多少
6	核心资源	商业运作中必须要从事的具体业务，必须拥有的资源，如资金、技术、人才、关键业务等	我们的价值主张需要什么样的核心资源？ 我们的渠道通路需要什么样的核心资源？ 我们的客户关系如何？收入来源何在 （说明："核心竞争力"是基础或先决条件，"客户价值最大化"是主观追求目标，"持续盈利"是客观结果）
7	关键业务	描绘为了确保其商业模式可行，企业必须做的最重要的事情	我们的价值主张需要哪些关键业务？ 我们的渠道通路需要哪些关键业务？ 我们的客户关系如何？收入来源何在
8	重要伙伴	哪些人或机构可以给予战略支持	谁是我们的重要合作伙伴？ 谁是我们的重要供应商？ 我们正从合作伙伴获取什么资源？ 合作伙伴的关键业务

续表

逻辑顺序	构造块	内涵	具体设计
9	成本结构	你需要在哪些项目付出成本	哪些项目是最重要的固有成本？ 哪些核心资源成本最高？ 哪些关键业务花费最多

商业模式画布的优点在于让讨论商业模式的会议变得高效、可执行,同时产生多种方案,让每个决策者心中留下多种可能性。错误的方案被删除,优秀的方案被确定下来,同时还会产生很多备选方案用来应对变化。一语以概之,商业模式画布是关于全局的集体智慧和长远设计。

四、商业模式的创新

中国的企业,在经历了要素驱动与投资驱动两个阶段后,开始向更高境界迈进,现在已经不是企业靠单一产品或者技术就能打天下的时代,也不是靠一两个点子,或者一次商机就能决出胜负的时代。要想使企业有生存空间并能持续地盈利,必须依靠系统的安排、整体的力量,即商业模式的设计。未来企业的竞争,将是商业模式的竞争,是企业最高形态的竞争。企业的出路在于认知的高度。高度决定思路,思路决定出路。

(一) 商业模式创新的特点

事实上,任何一个企业的商业模式都不可能一成不变,市场是动态的、竞争格局是动态的,商业模式也必须跟随这些变化进行调整、完善和创新,这样才能保证企业基业长青。商业模式创新具有以下三个显著特点。

1. 客户价值最大化

商业模式创新的出发点在于如何从根本上为客户创造增加价值。需要指出的是,客户价值绝不只是客户带给企业的利润,而是包含客户对企业贡献的价值和企业为客户创造的价值两个层面。这构成客户管理的根基,即企业选择有价值的客户,通过完善的客户服务和系统的客户分析全面满足客户需求,提高客户收益,建立客户忠诚,同时降低企业营销成本,最终实现客户利益最大化和企业利润的持续增长。

企业可以通过持续改进产品、服务、人员与形象来增加客户利益获取,同时,可以通过降低客户的货币与非货币支出来减少客户成本付出,实现客户利益最大化。客户则可以通过重复购买、推荐等带来企业收入的增加,同时因客户忠诚而使企业营销成本下降(开发一个新客户的成本是维护一个老客户成本的 5～10 倍),实现企业利益最大化。如腾讯、优酷、爱奇艺的会员制就突破传统,提供会员增值服务,开辟盈利新模式。

2. 整合资源,集成创新

商业模式创新表现得更为系统和根本,它不是单一因素的变化。它常常涉及商业模式多个要素同时大的变化,需要企业组织的较大战略调整,是一种集成创新。商业模式创新往往伴随产品、渠道或者组织的创新,反之,则未必足以构成商业模式创新。如开发出新产品或者新的生产工艺,早期的消费升级是"奢侈品消费",但现在的更多人倾向"工匠精神深度打磨",所以产品创新不再浮躁,而是通过技术和与内容创新获得更高溢价,所以用户愿意花更多的钱去购买。对于年轻一代的创业者,未来是用产品来定义个体的时代。

渠道创新本质上是行业变革的杠杆,无论是 B2B、B2C 还是 F2C 的电子商务,都是实现业态渠道的优化,最终实现成本结构的优化,产业链整体效率提升,厂家根据客户的需求处理自己的存货,了解下一年的备货,进行产品开发,用户感知改善,能够便利地买东西,这就是渠道创新带来的结构性变化。

3. 创新产品,持续盈利

从绩效表现看,产品创新有助于降低后续产品创新的成本,提高产品创新的绩效,最终增强企业的核心竞争力。商业模式创新如果提供全新的产品或服务,那么它可能开创了一个全新的可盈利产业领域。因此,对建立在更为广泛和全面的基础上的产品创新平台进行研究,可以加快企业推出新产品的速度,从而在激烈的竞争中赢得竞争优势,这对新经济时代背景下,企业的产品经营活动具有十分现实的意义。

(二) 商业模式创新的路径

当商业环境发生变化时,企业商业模式中客户、产品(服务)、资源及能力四个要素中每一个都可能成为推动商业模式创新的主导因素,而一旦其中一个要素发生了变化,其他的因素即应该进行相应的调整与之匹配。

1. 创造和迎合新的客户机遇

客户要素可以进一步包括目标客户群的规模和其需求。商业环境的变化经常带来基于客户的商业模式创新。比如,消费需求的变化就常会导致新的市场机遇。如果能在一种新的消费需求出现的早期就发现,并搭建其他各要素来满足消费需求就可以创建新的商业模式。

2. 应对产品和服务的价值变化

产品和服务要素需要考虑其价值和价格。商业环境变化可能导致既有产品和服务价值的变化,从而对旧的商业模式形成冲击,推动新的商业模式出现。

3. 构建获取关键资源的模式链条

关键资源是具有垄断性、排他性的资产,可以进一步分为有形资产和无形资产。一旦一个企业获得该资源后,竞争对手就无法或者需要付出很高的代价来获取。在商业环境中资源和环境约束日益加剧的背景下,基于关键资源的商业模式创新尤为重要。

4. 持续优化内生性的关键能力

关键能力来源于企业对商业活动的独特组织和安排。它可以体现在创新方面(如技术研发和工艺创新)也可以体现在经营方式方面(如营销、渠道管理、供应链管理等)。技术的改变通常会给关键能力带来提升并导致全新商业模式的产生。

▶ 润心好文

中国国际大学生创新大赛备赛指南:商业计划书撰写

精准定位与清晰表述

项目概述需简洁明了。如环保型可降解材料项目,可直陈针对塑料污染,以独特技术实现降解,相较竞品成本低或性能优,让评委即刻领会核心与价值,避免冗长铺垫。

深入市场洞察与数据支撑

市场分析应深入且有据。阐述市场规模时,引用专业数据,如近年行业销售额及增长率,结合人口、消费观念变化预测潜力。目标客户分析要细分,如降解材料区分面向企业或个人,剖析其需求、购买力与决策因素。竞争态势全面对比对手,从产品、价格到市场份额、品牌声誉,凸显差异化,如独特原材料或工艺。

突出产品或服务创新亮点

介绍产品或服务时,融合功能与创新。以降解材料为例,说明包装功能同时,强调如降解产物有益土壤的添加剂创新,或降低成本的工艺创新。研发与更新计划明确阶段,如已完成小试,筹备中试,规划时间表,一年内优化工艺,两年内推系列产品,彰显发展潜力。

构建稳健可行的商业模式

盈利模式多元可持续。降解材料项目可直销企业获利,与环保组织合作开发收费产品或服务,争取政府补贴。运营模式涵盖采购、生产、销售与售后,如稳定采购渠道、严控生产质量、搭建销售售后网络,与物流合作确保配送,建立反馈机制处理问题。合作模式若有科研院校或企业伙伴,明确分工权益与协同方式。

展示团队实力与优势

团队介绍除基本信息,突出核心竞争力。成员曾参与相关重大项目或创业实践,积累经验资源;或具跨学科背景,从多视角解决问题,如材料、营销、政策人才组合。强调协作精神与创新文化,举例说明攻克难题过程。

制定精准有效的营销策略

线上利用社交媒体特性。如抖音短视频展示降解过程,行业论坛发文立专业形象。线下参加环保展会、研讨会,设创意展位演示讲解;与商超、餐饮企业合作试用,让消费者体验优势。品牌建设确定易记内涵丰富的名称标志。如"绿解宝",传播环保创新理念,通过公益、赞助活动提升知名度美誉度。

严谨合理的财务规划

初始投资预算详列开支,如研发设备、原材料、场地租赁等费用明细,确保准确合理。收入预测基于市场与策略,分阶段预估,如第一年销材料给企业收入××万元,后逐年递增。成本分析合理分摊固定成本,动态计算变动成本。盈利预测依收入成本制表,展示盈利并剖析关键因素(如原料价波、竞争加剧等),制定应对策略。

全面系统的风险评估与应对

风险识别涵盖技术、市场、资金、管理、政策等。如技术难题、被超越,市场需求变、竞品冲击,融资失败、资金链断,成员流失、沟通不畅,政策调整不利等。分析可能性与影响程度,如技术失败致延误一年增成本××%。应对策略包括多机构合作、专利保护,加强调研、调整营销,多元融资、合理用钱,建制度、设激励,关注政策动态、调整项目或建言献策等。

综上,撰写创新大赛商业计划书要站在评委与投资者视角,以简洁、严谨、翔实呈现项目全貌与潜力。

席间小测　创业计划　健心课堂　未雨绸缪

▶ 深思勤践

一、案例分析

中科创星的技术与商业模式创新互补

西安光机所(全称中国科学院西安光学精密机械研究所)创立的中科创星(全称中科创星科技投资有限公司)意义非凡,它构建起一站式硬科技创业投资孵化平台、发起西科天使基金、创建光电产业孵化器与硬科技创业营,全力打造"研究机构＋天使投资＋孵化服务＋科普科教"硬科技创业生态。

中科创星的商业模式极具特色。投资理念上,秉持ESK价值投资体系[①],聚焦光电芯片、人工智能等硬科技领域初创、早期企业,着眼经济、社会与知识价值,助力攻克关键核心技术并推动成果产业化。项目挖掘依托西安光机所背景,深入科研院校挖掘潜力项目与技术,专业团队评估投资,成为早期资金助力。投后服务涵盖软、硬服务,软服务有宣传、培训等,为硬科技企业CEO培训,对接产业龙头资源,构建品牌与融资体系;硬服务提供定制化研发场地与设备支持技术研发与产业化。

通过"研究机构＋早期投资＋创业平台＋投后服务"打造创业生态,举办创业营促进经验交流传承,助力科学家向企业家转变,达成人才、技术、资本、服务的融合发展,推动硬科技企业成长。在上海等地探索"超前孵化""深度孵化"新模式,从原理论文阶段介入项目,参与团队组建等全过程孵化,培育未来产业生态。

如铂力特(全称西安铂力特增材技术股份有限公司)与西部超导(全称西部超导材料科技股份有限公司),便是硬科技与商业模式创新互补的典型。铂力特可实现复杂结构一次性成形,西部超导专注高端材料研发产销,二者首批登陆科创板。这彰显出中科创星模式的成功,在新一轮科技革命与产业变革中,其重视模式创新,认识到硬科技发展与学术科研的衔接互补关系,为硬科技成果转化为产业竞争优势开辟道路,有力推动全球经济前行。中科创星模式不仅为硬科技企业提供了成长土壤与发展机遇,也为整个硬科技产业的创新发展提供了可借鉴的范例与思路,有望带动更多资源投入硬科技领域,激发更多创新活力与潜力,在未来

---

① ESK(Economic-Social-Knowledge)价值投资体系是一种将"知识价值"置于首位的投资理念,由中科创星创始合伙人米磊提出。该体系旨在面向硬科技时代,通过关注经济价值、社会价值和知识价值的总和,推动科技创新、经济增长和社会进步。

的科技与经济发展格局中持续发挥重要影响力。

分析与思考

（1）中科创星的投后软服务（宣传、培训、融资、产业对接等）中，哪一项对硬科技企业的商业模式塑造和发展影响最为关键？为什么？

（2）中科创星在探索"超前孵化"和"深度孵化"新模式时，如何从商业模式上确保在项目前期高投入阶段实现资金的有效循环与回报？

（3）中科创星构建的硬科技创业生态中，各个环节（研究机构、天使投资、孵化服务、科普科教）是如何通过相互作用来优化所投资企业的商业模式盈利点的？

二、模拟实践

麦田蜜语蛋糕坊的创业计划书编制

实训目的

撰写创业计划书并形成商业模式布局。

实训内容与方式

用商业模式画布设计创业项目——麦田蜜语蛋糕坊的商业模式。

实训成果

将全班按 3 ～ 4 人一组进行分组，按照商业模式画布九个基本构成要素（构造块），设计麦田蜜语蛋糕坊商业模式画布（图 9-4），并完成创业计划书的撰写。

项目组编号：_____

8. 重要伙伴	7. 关键业务	2. 价值主张	4. 客户关系	1. 客户细分
(1) 重要伙伴？ (2) 重要供应商？ (3) 我们正从合作伙伴获取什么资源？ (4) 合作伙伴的关键业务？	(1) 我们的价值主张需要哪些关键业务？ (2) 我们的渠道通道需要哪些关键业务？ (3) 我们的客户关系如何?收入来源何在？	(1) 该向客户传递什么样的价值？ (2) 帮助客户解决什么难题？ (3) 我们正在满足哪些客户需求？ (4) 我们正在提供给客户细分群体哪些系列的产品和服务？	(1) 我们希望与每个特定客户群体建立和保持何种关系？ (2) 我们已经建立了哪些关系？ (3) 这些关系成本如何？ (4) 如何将客户关系与商业模式的其余部分进行整合？	(1) 我们正在为谁创造价值？ (2) 谁是我们最重要的客户？

	6. 核心资源		3. 渠道通路	
	(1) 我们的价值主张需要什么样的核心资源？ (2) 我们的渠道通路需要什么样的核心资源？ (3) 我们的客户关系如何?收入来源何在？		(1) 通过哪些渠道接触客户？ (2) 渠道如何整合？ (3) 哪些渠道最有效，成本效益最好？ (4) 如何把我们的渠道与客户的例行程序进行整合？	

9. 成本构成			5. 收入来源	
(1) 哪些项目是最重要的固有成本？ (2) 哪些核心资源成本最高？ (3) 哪些关键业务花费最多？			(1) 什么样的价值能让客户愿意付费？ (2) 他们现在付费买什么？ (3) 他们是如何支付费用的？ (4) 他们更愿意如何支付费用？ (5) 每个收入来源占总收入的比例是多少？	

图 9-4　麦田蜜语蛋糕坊商业模式画布

模块十　完成创业融资

▶ **思想领航**

没有成功的企业,只有时代的企业。企业必须不断创新和变革,才能适应时代的发展。在创业融资过程中,也要有创新思维,寻找适合企业发展的融资模式和渠道。

——张瑞敏

▶ 学习目标

- 知识目标

  (1)熟知新创企业的融资途径。

  (2)掌握债权融资、股权融资的优劣势。

  (3)理解资金在创业过程中的作用及对企业未来生存、发展的重要意义。

- 能力目标

  (1)能够结合初创企业实际,选择恰当的融资方式。

  (2)能够制定初步融资方案,并灵活调整融资策略。

- 素质目标

  强化理性思维,了解常见融资法律风险点,树立融资中的法律风险意识。

▶ 导师寄语

"不会融资的人走不上人生巅峰",创业离不开资金,创业初期当创业者个人积累的资金不足的时候,往往会选择向亲朋好友借钱、到银行贷款、进行民间借贷等融资方式,部分优秀的创业项目可能还会得到天使投资甚至是风险投资的青睐。作为创业者第一次融资的关键是解决生存问题,当企业站稳脚跟后还要寻求其他融资方式助力企业后续的发展。

通过本模块学习,希望同学们着重提升融资渠道拓展、方案设计能力,掌握融资谈判、资金规划技巧,逐步成为合格创业者。

▶ 学前导读

创新机器人项目的融资之路

　　杨健勃是一名"90 后"创业者，在校期间，他和几个同学做出一款"细胞机器人"，并在多个高校创业大赛中获奖。2014 年，他们在北京成立了一家消费机器人公司——可以科技（全称北京可以科技有限公司）。和传统消费级机器人不同，可以科技开发的是可自由组装构型的球形模块化机器人，由多个独立 Cell（电芯）模块组成，能组成不同形状，如遥控车、无人机与宠物机器人等，产品还可以通过 App 控制。他们是全球范围内，第一个把模块化机器人带入家庭的公司。

图 10-1　机器人可立宝

　　机器人可立宝（ClicBot）（图 10-1）有自己的性格，通过 200 多种影视动画般的交互设计，让卡通片中的梦幻机器人瞬间出现在现实生活中。它还可以被任意拼接和组合，无需代码，通过简单移动自由设计的可立宝，它便可以记住一系列动作生成控制面板，所以用户仅需几分钟就可以像拍电影一样，打造出一款属于自己的机器人。当然，随着用户不断进阶，高级编程也会发挥它独特的作用。

　　可立宝的应用里面有着一个集聚了来自 82 个国家用户创意的社区，里面每天都会有成百上千有意思的机器人新创意被上传和分享，当然有趣的创意不止于视频，用户可以将任何看到的机器人一键下载，保存至自己的库中，立刻搭建和改造它们。

　　可以科技创始人、CEO 杨健勃表示："可立宝的体验不仅仅是这些上万个不同机器人组合方式和玩法，而是整个可立宝社群，来自全球的创造者、机器人爱好者、大孩子、小孩子们所编辑，用户构成的是一个开发者社群，在这个平台上可以看到每天由社群产生的无穷创意，分享自己的创造，与他们一同协作将奇思妙想变成现实，只要你能想象就可以通过可立宝来实现。你可以简单拼接出一个萌动的机器人宠物，可以感知人体感知环境，跟着你跑，也可以互动游戏；也可以拼接成各种不同的摄像工具，拍摄轨迹延时摄影，用机器人拍摄出酷炫 Vlog（视频日志）；甚至可以做出可以攀爬墙壁的机器人，所有这些应用都可以在一个平台之中实现。"

　　2021 年，可以科技获得了小米科技和顺为资本的两轮投资。除此之外，投资机构还有蓝驰创投、源码资本、松禾资本、安克创新等。截至目前，可以科技共完成了七轮融资。融资资金将主要用于机器人社区的平台建设、产品研发和迭代，以及吸纳更多顶级工程师和设计师。2022 年，可以科技在众筹平台 Kickstarter 上线了新品 Loona，仅用 3 小时就众筹了超过 1 000 套。一个月后 Loona 筹集了 300 多万美元，后续 Indiegogo 总计完成众筹近 400 万美元，成为 Kickstarter 消费机器人领域历史众筹金额的第一名。杨健勃原本的预期是 150 万美元到 200 万美元。

思辨与探究

　　（1）可以科技运用股权融资及众筹的方式助推企业的持续发展，你还知道哪些常用的融资方式？

　　（2）你认为企业该如何选择适合自己的融资方式？

任务一 债权融资认知

一、债权融资的内涵

债权融资是指企业通过举债的方式进行融资,债权融资所获得的资金,企业需要在借款到期后向债权人还本付息。

债权融资的特点决定了其用途主要是解决企业营运资金短缺的问题,而不是用于资本项下的开支。其不改变企业的股权结构,但会使企业承担还本付息的债务责任。

二、债权融资的方式

(一)银行贷款

银行贷款是指企业向商业银行借入资金,并约定期限还本付息的一种经济行为。相对于其他融资方式来说,银行贷款的融资成本较低,收取的其他费用也比较少,可以为企业节省部分开支,但贷款办理手续较为复杂、审核相对严格且门槛较高。目前,银行贷款主要有以下三种。

(1)抵押贷款,是指借款人向银行提供一定的财产,如房产、汽车等作为抵押物,从而获得贷款的方式。

(2)担保贷款,是指借款人委托信誉良好的法人或公民作为担保人,从而获得银行贷款的方式。

(3)信用贷款,是指借款人不需要提供自己的财产作为抵押或质押,只凭借其资信而获得银行贷款的方式。

(二)民间借贷

民间借贷又称民间信用或个人信用,是指居民个人向有闲置资金的其他企业及居民借款,一般采取利息面议,直接成交的方式。民间借贷操作程序较为简单,融资速度快,门槛也较低,但利息较银行贷款高,增加了企业的融资成本。

(三)典当

典当,是指当户将其动产、财产权利作为当物质押给典当行,交付一定比例费用,取得当金,并在约定期限内支付当金利息、偿还当金、赎回当物的行为。常见的用于典当的动产一般包括:金银饰品、珠宝钻石、手表、照相器材、汽车、文物艺术品、家用电器、机器设备、生产资料和服装等。用于典当的财产权利一般包括:

任务提示

>> 本分项任务将引领同学们学习初创企业如何进行债权融资,为企业开展经营活动做好资金准备。

任务先行

>> 完成创业计划书编制并选定商业模式后,要开始创业融资。创业初期,很多创业者会向亲戚朋友借钱,这是最常见的债权融资方式,除此之外,还有哪些债权融资方式呢?企业该如何选择适合自己的债权融资方式呢?我们一起在本分项任务中寻找答案。

云端映像:
债权融资解读

品文酌理:
民间借贷当中的利率怎么定?

一是债权,如银行定期存款单、债券、本票、汇票、仓单、提单等;二是股权,如股票等;三是无形财产权,如专利权、著作权等。

典当行一般按照抵押商品现时市场零售价的50%～80%估价,到期不能办理赎回的可以办理续当手续。典当与银行贷款的区别,如表10-1所示。

表 10-1　典当与银行贷款的比较

比较内容	典当	银行贷款
贷款难易	融资门槛较低,只注重典当物品是否货真价实	融资门槛较高,需审核借款人的资信及偿还能力等
贷款期限	注重短期贷款,一般半年左右	期限较灵活,小额贷款一般1～5年不等
放款速度	只要典当物符合要求,手续齐全最快当天可放款	审核严格,审批通过后约一个月可放款
贷款用途	资金使用自由,不受限制	贷款的用途受银行贷款合同限制
贷款成本	较高	较低

(四) 融资租赁

融资租赁是指出租人根据承租人对租赁物件的特定要求和对供货人的选择,出资人向供货人购买租赁物件,并租给承租人使用,承租人则分期向出租人支付租金,在租赁期内租赁物件的所有权属于出租人所有,承租人拥有租赁物件的使用权。租期届满,租金支付完毕并且承租人根据融资租赁合同的规定履行完全部义务后,租赁物件所有权归出租人所有。

融资租赁表面上看是借物,而实质上是借资,以租金的方式分期偿还。这种融资方式缓解了企业在创业初期购买大型设备的资金压力,创业者在支付第一笔租金后即可使用设备,节省下来的资金可以用在最急需用钱的地方。这种筹资方式,比较适合需要购买大件设备的初创企业,但在选择时要挑那些实力强、资信高的租赁公司,且租赁形式越灵活越好。

知识链接

哪些企业适合融资租赁业务?

融资租赁具有融资与融物相结合的特点,出现问题时融资租赁公司可以回收、处理租赁物,因而在办理融资时对企业资信和担保的要求不高,所以在服务中小企业方面具有天然的优势。此外,融资租赁在推动产业创新升级、带动新兴产业发展和促进经济结构调整等方面发挥着重要作用。所以融资租赁的适用企业相对广泛,主要有以下应用情形。

(1) 需要购置寿命长、价格较贵的大型机械设备,但是无法一次性完成购置。

(2) 资金规模小,但是期望获得借款的资信和担保要求比较高。

(3) 处于成长初期。

(4) 高新技术成果转化项目。

(五) 政府小额创业贷款

近年来,国家出台了一系列扶持大学生创业的优惠政策,为创业者提供小额创业担保贷款,是国家鼓励创业的主要政策之一。针对大学毕业生自主创业,除了国家的扶持政策,各地政府也有一些相关的扶持优惠政策,以鼓励高校毕业生自主创业。对于需要政府创业资金扶持的创业者可以在当地政府或相关网站关注最新优惠扶持信息。

任务二　股权融资认知

一、股权融资的内涵

股权融资是指企业的股东愿意出让部分企业的所有权,通过企业增资的方式引进新的股东,同时使总股本增加的融资方式。

股权融资所获得的资金,企业无须还本付息,但新股东将与老股东同样分享企业的盈利与增长。

股权融资的特点决定了其用途的广泛性,既可以充实企业的营运资金,也可以用于企业的投资活动。

二、股权融资的方式

(一) 天使投资

天使投资(Angel Investment,AI)一词源于纽约百老汇(美国商业戏剧中心),特指富商出资资助一些具有社会意义演出的公益行为。后来,天使投资被引申为一种对高风险、高收益的新兴企业的早期投资。

具体来说天使投资是指自由投资者或非正式风险投资机构对具有巨大发展潜力的高风险初创企业进行的一次性前期投资。由于天使投资是对初创企业的早期投资,企业未来是否能够生存并发展起来还有很大的不确定性,加之天使投

任务提示

>> 本分项任务将引领同学们学习初创企业如何通过股权融资筹集企业的运营资金。

任务先行

>> 在上个分项任务中我们已经学习了债权融资,企业在融资过程中经常采用的另外一种融资方式是股权融资,在进行股权融资的时候又该注意哪些事项呢?我们在本分项任务中进行探究。

云端映像:
股权融资解读

资人往往是个人投资者,因此天使投资人的出资额度往往不会很大,一般在 10 万～ 200 万元的范围之内,占创业企业的股份 10% ～ 30% 不等。天使投资人大多是企业家、富商、公司高管等,在投资之后,他们往往会利用自己的人脉和经验为企业提出有价值的经营发展建议,帮助企业更快地从初创期走向成长期,使其资本迅速增值,从而获得相应的投资回报。

知识链接

天使投资人如何评估公司价值?

对于创业者,能够弄清楚天使投资人评估投资机会和创业公司背后的逻辑,做好相应准备,就可以提升自己被正确的机构投资的机会。以下是天使投资人在评估投资机会和创业公司时考虑的五个因素。

机会的来源

寻找投资机会时,天使投资人会更加信任他们的人际网络,通过这类网络寻找到的投资机会通常质量更高。大多数天使投资人都希望找到优秀的创业者,而从人际网络中寻找到的创业公司,可以获得其创始人的第一手信息;推荐这个企业的人可能是创始人的老朋友或老同事,因而对他会有较深了解。

商业模式的可行性

在完成了第一步,即对创业公司的初步了解后,投资人会更进一步关注该公司的商业模式,具有行业经验的天使投资人能够更有效地通过商业模式判断一个重要的问题:这家公司未来能不能盈利?

创业者在描述自己的商业模式时,除了讲清公司目标、如何创造客户价值之外,要着重强调两点:一是你的业务为什么比竞争对手更好,如何做到这一点? 二是你的业务商业化的难度有多大,商业化之后的收入规模有多大?

助力成长的价值

在确定了目标项目商业模式的可行性后,一部分天使投资人会考虑接下来如何帮助它增加价值。好的天使投资人会用自己的经验帮助创业者成长,实力更强一些的天使投资人还拥有产业背景和对口的行业资源,能更实际地帮助创业公司成长。

创业者的实力与品格

好的天使投资人会在创业公司同时投入资源和资金,他们希望确保两者都得到充分利用。因此,当投资人在看项目时,关注的不仅是业务本身,更会深入了解创业者的个性与品格。

退出机会

最后,天使投资人会认真评估退出的机会,更具体一点,就是未来在什么时间可以获得多少回报。不同于中后期投资,早期投资不会把 IPO(首次公开募股)作为最主要的退出选项,更多会选择让项目被大公司并购或把股权出售给后几轮的投资机构。

(二) 风险投资

风险投资即风投(Venture Capital,VC),主要是指投资人向企业提供资金支持并取得该公司股份的一种融资方式。与天使投资相比,风险投资的决策会更加谨慎。他们通常选择已经走过初创期,步入成长期的公司,同时还要对这些公司进行专业的筛选与调查,投资于那些真正有市场前景和成长潜力的独角兽公司(投资界术语,一般指成立不超过 10 年;估值要超过 10 亿美元,少部分超过 100 亿美元的企业)。风险投资一般以上千万人民币起投,投资期一般 5 ～ 7 年。投了资金之后,投资人会获得相应的公司股权,通常情况下还会对所投资公司的事务进行一定的监管,同时提供必要的帮助与支持。

(三) 私募股权投资

私募股权投资(Private Equity,PE),是指不采用公开的方式将资金投资于有发展潜力的非上市公司,在投资期结束后通过上市或者并购退出获取高额收益的一种投资方式(图 10-2)。

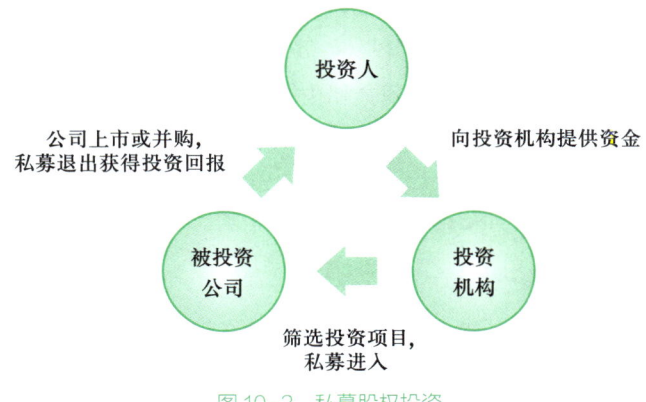

图 10-2　私募股权投资

三、不同股权融资方式的比较

在现实生活中,我们常听到的"天使轮"就是指天使投资,A 轮(第一轮)融资、B 轮(第二轮)融资往往是公司发展前景乐观为继续扩大市场规模成为行业领导者而获得的 VC 投资;C 轮(第三轮)融资则是公司发展壮大,有了上市的希望,积极寻找资本获得 PE 的投资。这三种融资方式的比较,如表 10-2 所示。

表 10-2　不同股权融资方式的比较

比较内容	天使投资	风险投资	私募股权投资
投资介入阶段	处于初创期的企业	处于快速成长期的企业	处于成熟期并准备上市的企业
投资目的	帮助项目启动	为企业发展提供准备力量	为企业的长期战略性发展提供资源整合
投资人	一般为富足家庭和个人	风险投资公司	机构投资者
投资额	数额不大,一般几十万元至几百万元人民币不等	1 000 万元人民币以上	5 000 万元人民币以上
创业者获得投资的关键	具有发展潜力的项目与优秀的创业团队	用户数据及企业发展的前景	商业模式及股东未来的投资回报

四、股权结构设计

(一) 保证创始人控制权的股权结构设计

众所周知,股权融资就像一把双刃剑,如果频繁大量地融资,可能会使创始人股权过分稀释而失去对公司的控制权,导致公司偏离创始人预期的发展轨道,但如果在融资方面过于保守,也有可能错失了让公司快速成长起来的机会让竞争对手抢占先机。因此在融资过程中,做好股权结构设计,保证创始人对公司的控制权是非常重要的,下面重点介绍四种常见的保证创始人控制权的股权结构设计方式。

1. 通过股权比例控制

在创业融资的过程中,股权分配比例是一个不得不面临的问题,对于初创企业的原始股东,我们要了解关于股权比例的几个关键的数字:股权占比 67%,拥有对公司的绝对控制权,可以修改公司章程,增减公司资本,决定公司分立、变更主

小试身手:
评析学生创业
融资作品

营业务等重大决策;股权占比 51%,拥有对公司的相对控制权,对多数事项有一票通过权,但是对于修改公司章程、增减注册资本等重大事项仍然需要经过 2/3 以上表决权的股东通过;股权占比 34%,拥有对公司的安全控制权,对重大事项有一票否决权;单独持股或合计持股 10% 以上的股东拥有临时会议权,可以提议召开临时股东会提出质询或者提议清算解散公司等。

2. 通过委托投票权控制

委托投票权是指在融资过程中引入新股东时,与新股东或原有其他股东签订《委托投票协议》,约定其他股东将其持有的表决权委托给创始股东,由创始股东代为行使。由此创始股东便可在融资过程中仍然保持其在股东会上较大的投票权。如果创始股东想在股东会上享有绝对的控制权,建议创始股东本人所持有的投票权加上委托的投票权合计超过 66.7%。

举个例子来说,假如融资前公司有股东 A(持股 51%)、B(持股 30%)、C(持股 19%),融资后新增股东 D、E,股权比例变为 A 持股 41%、B 持股 23%、C 持股 14%、D 持股 12%、E 持股 10%,为了不丧失对公司的控制权,约定 D、E 将股东投票权委托给 A,则 A 实际拥有 63% 的投票权。

3. 通过一致行动人协议控制

在融资过程中引入新股东时,创始股东与新股东签署《一致行动人协议》,要求新股东在股东会决议时,与创始股东保持一致的意思表示和行为。

4. 通过约定与持股比例不同的表决权控制

创始股东在股权比例被稀释后,可以通过章程约定其拥有较多的表决权以保证其在公司中的决策权。

应用案例

详解小米股权结构

很多创业者都有这样的疑虑,自己公司的股权比例是否合理? 其实,股权比例是否合理,不能简单地用"是"或"否"回复。股权结构设计,内在表达了合伙人的胸怀、格局和分工,是全体合伙人对股权架构进行的内心深处的对话、思考和理解。

小米公司将股权设计总结为"合、分、进、退"四大要点。

合什么

创业初期,创业者最大的资产就是百分之百的梦想。对大部分缺少资金的创业者来说,这可能就是唯一的资产。创业者靠自己的梦想去融人力、资金、技术等资源。创业的过程,就是与他人分享梦想的过程。

小米初期连产品都没有,雷军花了百分之七八十的时间去找合伙人,花了很长时间进行交流,让他们认同自己这个人,认同自己要做的事情,分享他的梦想和愿景。

你在创业时,有对你的合伙人再三强调自己追逐的愿景和梦想吗?

分什么

合得好,先要分得好。股东最关心的就是自己在公司的话语权和分红权。小米把"分"又分为分股、分权、分利、分工四个细节。

(1) 分股。分股,即股权比例的分配。小米在创立时实行全员持股。且不讨论雷军和七个创始人如何分配股权。值得我们学习的是,雷军对初创期的 40 多位员工的股权授予。雷军认为高科技企业人才最重要。为了吸引人才,当然会授予股权。雷军提出了三种方法:一是可以选择和跨国公司一样的报酬;二是可以选择 2/3 报酬,然后拿一部分股票;三是可以选择 1/3 报酬,然后拿更多的股票。选择第三项的人,显然认同雷军的人和事业,愿意共担风险。

(2) 分权。分权,即谁掌握公司的控制权。小米赴港上市,雷军对公司控制权采取了"同股不同权"的双层股权设计(又称"AB 股",即把股票分为 A 类股和B 类股),牢牢掌握了小米的控制权。A 类股 1 股有 10 个投票权,而 B 类股 1 股只有 1 个投票权,这个机制,形成了相同的股票(同股)有着不同的投票权(不同权)——同股不同权。

按《中华人民共和国公司法》和公司组织章程规定,小米集团的重大事项经3/4 表决权的股东同意通过,普通事项由半数以上表决权的股东同意通过。雷军拥有 55.7% 的投票权,可决定普通事项;雷军和林斌共同拥有 85.7% 的投票权,可决定重大事项。雷军通过双层股权设计,牢牢掌握了小米的控制权。

(3) 分利。小米敲定港股 IPO,工号 1 000 以内员工获财务自由。工号前1 000 位的至少是千万身家,工号前 100 位的,将跃升为亿万富翁。

(4) 分工。专业人做专业事,一件事只能有一个人负责。雷军说他在创业时花费了 80% 的时间来找人,找到七个独当一面的事业合伙人,加上雷军自己,共八个。这些事业合伙人各管一块,充分授权,各自全权负责自己的一块业务或职能,其他人不能干预。

进入

对雷军而言,他深谙投资项目关键是投资团队的道理。所以才花了 80% 时间去找合伙人。雷军找人有两个要素：一是最专业，二是最合适。因为小米的合伙人都是各管一块，最专业可以保证整个决策非常快，雷军放心把业务交给他。最合适主要是指有创业心态，对所做的事要极度喜欢，有共同的愿景。正因为雷军在找人阶段的"正确投入"，让小米有了今天的成就。

退出

现在很多创始人的股份锁定四年，工作每满1年兑现25%股权。

雷军对合伙人的要求是，合伙人的股份锁定4年，不满4年离开的没有股份，视为雇员，雇员就应该给予雇员的报酬。

启悟：股权设计并非简单的股权比例划分，应该根据"合、分、进、退"四大要点和"分股、分权、分利、分工"四个细节，去通盘考虑公司的股权架构设计。

（二）各轮融资创始人股权结构的规划

公司股权结构在融资前期就要规划好，总共需要几轮融资，每轮融资大概出让多少比例的股份。如果天使投资占比过高，会影响后面融资。天使轮的投资占比，建议在10%～15%，最好不要超过20%，否则创始人会发现自己的股权稀释得很快，A轮后就失去了对公司的控制权。

表10-3为假定天使投资人拿到20%股权的情况下，股权稀释的演化历程。

表10-3　多轮融资后股权结构的变化　　　单位：%

公司股东	融前股比	天使轮后股比	A轮后股比	B轮后股比	C轮后股比	D轮后股比
股东A	70.00	56.00	44.80	38.08	34.27	30.84
股东B	30.00	24.00	19.20	16.32	14.69	13.22
天使投资	—	20.00	16.00	13.60	12.24	11.02
A轮投资	—	—	20.00	17.00	15.30	13.77
B轮投资	—	—	—	15.00	13.50	12.15
C轮投资	—	—	—	—	10.00	9.00
D轮投资	—	—	—	—	—	10.00
总计	100	100	100	100	100	100

需要说明的是，表10-3并未考虑到员工激励期权池和后续加盟股东股权的

需求,如果计入了5%～20%的员工激励期权池,以及加盟股东5%～15%的股权,创业者便明白,创业初期让出太多股权,会产生更严重的稀释效果。

创业者可以参考表10-3进行本企业股权结构的规划与设计,当然除了关心融资过程中创始人所占有的股权比例外,还要关注融资谈判过程中的其他条款,以免融资后将公司置于不利地位。

任务提示

>> 本分项任务将引导同学们认清债权融资和股权融资的优劣势,最终选择适合自己的融资方式。

任务先行

>> 通过前面任务的学习,同学们已经对债权融资和股权融资有了比较全面的认识,在创业过程中我们又该如何选择合理的融资方式呢?通过本分项任务,相信大家一定能习得要领。

任务三　融资方式选择

一、债权融资与股权融资的比较

相对于股权融资来说,债权融资成本较低、融资的速度也较快。但是当企业陷入财务危机或者企业的战略不具备竞争优势时,还款的压力则会增加企业的经营风险。两种融资方式的具体比较,如表10-4所示。

表 10-4　债权融资与股权融资的比较

比较内容	债权融资	股权融资
本金偿还	到期需要向债权人偿还本金	投资人不得抽回投资,只能向第三方转让
融资成本	偿还借款利息	根据企业经营情况变化给股东相应的投资回报
投资人是否承担企业经营风险	不承担	承担
投资人对企业的控制权	无	按比例享有

从表10-4中可以看出,债权融资与股权融资各有自己的优势与不足。债权融资过程简单、快捷,且创始人不会丧失对企业的控制权和所有权,但需要向债权人支付一定的利息,承担企业未来利润可能不足以归还借款的财务风险;股权融资可筹集较多资金且不需要承担还款的压力,有时还能获得投资人在经营管理和决策方面的指导与建议,但是股权融资过程繁杂,且创始人要出让企业部分控制权和所有权,还要和投资人分享企业利润。

二、创业企业在不同发展阶段融资方式的选择

(一) 种子阶段企业融资方式的选择

处于创业种子阶段的企业风险非常大。国内外的统计数据表明:种子期的企业成功率不足10%。面对如此大的创业风险,创业企业的资金来源往往是靠自己的积蓄或者向亲朋好友借钱。当然,如果创业者的项目和能力特别出众,也有可

小试身手:
创业企业如何
融资

能打动天使投资人或风险投资机构。

(二) 发展阶段企业融资方式的选择

进入早期发展阶段的企业已基本完成了公司筹建、产品研发、生产组织等工作。但这一时期企业仍然有破产清盘的危险。一份对我国中小科技企业的调查显示：创业期经营失败的概率介于 80%～90%。这一时期企业的融资方式主要以企业主家族追加投资这种内源融资方式为主，辅之以典当、融资租赁等债权融资方式，也有部分优秀项目获得风险投资机构的青睐。

(三) 成长阶段企业融资方式的选择

当企业步入成长阶段，其产品或服务有了一定的市场占有率和知名度，企业经营风险已经大为降低，企业进入融资的黄金阶段。首先，企业可以留存部分利润作为内源融资；其次，由于企业经营已初具规模，在此阶段取得银行贷款也更加容易；最后，对于个别有发展前景的企业来说，获得风险投资和私募股权投资的机会也大大提高。

应用案例

股权融资与债权融资间的选择

有这么一则案例：一位餐饮企业老板原来开了一家店面，投资 150 万元，年盈利 100 万元，生意非常火爆，等位时间最高峰达到 5 个小时。现在计划再开一家火锅店，投资 500 万元，预计一年的盈利在三四百万元。但目前资金不够，想要融资 300 万元。餐饮企业缺资金，用股权融资好还是债权融资好？这位老板一时犯了难。

债权融资与股权融资相比各自的好处与弊端有哪些？

要想回答"用股权融资好还是债权融资好？"这个问题，首先要弄清楚什么是股权融资，什么又是债权融资。举个例子，个人要买房子，按揭买房是债权融资，而合伙买房则是股权融资。

问题来了，是借钱买房好还是合伙买房好？从投资的角度分析，如果房价上涨过快，超过借款所付的利息，当然是借钱买房子好，偿还了利息，剩下的收益全归自己，所以在实际生活中绝大多数人在房价上涨时选择按揭买房就在于此。

相反，如果购房者判断房价涨幅不大，甚至涨跌判断不明，加之个人借钱买房感觉融资压力过大，为了化解个人投资风险，可能会选择合伙买房，因为合伙买房没有还款的压力。

与此类似,餐饮企业发展过程中,如果餐饮企业盈利可观,餐饮企业能用债权融资的,就不要用股权融资;反过来,如果餐饮企业处于初创期,商业模式不太成熟,盈利不明朗,加之餐饮企业短期融资压力过大,则可选择股权融资。

若选择债权融资,餐饮企业偿还借款人的利息成本,剩下的都是企业的收益,在餐饮企业发展过程中,投资人不参与企业的经营管理,企业经营决策简单高效,好处显而易见。但是无论企业盈利与否,必须偿还借款人借款本金及利息,企业现金流压力会较大。

若选择股权融资,投资方投入资金,如果投资方还有渠道资源、管理经验,则可加快餐饮企业发展,降低企业摸索成本。但是,如果企业盈利能力过强,会导致融资成本过高。

开篇提到的这家企业是选择股权融资还是债权融资呢? 我们接着分析。

企业估值几何?

餐饮企业值多少钱,这涉及企业是值钱的企业还是盈利的企业? 餐饮企业值钱或盈利与否,可划分为三种类型。

(1) 值钱但不盈利的企业。不少餐饮企业在创业初期,找到市场空白点,这类企业前期为了生存,尽管在餐饮老板眼中值钱,却不盈利,加之成功的概率较低,融资成功的可能性很低。

如果餐饮企业在创业初期要进行融资,建议在单店进行融资,不要在品牌公司融资。例如,有一家餐饮企业,因为不懂股权设计,加上创业初期资金不足,500万元资金对外融资200万元占到企业股权的20%。五年时间企业规模发展到20家,年盈利4 000万元,最后要回购20%的股权,付出的代价是4 000万元,这就是不懂股权布局造成的损失。

(2) 盈利但不值钱的企业。这样的餐饮企业比比皆是,传统餐馆生意非常好,但没有品牌,也没有团队,同时店面之间多数以个体户出现,名义上是一家公司,其实法律上彼此之间没有隶属关系。这样的企业尽管赚钱但对个人的人身依附性比较强,加之缺乏股权布局,这样的企业盈利但不值钱,这些企业如果想和资本市场衔接非常困难,在资本市场是没有投资价值的。

此类企业在发展过程中,单店用债权融资比较好,如果用股权融资,按照出多少钱占多少股,则会对企业的利益造成损害,如果在店面进行股权融资,则要进行溢价融资。

(3) 既盈利又值钱的企业。这类企业多数为进行了良好的股权布局且有品牌的餐饮公司,如现在的海底捞,无论是债权融资还是股权融资都相对容易。

出让多少股权合适?

开篇提到的餐饮企业到底该进行股权融资还是债权融资?

(1) 在单店进行债权融资。因店面盈利能力比较可观,回报率在60%以上,老板信心十足,可以借钱开店,用店面的利润支付利息,每年支付一次,每年的利息在借款额的15%左右。借款300万元,每年的利息45万元,约定时间期限为两年,两年之后本息两清。可采取对多数人进行小额借款,如每个人5万元或者10万元,在员工、亲戚朋友之间进行借款。需要格外注意的是:增强法律意识,非法集资决不能碰。

(2) 股权融资(先行收回投资法)。店面实际投资500万元,投资人投资300万元,约定店面盈利就先行收回投资者的投资,让投资人风险降低,收益加大按照测算投资者在一年至一年半可收回投资。

投资人收回投资后,约定将店面每年分红的20%分配给投资人。按照测算,投资人在店面可获得的分红是每年60万元~80万元,可约定投资者分店面4年红利,4年后如果投资人达到一倍的投资回报,投资人的分红终止,如达不到1倍则继续分红,直到达到1倍的分红回报为止。这样既调动投资人的投资热情,同时又保证店面的利润不至于被过多分配。

(3) 股权溢价融资(同进同退法)。店面实际投资500万元,可以估值1 500万元,投资人投资300万元,占股20%。店面盈利,投资者按每年20%进行分红,投资人预计年分红在60万元~80万元,双方约定在店面存续期间投资人均可享受分红。这有个前提,即店面的租赁期限较长。

启悟: 企业在进行融资方式选择时,需要综合考量自身发展阶段、盈利前景、资金压力等内部因素,以及融资成本、控制权稀释、法律风险等外部因素,权衡债权融资与股权融资的利弊,以确定最契合自身发展需求的融资路径。

▶ 润心好文

数字经济下大学生创业融资新态势

数字经济开启融资机遇之门

数字经济如同一股强劲东风,为大学生创业融资带来诸多利好。

(1) 拓宽融资渠道。众筹、在线融资等新兴模式在数字浪潮中崛起。它们打破传统融资的地域与时间枷锁,让大学生创业者能轻松触及各类投资者。如今，不少大学生创业项目凭借众筹平台，将创意与产品推向大众，小额投资者纷纷响应，使资金来源不再局限，大大提升了融资成功率。

（2）降低信息不对称。互联网与大数据技术功不可没。信息的快速、精准传播，使大学生创业者能及时洞悉市场变化、行业走向以及潜在投资者详情。同时，他们可利用丰富的数字手段全方位展示项目亮点、市场潜力等，让投资者深入了解，进而增强投资信心，为融资创造更多可能。

（3）提升资源整合效率。云计算、物联网等数字技术成为得力助手。大学生创业者借此灵活调配技术、人才与资金等资源，不同行业资源也能在数字平台上互通共享，为创业项目提供充足"养分"，有效降低成本。增强项目吸引力之处在于，数字经济孕育的创业项目多聚焦人工智能、大数据等前沿领域，这类项目创新与科技含量双高，契合时代潮流，拥有广阔市场前景与社会价值，自然能吸引风险投资机构与天使投资人的目光，为融资奠定良好基础。

数字经济下融资面临重重挑战

然而，数字经济时代大学生创业融资之路并非坦途。

（1）项目风险评估困难是一大"拦路虎"。数字经济领域的创业项目常具创新性与前瞻性，商业模式与盈利模式尚处摸索阶段，市场前景也充满变数。例如，一些基于新技术的项目，技术研发风险高，市场接受度难以预测，投资者难以精准判断风险与价值，投资时难免顾虑重重。

（2）竞争激烈使融资难上加难。数字经济蓬勃发展，吸引众多创业者加入。大学生创业项目在资金储备、技术实力、市场份额等方面相对薄弱，在抢夺有限资金资源时往往力不从心，融资难度显著增加。

（3）数字金融监管短板凸显。金融创新虽为创业融资带来便利，却也暗藏风险。当前众筹等领域监管存在漏洞，非法集资、诈骗等问题时有发生，这既威胁投资者利益，也给大学生创业融资的健康发展蒙上阴影。

（4）创业者自身能力不足不容忽视。部分大学生在金融、财务、管理等知识领域有所欠缺，难以制订完善融资计划，与投资者沟通谈判时也难以清晰表达项目优势。而且一些创业者对数字技术在融资中的运用不够熟练，无法充分发挥其作用。

应对融资挑战的策略指引

面对挑战，大学生创业者可从多方面着力突破。

（1）提升项目质量与竞争力是核心。需紧密贴合市场需求，融合专业特长打造特色项目，并强化运营管理，提升盈利能力与可持续性，以此吸引投资者关注。

（2）加强自身能力塑造必不可少。持续学习金融、财务等知识，提升综合素养，积极参与创业培训与实践活动，积累经验，打磨与投资者沟通交流的技巧。充分利用数字平台与工具是关键。搭建线上展示平台，借助社交媒体、专业论坛等扩大项目影响力，运用大数据分析投资者偏好，有的放矢开展融资活动。

（3）寻求多元化融资渠道是方向。除传统银行贷款、风险投资，还可探索众筹、天使投资、政府扶持基金、校友基金等多种途径。通过创新创业大赛、路演等活动展示项目魅力，争取不同类型投资者的支持。

（4）建立良好投资者关系是保障。融资后与投资者保持密切、稳定联系，及时通报项目进展与财务状况，获取信任，还可邀请其参与决策管理，携手推动项目前行。

总之，数字经济为大学生创业融资带来了机遇与挑战并存的新局面。

席间小测　创业融资　　健心课堂　无信无立

▶ 深思勤跬

一、案例分析

华为完成 40 亿元债券融资

2024 年 8 月 12 日，中国货币网披露，华为投资控股有限公司日前完成发行 2024 年度第四期超短期融资券。

公告显示，该期债券简称"24 华为 SCP004"，发行金额 40 亿元，利率 1.60%，期限 130 天，起息日为 2024 年 8 月 9 日，兑付日为 2024 年 12 月 17 日，债券主承销商／簿记管理人为浦发银行，联席主承销商为中国农业银行、兴业银行，经联合资信综合评定，发行人主体信用评级为 AAA，评级展望为稳定。

华为此前披露的募集说明书显示，为支撑各项业务发展和关键战略落地，华为拟发行 40 亿元超短期融资券，将用于补充公司本部及下属子公司营运资金。

2024 年 7 月，华为刚刚完成了其 2024 年以来首次中期票据发行。具体情况为，2024 年 7 月 11 日，中国货币网披露了华为投资控股有限公司 2024 年度第一期中期票据申购说明，华为拟发行 10 亿元中期票据，发行期限 10 年，申购利率区间为 2.4%～3%。

彼时,华为表示,此次发行 10 亿元中期票据,将用于补充公司本部及下属子公司营运资金,主要是为了支撑各项业务发展和关键战略落地。

据了解,随着 2022 年以来华为在中国境内持续发债,其直接融资渠道已经逐渐从境外转向境内,境内的直接负债已经超过境外负债。

华为最新债券募集说明书显示,截至该募集说明书签署之日,华为存续境内中期票据 13 笔,共计 380 亿元人民币,超短期融资券 3 笔,共计 90 亿元人民币。华为子公司存续境外美元债券 3 笔,共计 35 亿美元,主要用于对云计算、智能汽车、软件根技术 [①] 投入。

分析与思考

(1) 企业自己发行债券融资和从银行贷款进行融资有什么区别?

(2) 公司发行债券进行融资要满足哪些条件?

二、模拟实践

麦田蜜语蛋糕坊的创业融资计划制订

实训目的

(1) 培养学生预测创业资金的能力。

(2) 培养学生根据企业实际情况选择融资方式的能力。

实训内容与方式

(1) 将全班学生按 3 ～ 4 人一组分成若干小组。

(2) 通过实地调查为创业项目——麦田蜜语蛋糕坊选择店址,了解所选店址的租金、客流量、客户群体消费层次等信息,并估算创业初期需要投入资金数额(如固定资产、商标专利等无形资产、开办费用、流动资金等),在此基础上撰写一份融资计划书,计划书中要包括创业资金预测、融资方式选择等内容。

实训成果

各组向全班同学展示创业融资计划,并说明选定融资方式的理由。

---

① 软件根技术是指在整个软件生态系统中具有基础性和关键性的技术, 是支撑其他软件技术和应用开发的核心技术。

>> "问渠那得清如许？为有源头活水来。"德鲁克提出，企业目标唯一有效的定义就是创造顾客。客户如同奔涌不息的源泉，持续为企业带来利润，成为企业发展的动力源头。而资金则是创业不可或缺的基础，让资金合理流转，企业方能如源泉之水，盈满发展的每一处"坑洼"，稳步前行，开拓广阔市场。

>> 本篇以设立创业企业为"行创业之路"的基石，通过认知并选择适合自己创业项目的企业类型，走完企业设立全流程，为企业顺利取得合法经营主体资格开荒铺路；以建立契约作为"行创业之路"的先决条件，为企业利润分配与风险划分明确责任与义务，为"创业之路"保驾护航；以制定利润规划作为"行创业之路"的方向，帮助企业实现资源作用的最大化，减少企业经营活动的不确定性，为创业之路立标导航。

志坚行苦，玉汝于成

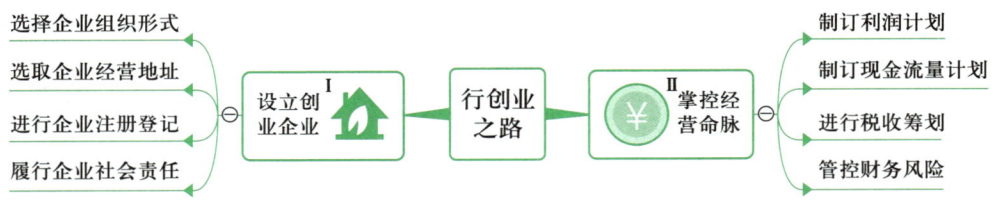

选择企业组织形式
选取企业经营地址
进行企业注册登记
履行企业社会责任

设立创业企业 I

行创业之路

II 掌控经营命脉

制订利润计划
制订现金流量计划
进行税收筹划
管控财务风险

>> **自我认知**

行动能力测评 • • •

模块十一　设立创业企业

▶ **思想领航**

　　企业的责任不仅是创造利润,还应包括对社会和环境的责任,而履行这些责任的基础就是要遵循契约精神,做到合法合规经营。

——李东生

▶ **学习目标**

- 知识目标

　　(1) 了解三种企业组织形式。

　　(2) 掌握企业选址需要考虑的因素。

　　(3) 掌握企业注册登记的流程步骤。

　　(4) 熟悉初创企业可能面临的法律与伦理问题。

- 能力目标

　　(1) 能够将大学生创业的常见投资模式与合适企业类型匹配。

　　(2) 能够快速、精准备齐企业注册登记所需材料。

- 素质目标

　　关注设立创业企业相关法律法规,树立诚信办企的契约精神。

▶ **导师寄语**

　　创业者建立商业契约时,需结合自身特点与项目内容,慎重选择企业组织形式,因其直接决定未来要承担的法律责任与义务。选择前,要了解不同类型企业组织形式的优劣,关注企业所得税、增值税等税收差异,以及当地税收优惠政策,像小微企业税收减免、高新技术企业优惠等,综合权衡后确定最佳形式。

　　通过本模块学习,希望同学们明白,规范选择企业组织形式是企业树立信誉、履行社会责任的基础,唯有如此,初创企业才能行稳致远。

▶ 学前导读

好的种子必须找到好的土壤

2018 年成立的浙江孔辉汽车科技有限公司（以下简称孔辉科技），见证了国产空气悬架行业从无到有的历程，也是中国新能源汽车产业链重塑的缩影。

2007 年，孔辉科技董事长郭川的父亲郭孔辉院士跟几个学生一起成立了长春孔辉汽车科技股份有限公司（以下简称长春孔辉）。郭孔辉是中国工程院首批院士，也是汽车操控性、平顺性方面的专家。当时，郭川还在汽车零部件公司天津市环宇橡塑股份有限公司（以下简称环宇橡塑）担任总经理。在他看到父亲创业的初衷是想验证自己在学术方面的想法时，他选择从环宇橡塑辞职，加入长春孔辉，帮助父亲管理经营性事务。加入之初，郭川与父亲在如何经营公司方面有过分歧，但是他们始终有一个共识：技术咨询公司是做不大的，必须从技术咨询公司向生产型企业转型。

2010 年，长春孔辉为一汽红旗做了一台搭载电控悬架系统的样车。"虽然七零八落，但是它的确是电控的，能体现舒适性和操控性。"郭川说。这让长春孔辉迈出了第一步，也为公司打了广告，此后每隔一两年就会有其他主机厂找到长春孔辉，合作改装业务。

2018 年蔚来 ES8 上市，孔辉科技也迎来命运的转折点。蔚来 ES8 的出现不仅改变了国内对新势力车企的看法，也为郭川提供了二次创业的信心。他离开了长春，南下浙江湖州进行二次创业，成立了浙江孔辉汽车科技有限公司。同年 10 月，孔辉科技落户湖州（图 11-1），湖州吴兴区政府给孔辉科技提供了几百万元的启动资金，并在工业园给孔辉科技提供了 3 个小车

图 11-1　浙江孔辉汽车科技有限公司总部

间。公司最困难时，郭川还曾用自己的个人信用向湖州吴兴区农商行贷款 3 000 万元。

在 2020 年湖州的一次创业大赛上，郭川以创业者身份参赛，最后取得了第三名。赛后，郭川跟当时评委之一的一位在江浙一带物色项目的 FA（财务顾问）建立了联系，对方帮忙介绍了联想之星。2021 年初，联想之星参与了孔辉科技的 Pre-A 轮投资。"联想之星专门投早期，他们的资金注入之后，我们才开始受到广泛关注。"郭川回忆。

在孔辉科技的董秘兼副总裁许亦东看来，郭川是一位具备企业家精神的创业者，而非生意人。在加入孔辉科技之前，许亦东在一家企业风险投资（Corporate Venture Capital, CVC）做了 8 年投资人。2022 年他加入孔辉科技，当时孔辉科技还只是一家初创公司，在进行多方背调后，他对空气悬架的市场前景作出了积极判断；同时，他还多次到孔辉科技的公司、工厂进行考察。红火的生产景象打动了他，他最终选择在 2022 年 9 月加入孔辉科技，并主导了孔辉科技的 C 轮和 D 轮两轮近 8 亿元融资。2024 年上半年，孔辉科技在苏州建立了研发总院和总部，盖起新的办公大楼。郭川认为，相比湖州，苏州聚集了更多汽车零部件行业的人才……

思辨与探究

（1）孔辉科技不同阶段的选址，是如何综合考虑的？

（2）湖州政府支持孔辉科技后，孔辉科技如何回馈当地并履行社会责任？

（3）郭川在公司发展中，怎样调整经营管理策略以适应不同阶段需求？

任务一　选择企业组织形式

一、企业组织形式的分类

企业是由企业家进行管理并以营利为目的的经济组织,运用各种生产要素(如土地、劳动力、资本、技术等),向市场提供商品或服务,是自主经营、自负盈亏、独立核算的法人或其他社会经济组织。

现代企业的组织形式按照财产的组织形式和所承担的法律责任进行划分,通常分为个人独资企业、合伙企业和公司制企业三种(图 11-2)。创业者在注册前可以根据企业组织形式的特点、设立条件以及设立程序,结合自身条件,选择一个最适合自己的类型。

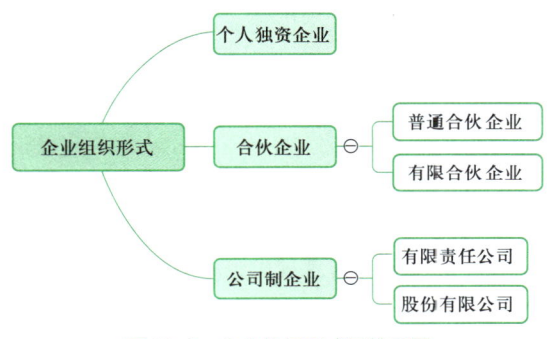

图 11-2　企业组织形式思维导图

(一) 个人独资企业

个人独资企业是指一人投资经营的企业,企业负责人是投资者本人。按照我国现行税法有关规定,个人独资企业取得的生产经营所得和其他所得,应按规定缴纳私营个人所得税,因此,个人独资企业投资人需要对企业债务承担无限责任。

知识链接

个体工商户与个人独资企业的区别

个体工商户既可以由一个个人出资设立,也可以由家庭共同出资设立。通常为了方便执法活动,政府会要求某些种类的独资企业注册,如餐馆注册为了方便卫生检查,这就是个体工商户。

任务提示

>> 本分项任务将引领同学们完成企业组织形式的分析与比较。

任务先行

>> 设立创业企业不是简单地走流程,而是要综合考虑纳税情况、法律责任、投资者对财产的支配权力以及能否转让等多方因素,那么,不同的企业组织形式有何利弊? 哪一款适合你? 让我们一起通过本分项任务学习,作出合理选择。

与个人独资企业相比,个体工商户的债务如属个人经营的需以个人财产承担;以家庭经营的,则需以家庭财产承担。个人独资企业的出资人在一般情况下仅以其个人财产对企业债务承担无限责任。需要注意的是:在新企业设立登记时,明确以家庭共有财产作为个人出资的才依法以家庭共有财产对企业债务承担无限责任。个体工商户和独资企业的经营方式也有所不同,个体工商户经营条件及方式比较自由,可以选择流动性强的经营方式,如可以选择摆地摊或者临时性的经营手段,但是个人独资企业不同,其必须有固定的经营场所和经营方式。

此外,个人独资企业可以设立分支企业、子公司,而个体工商户是不可以的。

对于初创企业来说,个人独资企业有很大的自由度,如何经营、如何管理、如何筹融资,全由创业者自己决定。创业者可以根据市场变化情况随时调整经营方向。但同时也会因为注册资金较少、企业抗风险能力较差,给融资带来困难。创业者如若亏本欠债,全由自己的资产来抵偿。

应用案例

个人独资企业破产后的责任纠纷

大学毕业生王佳毕业后想要创业,在经济上独立于其家庭。2018年10月在市场监督管理机关注册成立了一家主营信息资讯的个人独资企业并取名为"浩博信息资讯工作室",注册资本为1元。王佳努力经营终于迎来了回报,其工作室发展形势向好,收益甚丰,其校友雷东与王佳协议注资5万元人民币入伙。工作室规模不断扩大,员工最多时有10名,但王佳认为自己创办的是私人企业并不需要为员工办理社会保险,因此没有给员工缴纳社会保险也没有与员工签订劳动合同。后来,其工作室经营不善导致负债10万元,王佳决定于2021年10月自行解散工作室,但因为工作室财产不足清偿而被债权人、企业职工起诉至人民法院。

法院审理后认为王佳与雷东形成事实上的合伙关系,判决责令王、雷二人补充办理职工的社会保险并缴纳保险费,由王佳与雷东对该企业的债务承担无限连带责任。因王佳经济上独立于其家庭且申请设立个人独资企业登记时未以其家庭共有财产作为个人出资,因此,该企业的债权人在王佳不能清偿债务时不能向王佳的家庭求偿,应当是由王佳个人承担无限责任。

启悟:个人独资企业经营过程中,应明确企业性质与责任承担方式,妥善处理资金引入、员工权益保障等事务,避免因违规操作陷入责任纠纷困境。

（二）合伙企业

依照《中华人民共和国合伙企业法》(以下简称《合伙企业法》)，合伙企业应该由 2 个以上的合伙人出资设立，其中有限合伙企业应该由 2 人以上 50 人以下的合伙人出资设立。合伙企业是合伙人之间以合同关系为基础的企业组织形式，为了共同的目的，相互约定共同出资、共同经营、共享收益和共担风险。

合伙企业可以根据合伙人出资的形式和承担的责任分为普通合伙和有限合伙。其中，普通合伙企业由普通合伙人组成，合伙人对合伙企业债务承担无限连带责任。而有限合伙制承担有限责任，因此易吸引资金和人才。有限合伙企业中的"有限责任"有效地解决了合伙制中合伙人对整个合伙企业所欠的债务负有无限的责任这一风险；一方面合伙企业通过普通合伙人经营管理并承担无限责任，保持合伙组织的结构简单、管理费用较低、内部关系紧密及决策效率高等优点；另一方面，当合伙人较多的情况，有限合伙制可以吸引那些不愿承担无限责任的人向企业投资，也可以吸引企业所需要的人才。它不同于所有权和管理权分离的公司企业。

对于初创企业来说合伙企业的关键在于合伙协议，因为合伙企业运行的法律依据就是他们的协议，因此合伙人的选择和合伙协议的拟定就显得相当重要。相比个人独资企业，合伙企业通常是依合同或协议组织起来的，决策通常由合伙人集体作出，合伙人一旦产生嫌隙，企业决策就难达成一致意见，造成业务开展困难的局面。

（三）公司制企业

有限责任公司和股份有限公司是《中华人民共和国公司法》(以下简称《公司法》)主要确定的两种公司制企业形式，一般由两个以上的投资人依法出资成立，自负盈亏，投资者按出资额对公司承担有限责任。

品文酌理：
一人有限责任
公司

1. 有限责任公司

依据《公司法》规定，有限责任公司由 50 人以下股东共同出资设立，其资本无须划分为等额股份，股东之间关系更多的是靠内部契约约束，组织机构的设置往往根据公司章程来选择是否设立。

有限责任公司最大的特征是"人合性"。强调股东之间的合作与共同利益。股东既管理着公司又承担着投资的风险，其内部资本与劳动结合紧密。需要注意的是有限责任公司对股权转让股权要求较为严格，股东依法向公司以外人员转让股本时，必须有超过半数股东同意方可实行，在转让同等条件下，公司其他股东享有优先权。

应用案例

一人有限责任公司的股东是否要承担连带责任

2024年7月20日，甲公司与乙公司、孟某签订《借款合同》。合同约定乙公司因经营周转需要向甲公司借款300万元，并约定了借款期限及利率，孟某为乙公司提供连带责任担保。甲公司如约将300万元借款支付至乙公司。后乙公司未按期还款，甲公司将乙公司、孟某及乙公司的唯一股东吴某诉至法院，要求乙公司还款付息，担保人孟某承担连带责任，吴某对公司债务承担连带责任。

本案例中甲公司与乙公司签订的《借款合同》如若合法有效，乙公司未依约还款，已构成违约，应承担违约责任。孟某作为连带责任保证人，应当承担连带保证责任。

对于吴某是否应当承担连带保证责任，根据《公司法》第六十二条规定，一人有限责任公司应当在每一会计年度终了时编制财务会计报告，并经会计师事务所审计；第六十三条规定，一人有限责任公司的股东不能证明公司财产独立于股东自己的财产的，应当对公司债务承担连带责任。如若吴某未在法庭限定期限内提交公司财务会计报告等证据证明公司财产独立于其个人财产，根据上述法条规定，吴某应当对公司债务承担连带责任。

由于一人公司的全部股份或出资由单一的股东所有，股东既是所有者，又是管理者，股东的意志在相当程度上决定了一人公司的意志，且一人公司缺乏社团性和相应的公司机关，没有分权制衡的内部治理结构，缺乏内部监督，因此，更容易发生财产混同与业务混同的情形，导致滥用公司独立人格、损害公司债权人利益的结果发生。

根据《公司法》第六十三条规定，在发生债务纠纷时，一人公司的股东有责任证明公司的财产与自身的财产是相互独立的，如果股东不能证明公司的财产独立于其自身的财产，则股东必须对公司的债务承担连带责任。

启悟：一人有限责任公司由于其股东单一性特点，在实践中容易发生债务纠纷。因此，对于初创企业来说，建立健全的财务会计制度是一人有限责任公司避免财务纠纷的重要措施。

2. 股份有限公司

依据《公司法》规定,股份有限公司应当有 2 人以上 200 人以下为发起人。全部注册资本由等额股份构成并通过发行股票(或股权证)筹集资本,公司以其全部资产对公司债务承担有限责任的企业法人。

因可以自由转让所持股份,与有限责任公司相比其股权操作上更为自由。但其机构设置复杂,运营体系庞大,须设立 5 ~ 19 位董事会成员,3 位监事会成员,董事会、监事会每年度至少召开两次会议,股东大会至少一年一次年会,此外,需要安置较多的董事和监事。

对于新企业来说,如果创业者一开始成立就把公司定位于未来几年内完成上市,且公司短期内资金并未出现紧张状况,那么,一开始就选择股份公司形式注册,就能省去将来股改的时间成本和中介成本。

一般来说,大多数公司在选择企业组织形式时,都会选择有限责任公司,相比较股份有限公司,有限责任公司运营成本较低,机构设置少,比较适合新企业的起步发展阶段。但是选择哪一种形式还是要根据创业者的实际情况来确定。

二、企业组织形式的选择

(一) 企业组织形式比较

不同企业组织形式各有各的特点,具体如表 11-1 所示。

云端映像:
企业类型解析

表 11-1　不同企业组织形式情况对比

比较项	个人独资企业	个体工商户	合伙企业	有限责任公司	股份有限公司
法律地位	无章程或协议	无章程或协议	合伙协议	公司章程	公司章程
责任形式	无限责任	无限责任	无限连带责任	有限责任	有限责任
投资者	具有完全民事行为能力的自然人,法律、行政法规禁止从事营利活动的人除外	具有完全民事行为能力的自然人,法律、行政法规禁止从事营利活动的人除外	具有完全民事行为能力的自然人,法律、行政法规禁止从事营利活动的人除外	自然人、法人	自然人、法人
投资资本	投资者申报	投资者申报	协商确定	委托评估机构	委托评估机构

续表

比较项	个人独资企业	个体工商户	合伙企业	有限责任公司	股份有限公司
出资方式	无限制	无限制	约定的货币、实物、土地使用权、知识产权或其他财产权利与劳务等	法定的货币、实物、工业产权、非专利技术、土地使用权等	法定的货币、实物、工业产权、非专利技术、土地使用权等
出资转让	投资者自由决定	投资者自由决定	合伙人一致同意	股东过半数同意	转让自由
事务决定权	投资者个人	投资者个人	全体合伙人	股东会	董事会、股东大会
解散程序	自行解散	自行解散	注销	注销	注销
解散义务	承担无限责任	承担无限责任	承担无限连带责任	承担无限连带责任	清算期承担责任

　　说明：个体工商户不属于企业组织形式，但其作为重要的市场主体类型、大学生创业的重要方式之一，故将其置于上表中同其他组织形式进行比对。

（二）组织形式选择的因素与策略

1. 新企业所处行业

对于一些特殊的行业，法律规定只能采用特殊的组织形式，如律师事务所只能采用合伙形式而不能采用公司形式。对于银行、保险等行业只能采用公司制。因此，根据新企业所处行业选择企业的组织形式是首要考虑的因素。对于法律强制性规定了的行业，只能按照法律的要求选择组织形式。

2. 风险承担能力

创业者自身的风险承担能力是创业者必须考虑的因素之一，企业组织形式与创业者日后承担的风险息息相关。公司制企业股东仅以出资额为限承担责任，普通合伙制企业投资人、个人独资企业投资人都要承担无限责任。选择后两种企业组织形式，创业者要承担较大风险。

3. 税务因素

由于不同的企业组织形式所缴纳的税不同，因此选择企业组织形式必须考虑税负问题。根据我国现行税法规定，个人独资企业和合伙企业的生产经营所得计征个人所得税，公司制企业既要缴纳企业所得税，又要在向股东分配利润时为股东代扣代缴个人所得税。因此,从税收筹划的角度,选择个人独资企业和合伙企业税负相对较低。

4. 融资需要

如果创业者资金充足,拟投资的事业所需资金需求也不大,则采用合伙制和有限责任公司制均可;如果日后发展业务所需资金规模非常大,建议采取股份有限公司组织形式。

5. 经营期限考量

对于个人独资企业,一旦投资人死亡且无继承人或者继承人决定放弃继承,则企业必须解散;合伙企业由合伙人组成,一旦合伙人死亡,除非不断吸收新的合伙人,否则合伙企业寿命也是有限的。因此,合伙企业和个人独资企业经营期限都不会很长,很难持续发展下去。但公司制企业则不同,除出现法定解散事由或股东决议解散外,原则上公司制企业可以永远存在。

当然,除了上述因素外,还可以从投资权益的自由流通和经营管理需要等多个方面就企业组织形式的优劣进行分析比较,进而选择最合适的组织形式。

任务二　选取企业经营地址

一、实体经营地址选择

(一) 区域因素

创业企业选址首先应该考虑选择所在区域。创业者应结合企业本身业务类型,用长远的眼光和全面的角度来选择区域,因为公司的首次定址区域对于其未来的发展方向与发展潜力都有着重要影响。创业者可以根据 PESTLE 分析模型进行综合考量。

知识链接

PESTEL 分析模型

PESTEL 分析模型又称大环境分析,是分析宏观环境的有效工具,不仅能够分析外部环境,而且能够识别一切对组织有冲击作用的力量。它是调查企业外部影响因素的方法,其每一个字母代表一个因素,可以分为六大因素,即政治因素(political)、经济因素(economic)、社会文化因素(sociocultural)、技术因素

任务提示

>> 本分项任务将引领同学们解决新企业的选址困惑。

任务先行

>> 选定企业组织形式后,创业者要重点关注企业选址问题,因为选址既是企业进行工商登记注册和开展经营所需,又事关企业未来经济效益与发展前景。那么,企业选址应该考虑哪些因素,又有哪些讲究呢?让我们一起在本分项任务中探寻究竟。

(technological)、环境因素(environmental)和法律因素(legal)。

(1) 政治因素,是指对企业经营活动具有实际与潜在影响的政治力量和有关的政策、法律及法规等因素。

(2) 经济因素,是指企业外部的经济结构、产业布局、资源状况、经济发展水平以及未来的经济走势等。

(3) 社会文化因素,是指企业所在社会中成员的历史发展、文化传统、价值观念、教育水平以及风俗习惯等因素。

(4) 技术因素,不仅仅包括那些引起革命性变化的发明,还包括与企业生产有关的新技术、新工艺、新材料的出现和发展趋势以及应用前景。

(5) 环境因素,是指一个组织的活动、产品或服务中能与环境发生相互作用的要素。

(6) 法律因素,是指组织外部的法律、法规、司法状况和公民法律意识所组成的综合系统。

(二) 商圈与产业集群因素

从微观角度来看,新企业选址还需考虑商圈与产业集群因素。不同的行业需要不同的场地,在选址时首先应该考虑是否和你的创业项目所处行业吻合。

1. 商圈

创业者通过对比商圈主要确定流通类企业店铺、实体经营场所的选址,参考因素有商圈的人流量、客流量、购买力大小、交通的便利性以及其他辅助设施等。

2. 产业集群

创业者通过对比产业集群主要确定制造业企业产品加工上下游链条是否能够形成集群来进行选址,如果产品的上下游相关企业可形成"一小时生活圈"或"两小时生活圈",则能有效地实现交易成本的大幅度降低,降低创业者实地经营风险,发挥产业链优势。

应用案例

企业扎堆一个县级市,到底是为什么?

瑞士宝马弹簧集团成立于 1886 年,是全球领先的弹簧和冲压件制造商之一,在线材和带材的加工领域经验丰富,是行业内的隐形冠军。2024 年 1 月 18 日,瑞士宝马弹簧汽车零部件项目签约落户常熟高新区。一期总投资规模达 2 000 万美元,租赁世嘉产业园约 8 000 平方米厂房,从事车用大弹簧研发及生产,达产后预计年开票销售 1.9 亿元,纳税 1 800 万元。

我们不禁思考,宝马弹簧集团跳过一线甚至二三线城市直接落户到常熟这个县级市,到底何意?

常熟有着天然的区位优势。它位于长三角中心地带,紧邻三大国际机场(上海浦东国际机场、上海虹桥国际机场和苏南硕放国际机场),交通发达出行便捷,依托以"高铁、高速、高架"为一体高效交通体系,全面融入上海、无锡、苏州、南通半小时经济圈和南京、杭州 1 小时经济圈。很大程度上,宝马弹簧集团选择常熟,是因为这里的车和新能源。常熟曾是"服装之都",现在又是"汽车之都"。从丰田汽车到后来的三菱、大陆、法雷奥、西门子,常熟已集聚汽车及零部件企业超过 400 家,构建起了一整条的汽车产业链,单是汽车产业,一个县就做到了千亿级规模。另外,常熟在新能源产业上早已多面布局。常熟市电子氟材料产业集群入选国家级中小企业特色产业集群,已建成亚洲最大的氟材料生产及进出口基地,是全球氟产业链最长、聚集度最高的氟材料工业园区。凭借丰富的工业选址经验,专业对标项目需求,精准匹配项目资源,为宝马弹簧提供定制化选址方案,并获得相应政策支持,最终达成双赢合作异。

启悟:精准选址可让企业深度融入当地产业生态,降低成本、拓展合作,实现高速发展;对地区而言,则能以特色优势为磁石,汇聚优质企业资源,创造企业与地方协同共进的良好局面。

(三) 其他参考因素

在确定区域及商圈或者产业集群后,具体选址还需要结合企业自身情况,考虑租金承受能力、周边交通和停车问题、场地是否符合国家有关行业规定等因素。

1. 租金承受能力

新企业往往在初创期需要租场地办公。通常在租场地时,租金的支付方式是"押一付三",这就需要创业者一次性支付四个月租金。这时,创业者既需要考虑启动资金是否足够,还要考虑现金流是否充足。同时,预估场地销售额、测算企业盈利是否可以满足租金与管理费用等支出项目。如经营服装类项目,如果营业额足够大,就算租金再贵,也是可以租用的,但若场地客流量不够、营业额微薄,就算再便宜也要放弃。

241

2. 周边交通和停车问题

对于流通类新企业选址来说,周边交通的便捷性与停车的便利性也是决定企业选址的重要因素。比如经营餐厅类项目,有时地段很好,就因为无法停车也会妨碍顾客的光临。如果是楼宇办公,停车位是否充足,地铁、公交线路是否便捷,也是影响创业企业经营发展的重要因素。

3. 国家有关行业规定

国家对各行各业都有一定的规定,如经营餐饮业的场地应该满足环保和卫生部门相关要求;有噪声和污染的企业要远离居民区,同时还要达到国家环保部门的有关标准。有一些特殊行业,还应获得有关部门的资质审批,如社会力量办学,需要得到教育部门审批,满足对教学场地相应硬件的规定要求。因此,不论企业所处哪种行业,创业者一定要了解行业相关法律法规,确定是否符合国家规定再做决定,以免造成不必要的损失。

二、网络创业平台选择

随着信息技术的迅猛发展,一大批创业者涌入电子商务行业。电商销售给商家节约了不少中间成本,同时也导致了传统业务的销售下降,线下销售面临空前挑战。所以网络创业成为一部分创业者的选择,并呈不断升温之势。然而,目前网络创业平台琳琅满目,对于创业者来说经常难以抉择,毕竟没有太多的时间和资金去试错,选错了平台就可能错过一个很好的销售时机,甚至导致创业失败。因此,创业者需要对各大网络创业平台的优劣势加以比较,方能做出适合自己的选择。

(一) 网络创业平台分类

目前国内主要网络创业平台的分类,如表 11-2 所示。

表 11-2　网络创业平台分类

分类标准	细分	举例
交易覆盖范围分类	内贸平台	天猫、京东
	外贸平台	阿里巴巴、敦煌网、Shoppe、Lazada
交易对象分类的类型	综合型平台	天猫、淘宝
	垂直型平台	华为商城、闲鱼、大众点评
平台运作模式	B2B	阿里巴巴、环球资源
	B2C	天猫、京东、Shoppe、Lazada
	C2C	淘宝、蘑菇街、小红书、得物

续表

分类标准	细分	举例
平台运作模式	F2C	小米有品、当代牧歌
	C2M	拼多多、必要
	O2O	美团、58到家、每日优鲜
商品信息传递的方式	中心化平台	阿里巴巴、天猫、京东、拼多多
	新媒体平台	抖音、快手

（二）典型平台介绍

1. 阿里巴巴

阿里巴巴（1688）是中国最大的网络公司，是我国最早的 B2B 模式电子商务网上贸易平台之一，旨在为全世界的中小企业提供 B2B 电子商务解决方案。

"诚信通"是阿里巴巴为从事中国国内贸易的中小企业推出的会员制网上贸易服务，主要用以解决网络贸易信用问题，是建立在阿里巴巴上的一个摊位，通过这个摊位可以直接销售产品，并宣传企业和产品。

阿里巴巴的平台注册主要有企业与个人两种类型。其中，企业注册要求企业具有营业执照（含个体工商户），在平台进行企业实名认证后可作为卖家身份开店，也可以作为买家身份采购；若没有企业营业执照，只能以个人身份注册，在平台进行个人实名认证后，可作为买家身份采购。

2. 天猫

天猫作为阿里巴巴集团旗下业务，致力服务日益追求更高质量的产品与购物体验的消费者，作为第三方零售平台，是全球消费者挚爱的品质购物之城。天猫平台支持官方直采模式。

天猫只接受在中国大陆进行登记注册的企业的入驻申请。在进行入驻时必须提供营业执照且所售商品在营业执照经营范围内，值得注意的是天猫所有经营类目都要求商家具备一般纳税人资格，商家在获得天猫店铺以后，还需及时按照相关的缴纳标准，进行天猫保证金和天猫软件服务年费的缴纳冻结。

天猫平台商家提供的所有入驻信息都需要经过天猫重重严格审核。只有通过审核的商家才能真正获得天猫店铺，如果商家在入驻时有资质造假的行为，那么会被官方查处，而且将来的天猫入驻也会受到严重的影响。

3. 淘宝

淘宝是国内深受欢迎的网购零售平台，可注册个人店铺和企业店铺。个人店铺在注册时需要绑定支付宝账户并完成支付宝实名认证方可创建店铺。企业店铺注册时需要绑定企业支付宝账户,并完成支付宝商家认证后,再进行店铺责任认证,方可创建店铺。

4. 京东商城

京东是中国最大的综合网络零售商,也是中国电子商务领域最受消费者欢迎和最具有影响力的电子商务网站之一。目前,京东在 C2M 领域已经有了相对成熟的商业模式和开发能力,并通过 C2M 模式催生了众多贴合消费者需求,甚至引领消费者需求的新品类。

入驻京东店铺首先需要的是合法登记的公司,并且能够提供京东入驻要求的所有相关文件。个体工商户或个人仅限拼购、优创店铺。

5. 拼多多商城

拼多多以独立的社交拼团为新模式,主打"百亿补贴""衣货上行""产地好货"等特色服务,通过 C2M 模式对传统供应链成本继续极致压缩,为消费者提供公平且最具性价比的选择。

拼多多以个人身份开设的店铺类型有"个人店"和"个体工商户"两种。个人店资质审核只需提供身份证正反面照片原件,个体工商户除个人身份证照片原件外,还需要提供个体工商户营业执照。

6. 抖店

抖店是抖音平台开设的店铺。可开设的店铺类型有"个体工商户"和"企业 / 公司"两种。开店成功后还需开通商品展示渠道,才能在对应渠道售卖商品。

任务三　进行企业注册登记

一、"五证合一"的工商注册

随着 2016 年 10 月 1 日"五证合一、一照一码"登记制度在全国范围内的正式实施,现在设立企业工商注册的流程得到了极大简化,此举进一步为企业开办和成长提供了便利化服务。

> **知识链接**
>
> **"五证合一"办证模式**
>
> "五证合一"即营业执照、组织机构代码证、税务登记证、社会保险登记证和统

任务提示
>> 本分项任务将引领同学们熟悉新企业的登记注册流程。

任务先行
>> 对于创业者来说,设立新企业的第一步便是企业注册登记。为了少走弯路,首先要对企业注册登记流程及相关注意事项做到心中有数,这样方能提高效率和通过率。

计登记证"五证合一"登记制度(以下简称"五证合一")。

国务院办公厅于 2016 年 6 月 30 日发布了《关于加快推进"五证合一、一照一码"登记制度改革的通知》(国办发〔2016〕53 号),要求从 2016 年 10 月 1 日起,全国范围内实施"五证合一、一照一码"登记制度。其中,"一照"指五证合为一张营业执照;"一码"指营业执照上加载的市场监督管理局直接核发的统一社会信用代码。

办证模式改革前后的变化对比,如表 11-3 所示。

表 11-3 办证改革前后对比

比较项	改革前	改革后
办理证件	需要办理营业执照、组织机构代码证、税务登记证、社会保险登记证、统计登记证	只需办理一个证件,即营业执照;由工商部门向企业颁发加载组织机构代码、税务登记证号、社会保险登记证号和统计登记证号的营业执照
部门申报	工商、质监、税务、人社和统计部门	只需要在多证合一受理窗口办理即可
材料准备	向五个部门提交五份材料	只需要提交一份材料,各部门共享
办理时间	办理的时间至少在半个月	只需要最多三个工作日即可领证,有时甚至能够当场领证

(一)"五证合一"办理流程

"五证合一"采取"一表申请、一窗受理、并联审批、一份证照"的办证模式(见图 11-3)。办证模式的创新,大幅度缩短了办证时限,企业只需等待两个工作日即可办理以往至少 15 个工作日才能够办结的所有证件,办事效率得到提高。在实际申办中,还需格外注意以下两个办理流程的细节问题,以提高效率和通过率。

小试身手:
秒学公司注册

1. 企业名称预先核准

首先,需要进行企业核名操作。核名时首先要选择企业的形式,准备最多 5 个企业名称,到市场监督管理局领取《企业名称预先核准申请书》。企业在其中填写准备申请的企业名称、注册资本、企业类型、企业住所(经营场所)、投资人等信息,由市场监督管理局上网检索是否有重名,如果没有重名,便会核发《企业名称预先核准通知书》。

品文酌理:
实际地址注册和虚拟地址注册

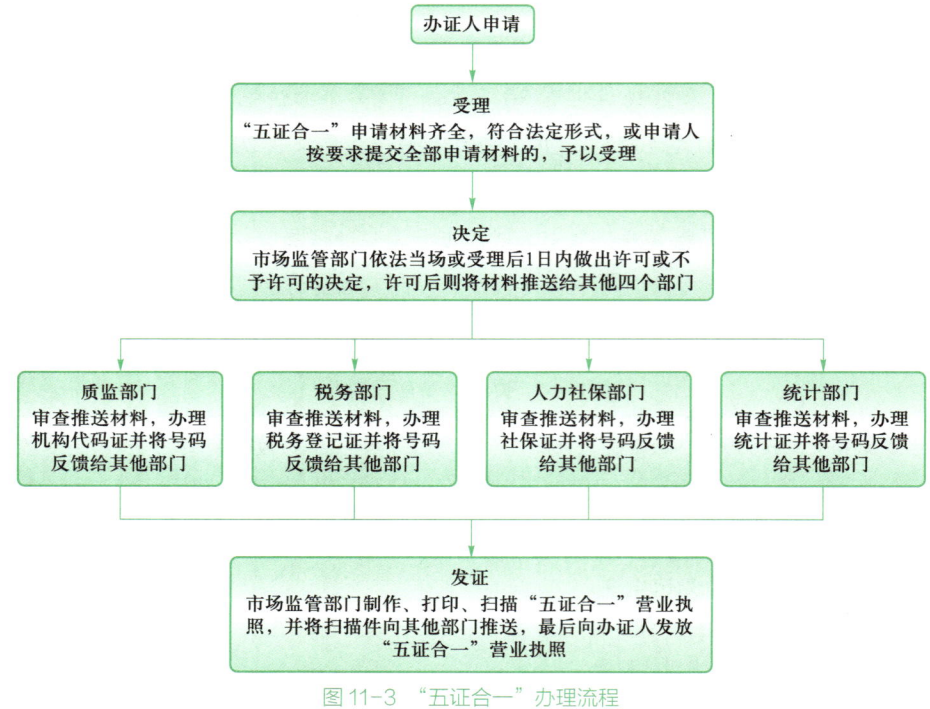

图 11-3　"五证合一"办理流程

知识链接

企业名称的基本构成和规范要求

就像人在社会上要有名字,企业在市场中也要有名称,这是企业间区别的显著标志。同时,企业名称也是商业信誉的载体,还包含了一定的财产价值。

企业名称的基本构成

根据《企业名称登记管理规定》,企业名称应当由行政区划名称、字号、行业或者经营特点、组织形式四项基本要素构成。

(1) 行政区划名称。企业名称中的行政区划名称,是指县以上行政区划的名称,不包括乡、镇和其他地域名称。

(2) 字号。字号是一个企业区别于其他企业的重要标志。字号应由两个以上的汉字组成。

(3) 行业或者经营特点。企业应根据自己的经营范围或经营方式确定名称中的行业或者经营特点字词。

(4) 组织形式。企业应当根据自己的组织结构或责任形式,在企业名称中标明组织形式。

规范要求

企业名称不得含有下列内容和文字。

(1) 损害国家尊严或者利益。

(2) 损害社会公共利益或者妨碍社会公共秩序。

(3) 使用或者变相使用政党、党政军机关、群团组织名称及其简称、特定称谓和部队番号。

(4) 使用外国国家(地区)、国际组织名称及其通用简称、特定称谓。

(5) 含有淫秽、色情、赌博、迷信、恐怖、暴力的内容。

(6) 含有民族、种族、宗教、性别歧视的内容。

(7) 违背公序良俗或者可能有其他不良影响。

(8) 可能使公众受骗或者产生误解。

(9) 法律、行政法规以及国家规定禁止的其他情形。

此外,企业名称冠以"中国""中华""中央""全国""国家"等字词,应当按照有关规定从严审核,并报国务院批准。国务院市场监督管理部门负责制定具体管理办法。

2. 审核领证

办证人通过工商网报系统填写《新设企业五证合一登记申请表》,然后持审核通过后打印的《新设企业五证合一登记申请表》,前往大厅"多证合一"受理窗口核对信息,生成工商注册号。同时,窗口专人将企业材料扫描,与《工商企业注册登记联办流转申请表》一起传递至质监、国税、地税、社保、统计五部门,由五个部门分别完成后台信息录入。最后打印出载有五个证号的营业执照。

知识链接

个体工商户注册登记推行"两证整合"

个体工商户从 2016 年 10 月 1 日起推行"两证整合",由市场监督管理部门向个体工商户核发加载 18 位数字"统一社会信用代码"的营业执照,该营业执照具有原工商部门颁发的营业执照和税务机关颁发的税务登记证的功能,税务部门不再发放税务登记证。个体工商户办证需提供的资料包括从业人员证明、经营场地证明,家庭经营的需提供家庭人员的关系证明,食品、餐饮、特种养殖、烟酒等行业还需要提供健康证和许可证。

(二)"五证合一"办证资料归纳

就新设企业而言,要想顺利完成"五证合一"的办证流程,需要认真细致准备以下资料。

(1) 法定代表人身份证原件,全体股东身份证复印件。

(2) 各股东间股权分配情况。

(3)《企业名称预先核准通知书》原件。

(4) 市场监督管理部门审核通过的企业经营范围资料。

(5) 企业经营场所的租赁合同(租期一年以上)一式二份及相关产权证明(非住宅)。

(6) 如果企业为生产型企业,还要有公安局消防科的消防验收许可证。

二、刻制印章

新设企业申请刻制企业相应的印章时,须持营业执照复印件、法定代表人和经办人身份证复印件各 1 份,以及由企业出具的刻章证明、法人代表授权委托书到公安局指定的机构进行刻章。一般来说,企业常用的印章有五种,如表11-4 所示。

表 11-4　企业常用印章

种类	用途
公章	公章代表企业的最高效力。它不管对内、对外都代表了企业法人的意志,使用公章可以代表企业对外签订合同、收发信函、开具企业证明
合同专用章	合同专用章在企业对外签订合同时使用,相关合同在企业经营范围内签约时必须盖上合同专用章才能生效,因为它代表着企业需承受由此产生的权利和义务
财务专用章	财务专用章的用途比较专业化,一般针对企业会计核算和银行结算业务使用
法人章	法人章就是企业法人的个人用章,它对外具备一定的法律效力,可以签订合同、出示委托书文件等
发票专用章	发票专用章就是企业在经营活动中购买或开具发票时需加盖的印章

三、开立企业银行账户

(一) 银行账户的种类

新设企业在取得营业执照与企业印章后可以到银行开立公司账户,通常称为公司对公账户。公司对公账户分为以下四类。

1. 基本存款账户

基本存款账户是企业的主要存款账户,主要用于办理日常转账结算和现金收付,以及存款企业的工资、奖金等现金的支取。

2. 一般存款账户

一般存款账户是存款人因借款或其他结算需要,在基本存款账户开户银行以外的银行营业机构开立的银行结算账户。该账户可以办理转账结算和现金缴存,但不得办理现金支取。

3. 临时存款账户

临时存款账户是企业的外来临时机构或个体工商户因临时开展经营活动需要开立的账户。

4. 专用存款账户

专用存款账户是企业因基本建设、更新改造或办理信托、政策性房地产开发、信用卡等特定用途开立的账户。

(二)银行开户手续的办理

新设企业开立不同的账户,所需材料也不同,创业者需要根据企业业务需求开立不同账户,具体开户手续办理参照表11-5。

表 11-5　企业对公账户开户手续

企业对公账户	开户手续
基本存款账户	当地市场监督管理机关核发的企业法人执照或营业执照正本
一般存款账户	基本存款账户的开户人同意其独立核算单位开户的证明
临时存款账户	当地市场监督管理机关核发的临时执照
专用存款账户	有关部门批准的文件

四、办理税务登记

新设立企业领取营业执照("五证合一")后,需要前往税务机关办理相应的后续事项,才能进行正常缴税。

首先,新设立企业纳税人需要办理国地税一户通,到税务机关的办公点(行政服务中心地方税务局登记窗口、各属地主管税务机关)取得《委托银行划缴税(费)三方协议书》(一式三份),加盖本企业公章后,到银行开设缴税(费)专用账号(一般是企业的基本存款账户),银行在协议书上盖章并退回两联,纳税人将银行盖章的协议书送到主管税务机关办理划缴税(费)登记手续。

其次,新设立企业在办完首次涉税业务后,按期持续申报是企业要注意的关键事项。

任务四　履行企业社会责任

一、初创企业的法律问题

创业者尽心经营自己的事业是本分,但经营过程中切不可离开法律法规的视线。特别是如果创业者没有法律意识或者缺乏必要的法律知识,不会运用法律武器去维护自己的合法权益,轻则是经济上的巨大损失,重则身陷囹圄,使整个创业事业一败涂地。

企业初创期需要注意的法律问题主要包括以下三个方面。

(一)人力资源管理方面的法律问题

1. 人力资源管理方面的法律责任风险

企业如何适应劳动法律法规的新调整,企业人力资源管理如何防范劳动关系中的法律风险,是企业面临的一个重要且紧迫的现实问题。任何违反法律法规的行为,都会给企业自身带来法律上的隐患和风险。因此,企业劳动用工中的法律责任风险,值得企业高度关注。

（1）在制定企业规章制度上的法律责任风险。企业规章制度，是指用人单位依照法定程序制定的涉及员工切身利益并在本单位实施的书面劳动规范，它既是企业内部的"法律"，也是处理劳动争议的重要依据。因此，用人单位应按照《中华人民共和国劳动合同法》（以下简称《劳动合同法》）关于规章制度制定程序的规定，对自己的规章制度进行整理，以使规章制度符合法律规定，并进行公示、培训，才能在用工管理中发挥应有的作用。

（2）在员工招聘中的法律责任风险。招聘是人力资源管理工作的第一个环节。这个环节的疏忽，不仅可能使企业承担更大的人力成本，而且可能给人力资源管理埋藏一系列的定时炸弹。有的企业在招聘员工时，未严格审查应聘者的健康状况，招用与其他用人单位尚未解除或者终止劳动合同的劳动者，或者未严格审查应聘者是否与原用人单位签订了保密协议、竞业限制等法律文件等，都存在着隐患。根据《劳动合同法》有关规定，劳动者患病或者非因工负伤等情形，在规定的医疗期内的，用人单位不得解除劳动合同。另外，即便医疗期届满，用人单位解除劳动合同也受到严格限制。

应用案例

医疗期内违法终止劳动合同

2020年6月28日，青岛市人力资源和社会保障局发布了一起典型案例。

劳动者庄某2018年3月1日入职某公司，双方签订了为期两年的劳动合同。自2019年12月16日起，庄某一直患病休病假。2020年3月1日，公司向庄某发出《终止劳动合同通知书》，以双方劳动合同期满为由终止双方的劳动合同。庄某认为自己尚在医疗期内，公司终止劳动合同违反法律规定，遂申请仲裁要求某公司继续履行劳动合同。

仲裁委审理后认为，按照庄某的累计工作年限和在某公司的工作年限，庄某的医疗期应为6个月，某公司终止劳动合同时，庄某尚在规定的医疗期内，故裁决某公司继续履行劳动合同。根据《劳动合同法》第四十五条规定：劳动合同期满，有本法第四十二条规定情形之一的，劳动合同应当续延至相应的情形消失时终止（《劳动合同法》第四十二条第三款规定，劳动者患病或者非因工负伤，在规定的医疗期内的，用人单位不得以劳动合同期满为由，终止双方劳动合同）。

本案中，庄某2019年12月16日开始休病假，根据其实际工作年限和在本单位工作年限，其可享受6个月医疗期，因此，2020年3月1日劳动合同期满时，庄某尚在医疗期内,公司不能终止双方劳动合同,应该将合同期限延长至医疗期结束。因此公司终止劳动合同的行为属于违法终止,劳动仲裁委依法作出了撤销公司与庄某终止劳动合同的决定,恢复双方劳动关系,双方继续履行劳动合同。

启悟:企业在员工招聘及后续劳动关系存续期间,务必充分认识到医疗期等特殊情形下终止劳动合同的法律界限,避免因违法操作引发法律责任风险。

品文酌理:
初创企业解除
员工劳动合同
纠纷

(3) 在劳动合同管理中的法律责任风险。具体包括以下两个方面。

其一,劳动合同订立中的法律责任风险。有的企业沿袭传统的用工习惯,存在不与劳动者签订书面劳动合同、试用期过后再签正式劳动合同、未将劳动合同文本交付劳动者、劳动合同文本未载明法定必备条款等情形,这些行为都违反了法律关于订立劳动合同的规定,是企业面临的法律隐患。

其二,劳动合同解除和终止时的法律责任风险。《劳动合同法》对于劳动合同的解除作出了具体规定,加大了对用人单位违法解除劳动合同的惩罚力度。创业者需要注意的是《劳动合同法》第四十二条明确规定,针对从事接触职业病危害作业的劳动者未进行离岗前职业健康检查,或者疑似职业病病人在诊断或者医学观察期间的;在本单位患职业病或者因工负伤并被确认丧失或者部分丧失劳动能力的;患病或者非因工负伤,在规定的医疗期内的;女职工在孕期、产期、哺乳期的;在本单位连续工作满十五年,且距法定退休年龄不足五年的;法律、行政法规规定的其他情形,企业不得单方面解除劳动合同。

2. 人力资源管理的法律责任风险防范

创业者经常遇到人力资源管理的法律风险,为了更好地管理员工,避免上述问题的出现,创业者在设立企业之初应构建企业劳动管理方面的制度,具体应该包括以下方面。

(1) 制定公司的规章制度,规章制度应包括考勤制度,以及生产和销售流程方面的制度,保证企业的各个环节都有制度管控。公司制定的制度应通过民主表决的程序并经过公示,对于新员工要进行培训,并对相应制度的培训情况让员工签字确认,保证每位员工都知悉相应的制度。

(2) 招聘员工时要明确员工的工作岗位及招聘条件,并签订劳动合同,明确解除劳动合同的情形,而且解除劳动合同的情形要在符合《中华人民共和国劳动法》的情形下具有可操作性。

(3) 制定公司的员工手册,员工手册是企业规章制度、企业文化与企业战略的浓缩,是企业内部的法律法规,其还可以起到展示企业形象、传播企业文化的作用。

应用案例

用人单位以"末位淘汰制"作为解除劳动合同事由是否合规?

在当今竞争激烈的职场环境中,众多企业为激发员工潜能、提升团队效能,纷纷引入"末位淘汰制"这一绩效考核机制。然而,这一看似行之有效的管理手段,却在法律上遭遇诸多挑战。让我们深入剖析高港法院审结的一起因绩效考核不佳引发的劳动争议案件,从中探寻企业管理与法律规范之间的微妙平衡。

案例聚焦

2024年5月,张某踏入科技公司,担任运营专员,劳动合同明确转正薪资为底薪3 500元加绩效工资,依月度考核标准发放。合同同时规定,若员工不能胜任工作,公司有权调整岗位。随后,科技公司向张某发放的《员工手册》中赫然写着:运营部门员工若连续两个月绩效考核为D,公司有权解除劳动合同,且无须支付经济补偿,甚至可视情况索赔或处罚。

张某在2024年9月和10月连续两个月考核成绩为D,公司判定其能力不足、无法胜任工作。多次协商解除劳动合同无果后,科技公司于11月单方面发出《解除劳动合同通知书》。张某旋即申请劳动仲裁,并直接向法院起诉,要求公司支付违法解除劳动合同赔偿金。

法院裁决

高港法院审理后指出,尽管通知书声称双方协商一致解除劳动合同,但张某矢口否认,公司也承认是依《员工手册》单方面解除,因此公司需证明此举合法。科技公司辩称依《员工手册》中连续两个月绩效考核为D可解除合同,然而法院依据劳动合同约定,判定张某首次考核为D后,公司未进行培训、指导或调岗等措施,直接在连续两个月考核为D后解除合同属于违法解除,理应支付经济补偿标准二倍的赔偿金。最终,法院判决科技公司向张某支付4 012.16元赔偿金。

启悟:企业在人力资源管理中推行绩效考核制度时,必须将管理手段严格置于法律框架内,杜绝未遵循法定程序的贸然解除劳动合同行为。

(二) 合同管理方面的法律问题

1. 合同管理方面的法律责任风险

合同是现代企业从事经营活动和对外经济交往的主要手段,合同的签订与履行是企业取得经济效益的主要途径,合同风险是企业法律风险源头,大部分法律风险是因为合同本身不完善或者合同履行过程出现了问题而产生的。因此,合同管理在企业管理中占有非常重要的地位,充分认识其在生产经营过程中的重要作用,防范合同管理过程中可能出现的法律风险,对企业健康发展、创造更大经济效益具有十分重要的意义。常见情形包括以下几方面:

(1) 合同签订过程中因合同主体不符合法律规定导致的合同无效。我国《中华人民共和国民法典》(以下简称《民法典》)和《劳动合同法》规定,因主体不符合法律规定方签订合同将导致合同无效。因主体不适格,导致合同无效后,合同所有条款中只有争议解决条款对双方当事人有约束力,其他条款均无效,双方订立合同的目的不能得以实现,造成人力物力的浪费,给企业带来经营风险。

(2) 因合同签订不符合法定程序而导致的合同无效。合同在履行过程中可能会因为某种原因发生主体的变更,合同的权利义务转让给第三人。合同主体发生变更后,第三方的信用程度和履约能力对合同一方来说存在未知的风险。比如合同履行过程中的债权转让,转让人只需通知债务人即可,债务人对受让人的情况可能并不了解;此时受让人对债务人来说就是一个新的风险。某些合同在履行的过程中,内容不可避免会发生变化。合同条款的制定者可能不需要合同双方完成某一项工作,已经约定的条款根据现实情况的变化可能会发生变化,原来的合同条款可能已经没有履行的必要。此时合同内容的变化对双方当事人来说就意味着风险的产生。

(3) 在合同履行过程中因向对方履约能力降低而给合同当事人带来的法律风险。履约能力即合同当事人履行合同的能力,履约能力既包括支付能力也包括生产能力。合同当事人作为市场主体,内部的风险和外部的风险都可能影响到其支付能力和生产能力因诚信缺失导致的合同欺诈。

2. 合同管理方面的法律责任风险防范

在签订合同之前对对方的履约能力做全面的调查对风险防范有很大帮助,调查的内容应当包括:对方的企业性质、注册资金、银行的信用等级、项目审批、资金来源、生产能力、生产规模、技术力量和已有业绩等。

(三) 股权方面的法律问题

1. 股权构建的法律责任风险及防范

良好的股权架构是初创企业成长的基石,一个好的股权架构与机制对于创业团队的未来融资、发展决策的决定甚至创业的成功与否都起着关键作用。

我国的民营企业基本都是一个或几个具有一定特长的自然人在家庭或亲朋

好友的支持下,逐渐成长壮大起来的。因此,股权结构单一成为初创企业最显著的特征之一,但股权结构单一不利于初创企业后续的融资和扩大企业规模,并且经营风险集中也降低了承受风险的能力。初创企业为保持降低成本的优势,不允许建立完善的内部控制,就必然产生对家族的信赖和依赖,使企业对股权多元化产生一种内在的排斥,致使家族控制管理模式在创业初期表现出巨大凝聚力和效率优势。

因此,影响创业企业的股权结构还呈现一定的亲缘性。股权结构的亲缘性,使企业的所有权与经营权不分离,造成民营企业内部人控制,企业内部的重要部门基本都是由"自己人"所主管。

因此,创业者在考虑股权架构时,控制权如何实现,如何保障投资者权益并实现投资人与创始团队之间的权衡都需要加以细致考虑。除此之外,避免触碰法律红线,是实现初创企业发展过程中不可忽视的要素。

2. 股权投资的法律责任风险及防范

(1) 股权直接投资中的法律风险及防范。直接投资指投资者直接开厂设店从事经营,或者投资购买企业相当数量的股份,从而对该企业具有经营上的控制权的投资方式。直接投资的主要特征是投资者对另一经济体的企业拥有永久利益,而初创企业在成立之初如遇到股东虚假出资,可能会使现代公司资本制度难以实现,引发大量的法律风险。因此,作为投资者需要重点关注对虚假出资的定义、方式、法律责任。

虚假出资在实际操作中需要谨防以下风险:以无实际现金或高于实际现金的虚假银行进账单、对账单骗取验资报告,从而获得公司登记;以虚假的实物投资手续骗取验资报告,从而获得公司登记;以实物、工业产权、非专利技术、土地使用权出资,但并未办理财产权转移手续,或以其实际价额显著低于公司章程所定价额;股东设立公司时,为了应付验资,将款项短期转入公司账户后又立即转出,公司未实际使用该款项进行经营;未对投入的净资产进行审计,仅以投资者提供的少计负债高估资产的会计报表验资。

对于虚假出资风险防范,创业者应在对外投资时加强对其他股东的资信调查,除自己足额出资外,还必须认真监督其他股东的出资情况。

此外,在股权直接投资中,还需谨防非货币财产出资法律风险,此种投资方法也可以用实物、知识产权、土地使用权等可以用货币估价并可以依法转让的非货币财产作价出资(法律、行政法规规定不得作为出资的财产除外)。公司设立登记时,市场监督管理部门不需要评估报告,因此,股东以非货币出资的,未依法评估作价不是其履行出资义务的前提条件。对于创业企业来说,非货币财产出资引发的法律纠纷会影响新企业发展过程中的下一轮融资。因此，股东以非货币财产出资，评估仍是不可忽略的环节。

应用案例

技术出资陷阱多

甲去年和乙、丙三人共同设立了一家公司发展场景通用业务，在这项业务里，公司可以为 App 服务商提供用户线下位置数据，并利用沉淀数据建立自己的互联网场景广告平台，进而在该平台上为广告商进行广告的精准投放。公司今年成功上线了自己的 App，目前试运营效果不错，也吸引了不少外部投资者的注意。公司设立时丙的出资是其自主研发的 A 技术和 B 专利，甲、乙和丙三人除出资时简单合意将两项技术作价 200 万元外，并无其他协议与安排，此后经营过程中发现 A 技术并不契合公司业务，公司上线产品中实际能用到的只有 B 专利。

风险一：技术出资未经评估

根据《公司法》的规定，作为出资的非货币财产应当评估作价，核实财产，不得高估或者低估作价。假设 A 技术契合公司业务，为保证两项非货币财产的有效性，要在确立股权结构前进行技术出资评估。为保证评估结果的公允性，建议委托具有证券期货业务资格的评估机构来出具评估报告。

风险二：技术出资未办理权利转让

根据《公司法》的规定，股东以非货币财产出资的，应当依法办理其财产权的转移手续转移。公司和丙应签署技术出资协议或转让协议，针对 B 专利，双方还需签署专利权转让文件并办理专利权过户手续。

风险三：技术出资未达到预期技术效果

由于 A 技术无法服务于公司经营并带来经济效益，该项技术出资也因此存在被认定为出资不实（价值虚高）的风险，实务中，我们通常建议对此出资尽早做减值处理或要求出资人以货币资金进行补足或置换。

启悟：公司设立时，技术出资存在依法评估作价、办理财产权转移手续、避免出资不实等风险，需要委托有证券期货业务资格评估机构、签署相关协议并完成特定技术过户流程，出现问题要及时减值处理或要求出资人货币补足、置换，以维护公司资本稳定与各方权益。

（2）股权转让中的法律风险及防范。股权转让，是公司股东依法将自己的股东权益有偿转让给他人，使他人取得股权的民事法律行为。股权自由转让制度，是现代公司制度最为成功的表现之一。股权转让中最容易被忽略的是标的公司的或有负债。"或有债务"不仅包括已经约定的条件或允诺的责任,待条件成就时,就可能发生的或有债务(如担保债务),而且包括具有偶发性的,不可能在会计报表上有所记载的或有债务(如产品质量债务等)。

对于上述既有负债或潜在债务,股份出让方有的是知道的或应当知道的,有的则是不知道或无法预计何时发生的。因此,处理原则和办法也是不同的,具体表现为以下两方面。

其一,既有债务转让中的法律风险。初创企业若为受让人,则需要全面了解既有债务的数额,是否设定了担保,利率违约责任,债权人有无限制权利要求等,还需要判断此类债务是否为不良债务等。对上述问题的考察,能使受让人在谈判中获得主动,并影响到交易的价格和受让后风险负担的大小。

其二,隐性债务转让中的法律风险。对于无法预计的负债,如果在股权转让协议预定的期限内发生,并且发生实际权利人的追索,该类责任或风险首先应当由目标公司承担,由此引发的股份转让的风险负担应约定在股份转让协议中。初创企业作为受方所争取的是与出让方划清责任,要求在正式交割前的所有负债,不管是故意还是过失,均由出让方承担。但是要注意到,股权的转移并不影响到债权人追索的对象,创业企业在成为目标公司股东后,仍然需要清偿该债务,再根据股权转让合同向出让方追偿。

除此之外,伴随着跨界、跨市场、跨境等新型投融资模式的引进,创业企业还需要防范新型投融资工具的法律风险。

针对上述风险,股权转让双方,特别是受让方一定要做到事前防范。

(1)及时有效地督促公司履行变更的义务。

(2)股权转让方如实告知义务及承担的责任写入合同。

(3)谈判成果的预先约定,减少缔约过失责任的风险。

(4)协议履行要有保证,保留中途解约权。

(5)股权交割前的负债风险承担责任约定。

(6)监督协议的履行,在发生违约时及时救济。

二、初创企业的伦理问题

在现实的经营活动中,一些创业者为了获得更高的利润,采取各种非法手段(如欺诈行骗、商业贿赂、侵犯劳动者与消费者权益等),以期达到盈利的目的。这些行为严重扰乱了市场秩序,引起社会和人们对企业的极大不满,因此,诚信守法,培育良好的企业信誉应作为企业发展的最基本伦理观。

1. 企业伦理建设发展现状

由于市场竞争的加剧,企业维持生存所必须考虑的因素已不仅限于产品的质量与价格,企业伦理的建设已成为不可回避的话题。良好的企业伦理环境能有效地降低企业的内部交易成本,并为企业营造一个和谐的社会关系。初创企业为了健康稳健发展,除了关注产品的价格、质量与服务之外,还必须承担起企业伦理、社会责任等行动上。

2. 企业伦理建设存在的问题

近年来,我国本土初创企业(尤其是中小企业)迅速发展,在国民经济和社会发展中的地位和作用日益增强,但在经营管理中也存在一些伦理道德问题,主要集中在以下几方面。

(1) 我国一些初创企业管理者道德意识淡薄,忽视道德在企业管理中的作用,把全部精力都用在抓生产和经济效益上。

(2) 初创企业管理者没有树立企业的价值观和道德观,导致企业违反伦理的事件屡屡发生。

(3) 初创企业内部没有形成良好的伦理氛围,企业管理者没有把员工视为企业的伦理执行者,不能充分调动员工的工作积极性。

(4) 初创企业未能树立良好的自身形象,成为制约企业发展的一个重要因素。

3. 加强我国企业伦理建设

初创企业在激烈的国际竞争环境中生存、发展,就必须加强企业伦理建设,从根本上改变对企业伦理的认识,尽快建立富有责任的良好的企业信誉。伦理是企业生存与发展的基础。企业追求的经济目标中应该包含关于伦理道德的要求,应该保证经济目标与伦理目标的统一。

(1) 诚信守法是企业最基本的伦理与责任。企业要想健康发展,生产优质产品,清洁生产、保护环境减少污染,承担必要的社会责任,可能会对利润有所影响。但同时也能提高企业的社会信誉,争得企业的发展空间,为企业赢得更多的消费者。反之,如果企业只一味追求利润而不考虑企业伦理责任,则企业的经营活动越来越被社会所不容,必定会被时代所淘汰。

(2) 善待员工与顾客是企业伦理的最佳体现。企业应加强对员工的道德教育,提高员工的道德境界。企业员工需要在充满责任感和抱负的环境中取得创造性的成果,而这样的环境只有在诚实信赖公平价值观之上才能建成,因此,加强道德建设有利于开发企业的潜能,增强企业对社会的供给能力。

此外,党的二十大报告明确提出"完善中国特色现代企业制度,弘扬企业家精神,加快建设世界一流企业"的目标任务。新创企业要胸怀更大的理想和抱负,见贤思齐,增强家国情怀、担当社会责任,努力成为推动我国经济高质量发展的生力军。

▶ 润心好文

智英阳光助力大学生就业创业

大学生是宝贵的人才资源。近年来,党中央、国务院和各级政府高度重视大学生就业创业工作,为切实做好大学生就业创业工作,出台了一系列政策措施。数据显示,2024年高校毕业生人数已升至1 179万。随着高校毕业生人数剧增,为学生提供个性化、精准化、便捷化的就业创业指导服务,成为重中之重。

为切实解决大学生就业创业难题,宜宾市智英青年就业创业服务中心(原宜宾市智英大学生就业创业成长发展中心)发起"智英阳光大学生帮扶"项目,帮扶大学生就业创业群体。

来自一条创业路上的"自我启发"

大学毕业时,刘雷根据自己的兴趣和特长选定了创业方向,他要做公益创业,帮助宜宾的大学生就业创业。2017年,他发起创办的民间公益推荐大学生就业和帮助大学生创业的非营利性社会组织——宜宾市智英大学生就业创业成长发展中心。

创业之初,刘雷去对接高校和用工企业,很多人不认同甚至怀疑他:"你能提供什么平台? 你能解决哪些就业?"

刘雷没有气馁,没有经验就去学习。他在网上搜索全国范围内做得好的同行业组织,提前打电话预约参观学习。创业第一年,刘雷没有任何创收,反而负债数万元。但是他没有放弃,创业第二年,业务开始有所起色。

发现矛盾、解决矛盾

刘雷经过调研发现,高校毕业生就业创业存在以下五大矛盾:一是大学生就业创业实践性强与高校课程偏理论化之间的矛盾;二是企业用人制度与大学生"理想工作"追求的矛盾;三是高校滞后专业调整与快速变化市场需求之间的矛盾;四是大学生创业"竞赛热"和成果"落地冷"的矛盾;五是大学生创业意愿增长与初入社会创业资源匮乏的矛盾。

打造一站式综合服务平台

在刘雷的带领下,"智英阳光大学生帮扶"项目于2018年正式启动,截至2024年,项目成员共有13人,其中中共党员9人。

刘雷带领团队打造党建室、团建室、招商服务大厅、多功能厅、众创园区、创业培训教室、创业苗圃区、创业孵化区、创客茶吧、创客活动空间、实现无线网络全覆盖、消防设施全覆盖场地，通过就业热线电话回访和智英青年就业创业线上服务平台进行需求收集，开展技能培训、继续教育、就业援助、创业孵化等帮扶措施，解决青年当前面临实际困难，为青年铺路搭桥，提高他们的职业技术能力，增加就业机会，从而实现就业再就业或自主创业。

2021年起，"智英阳光大学生帮扶"项目不再局限于服务大学生群体，而是面向全市青年提供就业创业服务，并设立20 000平方米的宜宾市青年就业创业实践基地，面向宜宾市10余所高校的大学生及退伍军人、失业职工、农民工、返乡下乡有志青年群体提供创业培训和创业孵化服务。该创业基地是宜宾市首个集就业创业培训和就业创业服务于一体的综合性就业创业实践示范基地。

2022年，"智英阳光大学生帮扶"项目帮助100名青年创业，帮助2 000名青年就业；2023年，"智英阳光大学生帮扶"项目以"党建结对＋项目联动＋困难联解"的方式与宜宾上规企业开展人才联育培训企业青年职工1 300人次并取得国家职业技能等级证书。

刘雷的公益项目，让大学生得以在更广泛的社会资源、更体系化的创业就业经验的赋能下，找到更适合自己的创业就业道路，帮助大学生实现从学业到事业的有效衔接。

▶ **深思勤践**

一、案例分析

普通合伙企业的清算

张小溪在一次同学聚会中告诉她的室友孙旭、萧筱、吴海荣其要创业开立一家西餐厅的想法，三位室友非常感兴趣，她们愿与张小溪一同创立一家合伙公司，其中孙旭出资10万元，萧筱出资5万元，吴海荣出资5万元，张小溪出资20万元，一共出资40万元成立普通合伙企业，其中张小溪占50%，孙旭占 25%，萧筱、吴海荣分别占 12.5%，合伙协议约定按出资比例分配利润和分担亏损。经过一段时间的经营以后，因生意惨淡，四人决定解散合伙企业，其负债情况如下：欠职工工资、劳动保险 10 万元；欠各项税款 8 万元；欠供应商 30 万元。

分析与思考

（1）经查明，西餐厅现有财产 140 万元，其债权债务应该按什么顺序进行分配？具体如何分配？

（2）假设西餐厅现有财产 40 万元，其债权债务应该按什么顺序进行分配？具体如何分配？

二、模拟实践

麦田蜜语蛋糕坊的企业类型选择

实训目的

通过企业性质的比较进行企业的注册类型选择。

实训内容与方式

项目背景：

创业项目——麦田蜜语蛋糕坊的主创成员在做好了一系列创业准备之后，准备进行公司的注册登记。金浩言作为项目的发起者准备投资 15 万元，并负责蛋糕坊的经营管理；李凡雁家庭比较困难，因此只能拿出自己的积蓄 1 万元；谢智宇负责蛋糕坊的市场工作，分管销售，他将自己的汽车作抵押拿出 10 万元进行投资；沈梦君负责财务与采购，她通过关系与校园服务开发商进行了协商，同意为其大学生创业项目租金减免 40%，并最终说服家里为她筹得 8 万元进行创业投资。

请根据该项目四位创始人实际贡献，以及投资资本构成情况，就企业的不同类型对企业未来发展的影响及责任进行分析，并最终完成企业类型选择。

实训成果

（1）根据四位创始人出资比例以及对蛋糕坊的贡献，协商企业创立类型，并完成表 11-6 的填写。

表 11-6 蛋糕坊企业类型选择过程

思考步骤	记录
（1）创立者亲疏关系	
（2）注册资本金比例	
（3）可供选择的企业注册类型	
（4）麦田蜜语蛋糕坊的企业类型选择	

（2）签订合伙人合伙协议或有限责任公司股东协议，并进行风险利润协商。

模块十二　掌控经营命脉

▶ 学习目标

- 知识目标

  (1) 理解成本与利润的关系。

  (2) 理解现金流量表。

  (3) 熟知初创企业的财务风险及应对措施。

- 能力目标

  (1) 能够预测企业的成本与利润。

  (2) 能够编制利润计划表和现金流量表。

  (3) 能够掌握税收筹划的思路与基本方法。

- 素质目标

  培养财务规划战略思维、数据决策意识,强化合规责任意识,提升企业财务运营把控与管理水平。

▶ 导师寄语

如果把产品或服务比作企业输出价值的"手",市场比作企业的"心脏",那么财务则如同企业的"消化系统",负责资源调配。一旦财务出现问题,企业将失去生机。初创企业是企业生命周期的初生期,从无到有,成长发展速度看似较快,但依然面临着收益低、企业资源有限等财务风险。制订利润计划可以让创业者对创业初期的销售、成本与现金流量进行预测,对企业的利润进行管理与再分配,可以帮助企业找到利润平衡点,提前察觉企业财务风险。

通过本模块学习,希望同学们能做好初创企业的财务计划,依据市场与财务数据,对创业项目作出客观精准的预测,让企业保有可持续发展的生命力。

▶ 学前导读

达虹移动烧烤店的创业故事

周达成在烧烤店做过 8 年的烤工,有着高超的烧烤技术。2021 年年初,他和妻子乔虹决定用自己的全部积蓄在当地开办一家移动烧烤店——达虹移动烧烤店(见图 12-1)。创业对于他们的家庭来说是一个转折点也是一项挑战。

他们认真地分析比较了几个方案以尽量降低创业风险。创业起步时他们不想借钱,只想量力而行,小本经营,再逐步寻求发展。于是他俩计划由丈夫周达成负责烧烤和采购,妻子乔虹负责财务和招待等其他事情,同时还要兼顾家务。现在已有很多人询问周达成的店何时开张,两人的女儿悠悠和儿子承承课余时间可以帮助他们干些杂活,这样,他们一家人就可以先操办起来,无须雇人。达虹烧烤店开业后,由于乔虹分身乏术,他们打算利用新媒体进行店面宣传。

周达成预计从 3 月开始试营业 1 个月,之后烧烤店的收入将足够家庭开支并有能力扩大规模。到那时,他们就可以再雇几个工人,增加烧烤品种并扩大店面。但他们并不知道是否能盈利,因为两人从来没有做过生意,除了具备精湛的手艺之外并没有任何管理经验。周达成非常希望拥有一家属于自己的烧烤店,但乔虹却对未来忧心忡忡……

图 12-1 达虹移动烧烤店

思辨与探究

(1) 如何保证初创企业运转中不因资金短缺而停摆?

(2) 初创企业经营发展过程中资金应如何分配,要着重产品研发还是开拓市场?是增加产量还是控制成本?

(3) 初创企业怎样才能更好地避免陷入初创期财务风险陷阱?

任务一　制订利润计划

一、预测销售收入

预测销售收入应具有客观、理性及实现的可能性,因此必须在创业前期调研市场并以 4P 营销组合策略作为销售预测的支持。销售预测和销售收入预测是创业财务计划中最重要和最困难的部分,因为大多数创业者都会过高估计自己的销售。在进行预测销售收入时可遵循以下三种方法进行收入预测。

(一)经验法(主观推测法)

根据熟悉行业的经营者的经验与直觉而求出销售预测值的方法。此种方法不需要经过精确的设计即可简单迅速地预测。创业者可以通过对所有参与评价的经营者的平均意见得到预测目的。所以,当预测的资料不足,而预测者的经验相当丰富的时候采用这种方法是最适宜不过的。

(二)比较法(同类企业推测法)

通过同类企业行业参与者或者推销员来对比行业需求变化。行业参与者与推销员是最接近消费者和用户的,因此他们对于商品是否畅销、滞销比较了解,因此可以根据其意见获得对不同区域与顾客对于产品销售的预测值。

(三)实地测试法(试销法)

通过试销方式了解顾客的购买偏好、变化及特征,并收集消费者意见与前期调研进行比对,在此基础上分析市场变化预测未来市场需求。这种方法不仅可以发挥预测组织人员的积极性,而且征询了消费者的意见,其预测的客观性大大提高。

通常情况下,创业者可参考以下具体步骤对销售收入进行预测。

(1)列出所有产品或服务项目。

(2)预测一年中每个月产品的销售量。

(3)为计划销售的产品制定价格。

(4)计算出每项产品的月销售额。

(5)进行销售收入汇总统计。

任务提示

>> 本分项任务将引领同学们学习如何预测初创企业的销售收入,以及制订成本核算计划和利润计划。

任务先行

>> 通过对销售与成本的学习,能够为营运资金与销售收入的管理提供参考,找到企业利润平衡点,帮助企业制订合理的利润计划。

云端映像:
利润计划与
财务风险

应用案例

达虹移动烧烤店的销售收入预测

周达成与乔虹对比周边其他烧烤店的月销售额后,结合自家情况,计划正常月份每月销售肉类烤串、菜类烤串、海鲜类烤串、酒水。但在创业的前三个月,他们计划的销售量要小得多。当然这个计划没有考虑到客观环境和季节性因素——夏秋两季卖得多,而进入晚秋和冬季会相对少一些。他们计划肉类烤串售价3元/串,菜类烤串售价2元/串,海鲜类烤串售价5元/串。酒水按成本的30%制定售价(饮料5元/瓶,啤酒6元/瓶)。他们对当年的销售收入作出预测并编制了收入预测表(表12-1)。

表 12-1　达虹移动烧烤店销售收入预测表

项目		3月	4月	5月	6月	7月	8月	9月	10月	11月	12月
肉类烤串	销量/串	800	1 000	2 000	3 000	3 000	3 000	3 000	3 000	3 000	3 000
	单价/元	3	3	3	3	3	3	3	3	3	3
	合计/元	2 400	3 000	6 000	9 000	9 000	9 000	9 000	9 000	9 000	9 000
菜类烤串	销量/串	800	1 000	2 000	3 000	3 000	3 000	3 000	3 000	3 000	3 000
	单价/元	2	2	2	2	2	2	2	2	2	2
	合计/元	1 600	2 000	4 000	6 000	6 000	6 000	6 000	6 000	6 000	6 000
海鲜类烤串	销量/串	500	800	1 300	2 000	2 000	2 000	2 000	2 000	2 000	2 000
	单价/元	5	5	5	5	5	5	5	5	5	5
	合计/元	2 500	4 000	6 500	10 000	10 000	10 000	10 000	10 000	10 000	10 000
饮料	销量/瓶	100	150	200	300	300	300	300	300	300	300
	单价/元	5	5	5	5	5	5	5	5	5	5
	合计/元	500	750	1 000	1 500	1 500	1 500	1 500	1 500	1 500	1 500
啤酒	销量/瓶	100	150	200	300	300	300	300	300	300	300
	单价/元	6	6	6	6	6	6	6	6	6	6
	合计/元	600	900	1 200	1 800	1 800	1 800	1 800	1 800	1 800	1 800
销售收入总计/元		7 600	10 650	18 700	28 300	28 300	28 300	28 300	28 300	28 300	28 300

通过周达成制定的一年期销售收入预测表不难发现,按照其对烧烤店的预测,前三个月(春季)需要他们尽量打开市场,增加产品在当地的市场份额,这样才能保证夏季的销售,在创业初期,周达成与乔虹的烧烤产品定价仅以类型划分,对比同行价格,他们决定以低于市场平均价格进行销售,采取薄利多销策略。因此,

创业一年内的总销售收入 235 050 元。

后来想到烧烤生意会受到季节性影响,因此周达成对于前期的销售计划进行了调整(表 12-2),调整后的一年内总收入为 199 650 元。

表 12-2　达虹移动烧烤店销售收入预测调节表

项目		3 月	4 月	5 月	6 月	7 月	8 月	9 月	10 月	11 月	12 月
肉类烤串	销量/串	800	1 000	2 000	3 000	3 000	3 000	3 000	3 000	2 000	1 000
	单价/元	3	3	3	3	3	3	3	3	3	3
	合计/元	2 400	3 000	6 000	9 000	9 000	9 000	9 000	9 000	6 000	3 000
菜类烤串	销量/串	800	1 000	2 000	3 000	3 000	3 000	3 000	3 000	2 000	1 000
	单价/元	2	2	2	2	2	2	2	2	2	2
	合计/元	1 600	2 000	4 000	6 000	6 000	6 000	6 000	6 000	4 000	2 000
海鲜类烤串	销量/串	500	800	1 300	2 000	2 000	2 000	2 000	2 000	500	300
	单价/元	5	5	5	5	5	5	5	5	5	5
	合计/元	2 500	4 000	6 500	10 000	10 000	10 000	10 000	10 000	2 500	1 500
饮料	销量/瓶	100	150	200	300	300	300	300	300	100	100
	单价/元	5	5	5	5	5	5	5	5	5	5
	合计/元	500	750	1 000	1 500	1 500	1 500	1 500	1 500	500	500
啤酒	销量/瓶	100	150	200	300	300	300	300	300	100	100
	单价/元	6	6	6	6	6	6	6	6	6	6
	合计/元	600	900	1 200	1 800	1 800	1 800	1 800	1 800	600	600
销售收入总计/元		7 600	10 650	18 700	28 300	28 300	28 300	28 300	28 300	13 600	7 600

启悟:预测销售收入需全面调研同行情况,结合自身产品规划与价格策略,充分考量市场培育阶段、季节等环境因素的影响,灵活调整销售计划以实现更精准的收入预估。

二、制订成本核算计划

成本核算计划是指在进行销售预测的基础上,划分初创企业经营成本结构,核算相应的成本,使初创企业能够根据成本的核算与销售预测初步判断企业是否盈利,从而为企业决策提供依据。

企业成本是指制作产品或提供服务的全部费用加总。初创企业的成本一般分为固定成本与可变成本。

品文酌理:
失败的促销
方案

267

1. 固定成本

固定成本是一成不变的企业成本,具体包括:租金、保险、营业执照费用等(开办费和保险可以分摊方式计入成本)。

2. 可变成本

可变成本是随着生产或销售额起伏变化的企业成本,具体包括:原料、燃料、辅助材料、工资和职工福利、维修、办公文具、广告、电话费、咨询费等。这些成本是随着销售的增长而不断变化的。

知识链接

折旧成本介绍

折旧成本是一种特殊的隐性成本,创业者往往在进行工具和设备、交通工具、办公家具和设备的成本计算中忽略其折旧成本,原因在于其折旧的费用是由固定资产不断贬值而造成的一种成本。年折旧额的计算公式如下。

$$年折旧额 =(原始价值 + 清理费用 - 残余价值)/ 使用年限$$

《中华人民共和国企业所得税法实施条例》第六十条规定,除国务院财政、税务主管部门另有规定外,固定资产计算折旧的最低年限如下。

(1) 房屋、建筑物,为 20 年,年折旧率 2%。

(2) 飞机、火车、轮船、机器、机械和其他生产设备,为 10 年,年折旧率 10%。

(3) 与生产经营活动有关的器具、工具、家具等,为 5 年,年折旧率 20%。

(4) 飞机、火车、轮船以外的运输工具,为 4 年,年折旧率 25%。

(5) 电子设备,为 3 年,年折旧率 33.33%。

《中华人民共和国企业所得税法实施条例》第六十三条规定,生产性生物资产按照直线法计算的折旧,准予扣除。企业应当从资产投入使用月份的次月起计算折旧,已停止使用的资产应当自停止使用月份的次月起停止计算折旧。企业应当根据资产的性质和使用情况,合理预计其净残值,净残值一经确定,不得变更。

应用案例

达虹移动烧烤店的折旧成本预算

达虹移动烧烤店目前可以进行折旧的固定资产不多,主要包括:移动烧烤车、烧烤设备及灶具等。因为使用寿命不一样,这些东西的折旧率也不一样。他们听说前期开办费 350 元也能摊进成本,他们按此操作并预计 10 个月回收成本。达虹移动烧烤店的投资明细表,如表 12-3 所示。

表 12-3　达虹移动烧烤店投资明细表　　　　　单位：元

项目		费用	合计
移动烧烤车	汽车	20 000	22 500
	汽车改造	2 500	
设备	桌椅板凳	1 000	1 800
	电线、电灯	150	
	餐具	550	
	灭火器	100	
灶具	二手烤炉	2 000	3 000
	灶台	800	
	展示台	200	
开办费用	登记注册和营业执照费	50	350
	市场调查费、咨询费	180	
	培训费、技术资料费	120	
投资总额			27 650

周达成根据经验,认为移动烧烤车大约 10 年(120 个月)报废,其余设备连带里面的桌椅、电器、餐具、电线等不出 5 年准得拆掉,因而设备应该按 5 年(60 个月)折旧,灭火器按照消防要求 2 年进行更换。灶具是易耗损设备共 3 000 元,估计 5 年(60 个月)报废,开办费用按 10 个月进行摊销。因此,周达成的移动烧烤店的摊销费用计算如下。

移动烧烤车折旧费 =(20 000+2 500)÷(10×12)=187.5(元/月)

设备和灶具折旧费 =[(1 000+150+550)+(2 000+800+200)]÷(5×12)=78.3(元/月)

前期开办费摊销 =(50+180+120)÷10=35(元/月)

灭火器摊销费用 =100÷(2×12)≈4.2(元/月)

这样算下来,第一年每个月提留固定资产折旧费和开办费摊销共 305 元。

根据周达成销售收入预测表进行固定成本的核算,如表 12-4 所示。

达虹移动烧烤店的固定成本除两人的月工资外,还有营销和促销费、设备的维修费、电费与电话费,以及固定资产折旧费与开办费的摊销费用,共计 6 205 元/月。

身兼"采购经理"的周达成要预测出产品的单位成本。周达成知道这是一项很重要的任务,所以花了不少时间去比对原材料的价格。肉类与菜类烤串的成本均为单价的 30%,而海鲜类烤串的成本为其售价的 40%,酒水的成本均为售价的 70%。他根据产品进价推算出批量销售时的成本。经计算,周达成得出第一年原材料总成本,如表 12-5 所示。

表 12-4　达虹移动烧烤店固定成本　　　　单位:元/月

项目		成本
固定成本	工资	4 000
	营销和促销	500
	维修费	400
	电费、电话费	1 000
	折旧和摊销	305
	总成本	6 205

表 12-5　达虹移动烧烤店原材料成本核算表

项目		3月	4月	5月	6月	7月	8月	9月	10月	11月	12月
肉类烤串	销量/串	800	1 000	2 000	3 000	3 000	3 000	3 000	3 000	2 000	1 000
	单价/元	3	3	3	3	3	3	3	3	3	3
	合计/元	2 400	3 000	6 000	9 000	9 000	9 000	9 000	9 000	6 000	3 000
	成本/元	720	900	1 800	2 700	2 700	2 700	2 700	2 700	1 800	900
菜类烤串	销量/串	800	1 000	2 000	3 000	3 000	3 000	3 000	3 000	2 000	1 000
	单价/元	2	2	2	2	2	2	2	2	2	2
	合计/元	1 600	2 000	4 000	6 000	6 000	6 000	6 000	6 000	4 000	2 000
	成本/元	480	600	1 200	1 800	1 800	1 800	1 800	1 800	1 200	600
海鲜类烤串	销量/串	500	800	1 300	2 000	2 000	2 000	2 000	2 000	500	300
	单价/元	5	5	5	5	5	5	5	5	5	5
	合计/元	2 500	4 000	6 500	10 000	10 000	10 000	10 000	10 000	2 500	1 500
	成本/元	1 000	1 600	2 600	4 000	4 000	4 000	4 000	4 000	1 000	600
饮料	销量/瓶	100	150	200	300	300	300	300	300	100	100
	单价/元	5	5	5	5	5	5	5	5	5	5
	合计/元	500	750	1 000	1 500	1 500	1 500	1 500	1 500	500	500
	成本/元	350	525	700	1 050	1 050	1 050	1 050	1 050	350	350
啤酒	销量/瓶	100	150	200	300	300	300	300	300	100	100
	单价/元	6	6	6	6	6	6	6	6	6	6
	合计/元	600	900	1 200	1 800	1 800	1 800	1 800	1 800	600	600
	成本/元	420	630	840	1 260	1 260	1 260	1 260	1 260	420	420
销售收入总计/元		7 600	10 650	18 700	28 300	28 300	28 300	28 300	28 300	13 600	7 600

续表

项目	3月	4月	5月	6月	7月	8月	9月	10月	11月	12月
原材料成本总计/元	2 970	4 255	7 140	10 810	10 810	10 810	10 810	10 810	4 770	2 870

启悟： 折旧成本预算对制定成本核算计划至关重要。它是精准成本预测的基础，能让企业提前了解资产折旧产生的成本影响；是成本控制和资源优化的关键，有助于评估资产使用效率，合理分配资源；是产品定价和利润规划的重要依据，保障产品定价合理；也是财务稳定性和决策支持的保障因素，有利于资金规划和科学决策。

三、制订利润计划

企业利润是指企业在一定时期内生产经营的财务成果，等于销售产品的总收入与产商品的总成本两者之间的差额。

$$利润（税前利润）= 销售净收入 - 经营成本$$

$$销售净收入 = 销售收入 - 应纳税额 \times 税率$$

$$应纳税额 = 当期销项税额 - 当期进项税额$$

当期销项税额小于当期进项税额不足抵扣时，其不足部分可以结转下期继续抵扣。销项税额是指纳税人发生应税行为按照销售额和增值税税率计算并收取的增值税额。销项税额计算公式如下。

$$销项税额 = 销售额 \times 税率$$

一般计税方法的销售额不包括销项税额，纳税人采用销售额和销项税额合并定价方法的，按照下列公式计算销售额。

$$销售额 = 含税销售额 \div （1+ 税率）$$

知识链接

增值税税率征收标准

增值税实行凭增值税专用发票抵扣税款的制度，因此对纳税人的会计核算水平要求较高，要求能够准确核算销项税额、进项税额和应纳税额。但实际情况是有众多的纳税人达不到这一要求，《中华人民共和国增值税暂行条例》将纳税人按其经营规模大小以及会计核算是否健全划分为一般纳税人和小规模纳税人。具体划分标准为：生产型纳税人，年增值税应税销售额为50万元人民币；批发、零售等非生产型纳税人,年增值税应税销售额为 80 万元人民币。

小规模纳税人

年销售额达不到前述标准的为小规模纳税人,销售货物或应税劳务的增值税税率为 3%,国务院另有规定的除外;此外个人、非企业性单位以及不经常发生增值税应税行为的企业也被认定为小规模纳税人,其进项税不准许抵扣。

一般纳税人

年增值税应税销售额达到标准的可以成为一般纳税人。根据确定增值税税率的基本原则,我国增值税设置了一档基本税率和一档低税率,此外还有对出口货物实施的零税率。

1. 基本税率

纳税人销售或者进口货物,除列举的外,税率均为 13%;提供加工、修理修配劳务的,税率也为 13%,这一税率就是通常所说的基本税率。

2. 低税率

纳税人销售或者进口下列货物的,税率为 9%。这一税率即是通常所说的低税率。

(1) 粮食、食用植物油。

(2) 自来水、暖气、冷气、热水;煤气、石油液化气、天然气、沼气、居民用煤炭制品。

(3) 图书、报纸、杂志。

(4) 饲料、化肥、农药、农机、农膜。

(5) 农业产品。

(6) 金属矿采选产品。

(7) 非金属矿采选产品。

(8) 音像制品和电子出版物。

(9) 二甲醚、盐。

(10) 国务院规定的其他货物。

3. 零税率

纳税人出口货物,税率为零。但是国务院另有规定的除外。

4. 其他规定

(1) 纳税人兼营不同税率的货物或者应税劳务的,应当分别核算不同税率货物或者应税劳务的销售额。未分别核算销售额的,从高适用税率。

（2）纳税人销售不同税率货物或应税劳务,并兼营属一并征收增值税的非应税劳务的,其非应税劳务应从高适用税率。

5. 营改增内容

除此之外,国家还对个人与家庭收入实行个人所得税税收政策,创投人可以依据相关要求和地方政策进行了解。

我们在制订利润计划时基于对已有的市场、行业、产品、业务数据分析的基础上,根据公司确定的发展计划、市场策略,用合理的假设逻辑进行估算、推演。

在了解成本结构后,根据销售利润的预测,可以在创业前期对项目的利润进行预测,制定投资回报周期计划,这样可以让投资机构更清楚地了解投资可能带来的效益。

小试身手:
进行成本与
利润预测

应用案例

达虹移动烧烤店的销售和成本计划

周达成和乔虹准备用自己的成本预测和销售收入预测来制订当年烧烤店的利润计划。他们计划降低前3个月的成本,考虑到周边同类型烧烤店如雨后春笋般涌现,行业竞争愈发激烈,他们预估生产和销售将低于原先预计的20%。他们做好创业前3个月内不拿工资的准备。他们的利润计划,如表12-6所示。

从周达成与乔虹的利润计划中可以看到,移动烧烤店将在第三个月开始有利润。而烧烤受季节影响较大,12月会出现亏损。因此,为了流动资金更加宽裕,他们决定头两个月不领工资,但工资必须打入成本,以便计算出准确的利润。

从达虹移动烧烤店利润计划表中得知其利润并不理想,如若周达成与乔虹想要创业则利润并不能支撑家庭开销。因此两人必须增加销售量,以达到薄利多销的目的,想要增强顾客对他们的移动烧烤店的忠诚度和黏性,必须研发出特色菜品,以提升口碑和知名度。

启悟:销售计划确定了收入规模,成本计划明确了支出范围,二者是制定利润计划的重要基础,能有效预测利润,保障利润计划的可行性。

273

表 12-6　达虹移动烧烤店利润计划表

单位：元

	项目	3月	4月	5月	6月	7月	8月	9月	10月	11月	12月	合计
销售	含税销售收入	7 600.0	10 650.0	18 700.0	28 300.0	28 300.0	28 300.0	28 300.0	28 300.0	13 600.0	7 600.0	199 650.0
	增值税	228.0	319.5	561.0	849.0	849.0	849.0	849.0	849.0	408.0	228.0	5 989.5
	销售净收入	7 372.0	10 330.5	18 139.0	27 451.0	27 451.0	27 451.0	27 451.0	27 451.0	13 192.0	7 372.0	193 660.5
成本	原材料	2 970.0	4 255.0	7 140.0	10 810.0	10 810.0	10 810.0	10 810.0	10 810.0	4 770.0	2 870.0	76 055.0
	工资	4 000.0	4 000.0	4 000.0	4 000.0	4 000.0	4 000.0	4 000.0	4 000.0	4 000.0	4 000.0	40 000.0
	营销和促销	1 000.0	500.0	500.0	500.0	500.0	500.0	500.0	500.0	500.0	500.0	5 500.0
	维修费	400.0	400.0	400.0	400.0	400.0	400.0	400.0	400.0	400.0	400.0	4 000.0
	水电费、电话费	1 000.0	1 000.0	1 000.0	1 000.0	1 000.0	1 000.0	1 000.0	1 000.0	1 000.0	1 000.0	10 000.0
	折旧和摊销	305.0	305.0	305.0	305.0	305.0	305.0	305.0	305.0	305.0	305.0	3 050.0
	总成本	9 675.0	10 460.0	13 345.0	17 015.0	17 015.0	17 015.0	17 015.0	17 015.0	10 975.0	9 075.0	138 605.0
	利润	-2 303.0	-129.5	4 794.0	10 436.0	10 436.0	10 436.0	10 436.0	10 436.0	2 217.0	-1 703.0	55 055.5
税费	纳税基数	—	—	—	—	—	—	—	—	—	—	0
	个人所得税	—	—	—	—	—	—	—	—	—	—	0
	附加税费	—	—	—	—	—	—	—	—	—	—	0
	个人净收入	—	—	—	—	—	—	—	—	—	—	55 055.5

任务二　制订现金流量计划

一、现金流量表

现金流量表是反映一定时期内(如月度、季度或年度)企业经营活动、投资活动和筹资活动对其现金及现金等价物所产生影响的财务报表。

(一)现金流量表的作用

作为对企业现金流的分析工具,现金流量表的主要作用是帮助决策者判断公司短期生存能力,特别是缴付账单的能力。通过现金流量表,可以概括反映经营活动、投资活动和筹资活动对企业现金流入流出的影响。

(二)现金流量表的不足

1. 单一货币资金项目易被操纵

现金流量表只是"流量"报表,反映的是某一时间节点上企业货币资金的余额,而这种余额在特定条件下是可以被操纵的。

2. 经营净现金流与净利润存在脱钩现象

现金流量表的编制基础是现金,只记录档期现金收支情况,而无法判断其划归当期损益的情况,因此,造成了企业当期业绩与经营现金流量净额没有必然联系的现象。

此外,在权责发生制下,赊销、赊购等经营手段造成的不稳定的商业回款及偿债事项使得经营现金流量净额出现更大的波动。

二、现金流量计划

初创企业可以显示和掌握每个月企业的现金流入和流出量,以此为依据来均衡使用流动资金数额。除此之外,现金流量充足还可以保持企业充足的运营能力,防止现金短缺的致命威胁。

企业需要针对资金流动项目进行分类,主要分为:经营活动、投资活动和筹资活动。根据各项活动中资金流入项目与流出项目,计算资金净流量。通过查看各项活动资金净流量进行企业运营规划与经营预测。

任务提示

>> 本分项任务将引领同学们学习如何做好初创企业现金流量规划。

任务先行

>> 现金是企业的"血液",企业若没有充足的现金就无法运转,更可能危及企业生存。现金对于企业,就是安身立命之本。初创企业能够合理控制其现金流量,方能保证企业正常运营。

（一）经营活动

(1) 资金流入项目,具体包括:销售商品、提供服务;税费返还。

(2) 资金流出项目,具体包括:购买商品、接受劳务;支付职工工资(奖金、社会保险等其他福利);支付各项税费;其他经营活动支出。

（二）投资活动

(1) 资金流入项目,具体包括:投入资本金(长期股权投资、短期股权、债权);投资收益;处置长期资产、无形资产、其他长期资产收到的现金。

(2) 资金流出项目,具体包括:构建长期资产(构建固定资产、无形资产、分期构建资产首付款项);支付投资(股权性投资、债权性投资、手续费等)。

（三）筹资活动

(1) 资金流入项目,具体包括:吸收投资;收到借款。

(2) 资金流出项目,具体包括:偿还债务;支付股利、利息、利润。

应用案例

达虹移动烧烤店现金流量计划

周达成在当烤工时,就知道现金对于一家烧烤店的重要性,因此他在创立移动烧烤店时就要根据现有的销售及成本的预测情况计算出自己的现金流量,做好提前的规划。他与妻子决定按照投资规划投入 27 650 元,这是他们能拿出创业的所有积蓄,如若现金流断裂,这无疑将给他们移动烧烤店带来毁灭性打击。

从周达成对于移动烧烤店的创业一年期的现金流量预测(表 12-7)来看,其整体现金流比较充足,但正式开工前的两个月(1 月和 2 月)缺少现金流,虽然缺口较小,但周达成依然不能掉以轻心,因在预测表中没有考虑赊账采购,所以,周达成必要时可以通过该方法避免现金流缺口,维持烧烤店的正常运营。

启悟:赊账采购间接影响现金流入,能让企业将采购资金用于促进现金流入的活动;可有效调节现金流出时间,避免现金流出高峰;增强现金流量的灵活性和缓冲能力,应对突发情况;还会影响资金周转和再投资决策,引导企业整体资金运作。

表 12-7　达虹移动烧烤店现金流量表

单位：元

	项目	1月	2月	3月	4月	5月	6月	7月	8月	9月	10月	11月	12月	合计
现金流入	月初现金	0	2 350.0	2 350.0	47.0	-82.5	4 711.5	15 147.5	25 583.5	36 019.5	46 455.5	56 891.5	59 108.5	—
	经营活动现金流入	—	—	7 372.0	10 330.5	18 139.0	27 451.0	27 451.0	27 451.0	27 451.0	27 451.0	13 192.0	7 372.0	193 660.5
	业主投资	30 000.0	—	—	—	—	—	—	—	—	—	—	—	30 000.0
	现金总流入	30 000.0	2 350.0	9 722.0	10 377.5	18 056.5	32 162.5	42 598.5	53 034.5	63 470.5	73 906.5	70 083.5	66 480.5	223 660.5
	现金采购	—	—	2 970.0	4 255.0	7 140.0	10 810.0	10 810.0	10 810.0	10 810.0	10 810.0	4 770.0	2 870.0	76 055.0
	赊账采购	—	—	0	0	0	0	0	0	0	0	0	0	0
现金流出	工资	—	—	4 000.0	4 000.0	4 000.0	4 000.0	4 000.0	4 000.0	4 000.0	4 000.0	4 000.0	4 000.0	40 000.0
	营销和促销	—	—	1 000.0	500.0	500.0	500.0	500.0	500.0	500.0	500.0	500.0	500.0	5 500.0
	维修费	—	—	400.0	400.0	400.0	400.0	400.0	400.0	400.0	400.0	400.0	400.0	4 000.0
	水电费、电话费	—	—	1 000.0	1 000.0	1 000.0	1 000.0	1 000.0	1 000.0	1 000.0	1 000.0	1 000.0	1 000.0	10 000.0
	折旧和摊销	—	—	305.0	305.0	305.0	305.0	305.0	305.0	305.0	305.0	305.0	305.0	3 050.0
	设备购买	1 800.0	—	—	—	—	—	—	—	—	—	—	—	1 800.0
	移动烧烤车	22 500.0	—	—	—	—	—	—	—	—	—	—	—	22 500.0
	灶具	3 000.0	—	—	—	—	—	—	—	—	—	—	—	3 000.0
	开办费	350.0	—	—	—	—	—	—	—	—	—	—	350.0	350.0
	贷款本息	—	—	—	—	—	—	—	—	—	—	—	—	0
	现金总支出	27 650.0	2 350.0	9 675.0	10 460.0	13 345.0	17 015.0	17 015.0	17 015.0	17 015.0	17 015.0	10 975.0	9 075.0	166 255.0
	现金净流量	2 350.0	2 350.0	47.0	-82.5	4 711.5	15 147.5	25 583.5	36 019.5	46 455.5	56 891.5	59 108.5	57 405.5	57 405.5

277

任务三 进行税收筹划

(一)税收筹划的含义

税收筹划是企业在国家法律、法规范围内进行相应的计划,使企业利用国家有关规定,对日常支出进行规划,进而达到节税或者不纳税的目的。由此可知,税收筹划是一种合理合法合规降低税负的方法,与通过欺骗、隐瞒等方式的逃税有本质的区别。初创企业要减少成本支出,应按照企业实际情况进行合理的税筹策略规划。

(二)初创企业纳税特点

由于创业初期的经营、财务特点,其税务工作相对简单。主要表现在以下两个方面。

1. 初创企业内部税收筹划空间小

初创企业内部业务相对简单,所以财务收支单一,除此之外,多数初创企业的利润低,甚至连续几年处于亏损,所以初创企业处于税款零申报状态。

2. 初创企业内部税收筹划工作简单

初创企业往往对于筹税工作涉及甚少,因其业务量小,加上关联企业和关联交易的存在量很小或者基本为零,因此其偷税漏税的风险很低。

知识链接

"零"申报如何理解

纳税"零"申报,指的是增值税、消费税、企业所得税等的零申报。当企业纳税申报的所属期内(如 11 月申报所属期为 10 月份)没有发生应税收入(销售额),同时也没有应纳税额的情况,称为零申报。所以有一些企业刚设立还没有发生经营行为,误以为不需要申报纳税,这种做法是错误的,而是也要向税务机关办理纳税申报手续,只不过办理的是零申报手续,注明当期无应税事项即可。而且现在网上纳税申报更加简单,报表上面直接补零保存提交申报即可。

零申报企业一般只存在于未开展经营的企业,或是准备注销正在清算的企业。一般来说,长期零申报超过 6 个月,就会被列为"非正常户"。一旦纳税人被纳入重点监控范围,税务机关将会对其进行税务评估,如果在评估过程中发现存在隐瞒收入、虚开发票等行为，纳税人需要补缴当期税款与滞纳金，接受税务行政处罚，情节严重者移送稽查；企业信用级别也会降低，本评价年度直接被判为 D 级也是非常有可能的。

（三）初创企业的税收筹划

针对初创企业纳税特点，对于初创企业的纳税策略要从"远离法规或靠近法规"这一原则出发。远离法规是指远离征税条款，因为纳税筹划具有前瞻性，可以通过项目发生前的事前规划使其项目不在纳税法律征收范围内，而靠近法规则是靠近税收优惠条款，各地针对部分行业有财税优惠，可以创造条件或者是通过经营方式、经营行为的改变，使自身的经营行为享受税收优惠政策。

1. 寻找适合的产业或份额地

（1）寻找适合产业

从税收政策与区域政策来看，我国对于创新科技企业与从事基础设施建设、环境保护等相关企业可减免纳税。因此，对于创业投资企业来说，应选择一个好的投资对象，以企业节税、降低企业所得税达到税收筹划的目的。

知识链接

关于创业企业可抵减税费的相关规定

《中华人民共和国企业所得税法》（以下简称《企业所得税法》）规定，高新技术企业的企业所得税税率为 15%，比普通企业低 10%。同时，国家出台政策法规：创业投资企业采取股权投资方式投资于未上市中小高新技术企业 2 年以上（含 2 年），凡符合规定条件的，可按其对中小高新技术企业投资额的 70% 抵扣该创业投资企业的应纳税所得额。

《企业所得税法》第二十七条规定，企业的下列所得，可以免征、减征企业所得税：从事农、林、牧、渔业项目的所得；从事国家重点扶持的公共基础设施项目投资经营的所得；从事符合条件的环境保护、节能节水项目所得；符合条件的技术转让所得；本法第三条第三款规定的所得（非居民企业在中国境内未设立机构、场所的，或者虽设立机构、场所但取得的所得与其所设机构、场所没有实际联系的，来源于中国境内的所得）。

（2）寻找适合份额地

《企业所得税法》规定创业投资企业设立分支机构在经济特区、上海浦东新区、经济技术开发区可享受税收优惠，或在中西部地区设立创业投资企业享受税收优惠，创业投资企业享受低税率，并可在其他地区设立分支机构。

2. 选择企业形式或规模

居民企业在我国设立非法人营业组织的，可以征收和缴纳所得税。设立独立法人子公司，应当分别纳税。创业者要明白初创企业应该以什么税种来纳税，哪一种税种对企业最有利。《中华人民共和国个人所得税法》规定，居民企业在我国设立非法人营业组织的，可以征收和缴纳所得税。设立独立法人子公司，应当分别纳税。

（1）选择注册独资企业或合伙企业。在我国，企业之间是要求开发票的，这样可以享受增值税进项税额抵扣 13%，而面对个体工商户时，则开发票的要求就很低。所以企业选择个人独资企业或者合伙企业，开发票的要求就很低。如果创业初期，其上游供应商主要为个体工商户，下游客户主体为自然人的消费者，选择成立个人独资或者合伙企业比较好。

（2）选择注册有限责任公司或者股份有限公司。通常来说，税前收入低于 100 万元时，选择个人独资或者合伙企业形式有利于税负降低，如若税前收入高于 100 万元时，选择有限责任公司形式有利于赋税降低。所以，当税前利润越大，选择有限公司形式越能够节税。一般来说，注册连锁集团公司形式，不如注册若干个独立的小公司，因其总体纳税税率低，从而达到节税的目的。

任务四　管控财务风险

一、财务风险的含义

财务风险是指企业经营中由于内外部环境不确定性因素的作用，使企业在一定时期内所获取的财务收益与预期收益发生偏差的可能性。企业的财务风险贯穿于筹资、投资、资金运作和利益分配四个资金运作环节之中。

企业应结合不同发展时期的财务战略、财务目标进行相应的财务风险管控。通过财务风险管理识别财务风险的一系列影响因素，如政治因素、市场环境、企业资源分布、管理组织架构、财务管理制度、内部控制、资本结构、投资决策、从业人员素质等内外部因素，通过一定的措施策略来降低风险并控制风险，使企业能够持续、健康、稳定发展。

任务提示

>> 本分项任务将引领同学们学习初创企业财务风险的控制与防范。

任务先行

>> 初创企业财务规划最重要的是进行财务风险管控。因为大量的初创企业因无法应对财务风险而导致创业失败。本分项任务要求通过对初创企业

二、初创企业经营特点

1. 融资不易

因为初创企业的资金有限,生产规模小,产品市场份额低,固定成本高,因此迫切希望扩大规模,但融资成本高、融资难是初创企业面临的严峻考验。

2. 盈利能力差

初创企业因为融资困难,加上受技术和人员所限,导致其价格和品牌缺乏竞争力,陷入销售难的困境,进而导致其盈利能力较差,现金流量不足的问题也会随之而来。

3. 管理制度不健全

初创企业管理制度以粗线条为主,大部分创业者身兼数职,因缺乏专业人才与工作流程规范,财务核算机制往往不健全。

因此,创业者需要树立正确的财务观念,加强财务知识学习或引进专业人才,合理规划现金流量,不断完善财务制度,进而增强"管钱能力"。

三、初创企业财务风险的成因

(一)初创期资金结构不稳定

初创企业现金沉淀不稳定,资金短缺成为初创企业发展的瓶颈,大部分初创企业如昙花一现般存在往往是资金供给不足导致的。因此,初创期财务战略首先要解决企业在初始发展阶段的筹资规模、渠道和结构等主要问题。

(二)初创期盈利效率低

初创企业欠缺稳定盈利的商业模式或投资项目,企业盈利效率低,资金供应和资金需求不匹配,而创业者由于管理水平不高、资源欠缺等问题,无法关注收益回报效率高、资本增值大的投资项目或者产品。

(三)初创期利益分配不均衡

初创企业的收益分配影响着企业后期的生产经营活动。而大部分初创企业创业初期资金需求量大,因此,为保证企业发展,创业初期的分配方案为不分配或少量分配收益,以确保满足企业发展需要的资金供给量,这与前期的分配方案制定不统一,导致投资者看不到利润,不愿意继续增加投资资金,造成初创企业后续资金供给不足的情况。

可能遇到的财务风险进行梳理,进而学会建立有效的风险管控机制,帮助初创企业渡过财务难关。

281

四、初创企业风险防范措施

(一) 分析初创企业的外部环境, 提高企业的适应能力和应变能力

财务管理的外部环境虽然存在于企业以外, 企业无法对其施加影响, 但并不是说企业面对环境变化就无所作为。例如, 解决资金困难可以通过积极申请各类帮扶基金, 出让部分股份以换取资金, 或争取合资、联营、吸纳新股东、员工持股等方式解决资金问题。因此, 为防范财务风险, 企业应对不断变化的财务管理外部环境进行认真分析研究, 把握其变化趋势及规律, 尤其对于初创企业需要制定多种应变措施, 灵活调整财务管理政策和改变管理方法, 从而提高企业对财务管理环境变化的适应能力和应变能力, 并以此来降低因环境变化给企业带来的财务风险。

(二) 建立和完善财务风险管理系统, 适应不断变化的财务管理环境

面对不断变化的财务风险管理环境, 企业应设置高效的财务管理机构, 配备高素质的财务管理人员或外聘专业的记账公司, 同时对于资产负债类项目以及现金流进行有效管理。例如对于财务报表进行分析, 防止货物积压导致大量资金占用, 或者应收账款形成呆账等, 同时还要强化财务管理的各项基础工作, 使企业财务管理系统有效运行。

(三) 采用科学的财务决策方法, 保障财务决策的正确性

财务决策是否正确直接关系到财务管理工作的成败, 经验决策和主观决策会使决策失误的可能性大大增加。为防范财务风险, 企业管理者必须采用科学的决策方法。在决策过程中, 应充分考虑影响决策的各种因素, 尽量采用定量计算并运用科学的决策模型进行决策。对各种可行方案要认真进行分析评价, 从中选择最优的决策方案, 切忌主观臆断。

应用案例

衰落的真相

凡客诚品由卓越创始人陈年创于 2007 年, 并喊出"要成为中国最火爆的互联网电商"的口号。在经过几年的摸索后, 凡客诚品通过一轮又一轮的明星代言和广告投放将品牌影响力提升到一定高度, 转向定位为互联网快时尚品牌; 然而其产品质量与品牌定位的不符, 导致其品牌影响力不断下降的同时损失了大批用户。

在迅速发展的 2010—2011 年,凡客诚品对自有品牌的重视度低,将丰富产品线作为主要内容,大量引进第三方品牌入驻,忽略了产品质量导致凡客诚品质量严重受损,失信于消费者。2010 年是凡客诚品业绩突破 20 亿元,是最为辉煌的一年,以此为动力,创始人陈年将 2011 年的目标设置为 100 亿元。为达成目标,凡客诚品开始迅速扩张其规模,增加员工数量,形成了 1.3 万人的团队。公司规模持续扩大必然会导致管理的缺失和人员的膨胀心理,人员数量增加效率下降直接影响产品服务质量和公司的健康发展。在产品线的扩张不仅带来产品质量的问题,也导致库存持续增加,资金链紧张等一系列问题。由于引进了第三方品牌的产品,不断增加仓储量,货品积压严重。2011 年年底,凡客诚品新品库存已经达到了 19 亿元,巨额的亏损,IPO 计划的失败,彻底将凡客诚品打入谷底。

启悟:外部环境的多变和跌宕起伏会给企业带来了更多的风险和威胁,企业如果不能作出科学的预测,这将给其带来巨大的财务风险。

▶ 润心好文

从运-20 到 C919:一个民族航空梦想的双引擎

产品的成本把控,有时决定着企业的生产经营命脉,有时却在追求极致的路上被越描越淡,那是否所有的企业进行产品生产和营销时都要严防成本利润这一红线呢?接下来,我们一起来分析我国的两架国产大飞机,看看它们都是如何定位的。

军民有别

当我们谈论运-20(图 12-2)和 C919(图 12-3)时,首先要明白一个关键点:这两架飞机虽然都是国产大飞机,但它们的使命和定位却大相径庭。

图 12-2 运-20

图 12-3 C919

283

运-20是一款军用运输机,而C919则是民用客机,军用飞机的研发,往往更注重性能和可靠性,它们需要在极端环境下执行任务,因此对技术的自主可控要求极高。运-20的研发要力求每一个部件都国产化。相比之下,民用客机的研发则更加注重经济性和市场竞争力,C919面临的是一个全球化的市场,需要在安全性、舒适度和运营成本等多方面与波音、空客等巨头展开竞争。为了缩短研发周期,提高市场竞争力,C919选择了与国际供应商合作的道路,这种策略虽然在短期内提高了飞机的整体性能,但也不可避免地导致了部分核心技术受制于人。

我们不能简单地用"国产化程度"来评判这两种成本把控策略的优劣,事实上,它们都是在特定背景下的理性选择。运-20的高度国产化,保障了我国军事力量的独立自主,而C919的国际合作策略,则为我国民用航空制造业打开了一扇通向世界的大门。

市场博弈

在航空工业这个高度全球化的领域,市场规则和国际竞争远比想象中更为复杂,C919的发展,正是这场国际博弈的缩影。民用航空市场是一个高度垄断的领域,波音和空客长期占据全球大型客机市场的90%以上,对于后来者而言,这意味着极高的准入门槛。

而面对技术授权和市场准入的壁垒,让C919在研发过程中不得不选择与国际巨头合作,发动机采用CFM国际公司的LEAP发动机,机载设备也使用了国际供应商的产品。这种合作策略既降低了研发成本,又缩短了研发周期。2024年,C919单价为1.08亿美元,相较于波音737系列1.12亿美元的平均售价,价格上具有优势。尽管C919在价格和技术方面具有一定的优势,但国际航空市场对于新进入者的接受度需要时间和实践的检验。C919要想打破这一格局,还需要付出更多的努力。

市场博弈的复杂性,让运-20和C919呈现出截然不同的发展图景,一个在军用领域实现了高度自主,另一个则在民用市场中寻求突破。

总之,从运-20到C919,这不仅仅是两架飞机的故事,更是一个民族不断突破、勇往直前的缩影,我们看到的不仅是飞机,更是中国航空工业求实务实的脚步和创新精神。

席间小测　财务分析　　健心课堂　脚踏实地

▶ 深思勤践

一、案例分析

公司财务分析

请根据 A 公司财务状况判断其收入、支出、现金净流量,并分析净利润与现金净流量的差别。

加工黄豆酱的 A 公司于 2024 年 1 月 8 日开业,其筹融资情况、收入支出情况如下。

(1) 三个合伙人共投入 20 万元(注册资金 20 万元)。

(2) 从农户收购黄豆 3 万千克,花了 6 万元。

(3) 支付工人工资 1 万元。

(4) 房租、水电支出 1 万元。

(5) 加工好的黄豆酱 2 万千克,以每千克 5 元进行销售,销售收入为 10 万元。

(6) 花了 8 万元购买黄豆酱加工机器。

(7) 纳税 0.5 万元。

(8) 机器、设备当年折旧 0.8 万元。

分析与思考

(1) 哪些是 A 公司的经营活动,其经营活动现金净流量是多少?

(2) 哪些是 A 公司投资、融资活动。其投融资的现金净流量是多少?

(3) 比较 A 公司现金净流量与净利润的差别。

二、模拟实践

麦田蜜语蛋糕坊的财务计划制订

实训目的

(1) 培养学生预测创业成本与利润的能力。

(2) 培养学生制订现金流量计划的能力。

(3) 培养学生应对初创期财务风险的能力。

实训内容与方式

项目背景:

创业项目——麦田蜜语蛋糕坊已经完成了企业注册登记。经测算,开店共需资金 300 550 元,相关费用如表 12-8 ～表 12-10 所示。

表 12-8　蛋糕坊开店一次性支付费用明细表　　　　单位:元

项目		金额
设备	电烤箱	135 000
	和面机	1 000
	餐具	2 400
	秤	100
	冰箱	2 500
家具	桌椅等	6 100
	收银机	250
	展柜、货架	4 000
	其他家具	5 500
费用	登记注册费	500
	水电、电话费	1 500
	房屋保险	500
	设备安装费用	1 000
	广告	15 000
合计		175 350

表 12-9　蛋糕坊开店非一次性支付费用明细表(1)　　单位:元/季度

项目		金额
员工工资	烘焙师	15 000
	服务员	8 400
原材料		60 000
水电、电话费		4 800
汽车油费		1 800
合计		90 000

表 12-10　蛋糕坊开店非一次性支付费用明细表(2)　　单位:元/年

项目	金额
房租	34 000
车辆保险	1 200
合计	35 200

(1)将全班学生按 3 ～ 4 人一组分成若干小组。

（2）依据蛋糕坊开店费用测算以及产品类别价格设定，编制蛋糕坊一年期的财务计划（见表 12-11 ～表 12-14）。

表 12-11　蛋糕坊投资明细表　　　　　　单位：元

项目		费用	合计
一次性支付费用			
非一次性支付费用			
投资总额			

表 12-12　蛋糕坊成本利润预测表　　　　　　单位：元

项目		1 月	2 月	3 月	4 月	5 月	6 月	7 月	8 月	9 月	10 月	11 月	12 月	合计
销售														
成本														

287

续表

项目		1月	2月	3月	4月	5月	6月	7月	8月	9月	10月	11月	12月	合计
成本														
利润														
税费	纳税基数													
	个人所得税													
	附加税费													
	个人净收入													

表 12-13　蛋糕坊现金流量表　　　　　　　　单位：元

项目		1月	2月	3月	4月	5月	6月	7月	8月	9月	10月	11月	12月	合计
现金流入	月初现金													
	现金总流入													
现金流出														

续表

项目	1月	2月	3月	4月	5月	6月	7月	8月	9月	10月	11月	12月	合计
现金流出													
现金总流出													
现金净流量													

表 12-14　蛋糕坊销售预测表

项目		1月	2月	3月	4月	5月	6月	7月	8月	9月	10月	11月	12月
	销量/件												
	单价/元												
	合计/元												
	销量/件												
	单价/元												
	合计/元												
	销量/件												
	单价/元												
	合计/元												
	销量/件												
	单价/元												
	合计/元												
	销量/件												
	单价/元												
	合计/元												
销售收入总计/元													

实训成果

各组向全班同学展示财务计划,并对蛋糕坊的财务风险进行划分,找到相应的管控措施。

参考文献

［1］蒋晓明,巢昕.高职学生创新创业基础［M］.3 版.北京:高等教育出版社,2025.

［2］黄传伸,陈光.税收筹划一本通［M］.北京:民主与建设出版社,2021.

［3］贾德芳,王硕.创业团队建设与管理［M］.北京:清华大学出版社,2021.

［4］吴维海.企业融资 170 种模式及操作案例［M］.2 版.北京:中国金融出版社,2021.

［5］汤锐华.大学生创新创业基础［M］.3 版.北京:高等教育出版社,2025.

［6］许彦伟,韩竹,崔丽丽.创新创业基础——创业思考与行动［M］.2 版.北京:高等教育
出版社,2025.

［7］菲利普·科特勒,加里·阿姆斯特朗.市场营销:原理与实践［M］.17 版.楼尊,译.北
京:中国人民大学出版社,2020.

［8］王涛,虞苍璧,马小田,徐杨巧.创新创业基础［M］.北京:清华大学出版社,2022.

［9］肖杨,刘莹,孙静.创新创业基础［M］.北京:清华大学出版社,2022.

［10］高泽金,王晶.大学生创新创业基础［M］.北京:中国铁道出版社,2023.

［11］庞波,詹先明.高职院校创新创业基础［M］.北京:人民邮电出版社,2023.

［12］李国强,刘君.大学生创新创业基础［M］.2 版.北京:机械工业出版社,2023.

［13］陈晶.创新创业基础［M］.长沙:湖南出版社,2024.

［14］刘霞,宋卫.大学生创新创业基础与实践(慕课版)［M］.2 版.北京:人民邮电出版社,
2024.

［15］段丽华.创新创业基础与实践［M］.北京:机械工业出版社,2024.

［16］李静,吴盼.大学生创新创业基础［M］.武汉:华中科技大学出版社,2024.

［17］张燕.加强就业创业教育 提升大学生就业竞争力［J］.中国就业,2024(011):80-81.

［18］陈明猷.基于创新能力培养的大学生参与科技竞赛面临的问题及对策［J］.西部素养
教育,2024(010):98-102.

［19］朱琦,王欣,闫隽,宋成华,邢子鹏.以创新创业大赛为载体的大学生就业能力培养模
式探索［J］.当代农机,2021(001):71-73.

［20］赵亚翔.创业法律实务维度建构与实践研究［J］.法制与社会,2021(007):117-118.

［21］张晓艳.新时代大学生创新素养提升对策研究［J］.菏泽学院学报,2021(001):70-74.

［22］岳兵.高职院校创新创业教育实践路径研究——以 KAB 创新创业教育项目为例［J］.
创新创业理论研究与实践,2019(001):93-94.

/附录/

附录一　中国国际大学生创新大赛备赛指南

本专区提供与中国国际大学生创新大赛相关的赛事政策、评审规则、选题策略、项目短板透视及精塑技巧等内容,旨在帮助学生全面了解创新创业的政策支持、项目评审标准与打磨要点,汲取成功经验、规避失败教训,为自身开展创新创业实践提供参考与指导。具体内容可扫描右侧二维码获取。

中国国际大学生创新大赛备赛指南

附录二　专创融合核心知识微课汇编

本专区提供专创融合系列微课,涵盖挖掘用户真实需求、组建团队与资源整合、SWOT 分析决策、商业模式诊断、创业融资与成本预估等创新创业关键知识。所有微课均围绕"马铃薯分拣机"创业项目实例展开,旨在助力学生系统理解创新创业理论,并将其灵活运用于实践。通过学习,学生能够深入掌握项目从构思到落地的核心要点,提升自身创新创业实践能力。具体内容可扫描右侧二维码获取。

专创融合核心知识微课汇编

附录三　AI 助力创新创业实操应用指导

本专区提供创新创业课程中 AI 技术应用的场景指南,旨在帮助学生完成 AI 辅助设计(含文生图、文生视频等)、AI 辅助创业计划书撰写、AI 数据分析等环节,指导学生合理运用 AI 工具,借助人机协同的分工体系,全面提升项目质量与实施效率。具体内容可扫描右侧二维码获取。

AI 助力创新创业实操应用指导

郑重声明

高等教育出版社依法对本书享有专有出版权。任何未经许可的复制、销售行为均违反《中华人民共和国著作权法》，其行为人将承担相应的民事责任和行政责任；构成犯罪的，将被依法追究刑事责任。为了维护市场秩序，保护读者的合法权益，避免读者误用盗版书造成不良后果，我社将配合行政执法部门和司法机关对违法犯罪的单位和个人进行严厉打击。社会各界人士如发现上述侵权行为，希望及时举报，我社将奖励举报有功人员。

反盗版举报电话　　（010）58581999　58582371

反盗版举报邮箱　　dd@hep.com.cn

通信地址　　北京市西城区德外大街4号
　　　　　　高等教育出版社知识产权与法律事务部

邮政编码　　100120

读者意见反馈

为收集对教材的意见建议，进一步完善教材编写并做好服务工作，读者可将对本教材的意见建议通过如下渠道反馈至我社。

咨询电话　　400-810-0598

反馈邮箱　　gjdzfwb@pub.hep.cn

通信地址　　北京市朝阳区惠新东街4号富盛大厦1座
　　　　　　高等教育出版社总编辑办公室

邮政编码　　100029

联系我们

高教社高职就业创业教育研讨QQ群：1035265438

AI 问答

AI问答使用说明

手机扫描AI问答二维码登录后，在AI问答窗口输入您的问题，大语言模型将根据本书内容给出解答。注意：AI问答仅限于回答本书内容范围内的问题，对于超出本书内容的问题，可能无法提供准确或完整的答复；每个账户每天对话轮次上限请见对话页面提示。

如有账号问题，请使用平台的提问功能留言，我们会及时给您回复。